高等学校教育类专业精品系列教材

小学英语课程与教学

陈冬梅　强海燕◎主编

广东高等教育出版社
Guangdong Higher Education Press
·广州·

图书在版编目（CIP）数据

小学英语课程与教学/陈冬梅，强海燕主编．—广州：广东高等教育出版社，2023.5

（高等学校教育类专业精品系列教材）

ISBN 978－7－5361－7363－7

Ⅰ．①小… Ⅱ．①陈…②强… Ⅲ．①英语课－教学研究－高等学校－教材 Ⅳ．①G623.312

中国版本图书馆CIP数据核字（2022）第220983号

出版发行	广东高等教育出版社
	地址：广州市天河区林和西横路
	邮政编码：510500　电话：（020）87553335
	http://www.gdgjs.com.cn
印　　刷	东莞市翔盈印务有限公司
开　　本	787毫米×1 092毫米　1/16
印　　张	16
字　　数	320千
版　　次	2023年5月第1版
印　　次	2023年5月第1次印刷
定　　价	45.00元

前　言

20 世纪 90 年代以来，随着全球化风潮日盛，世界各国的联系更加紧密，国与国之间在政治、经济、科学、文化和社会各领域的交流日趋频繁和深入，英语作为一门与世界联络沟通的主要语言，在国际交流中发挥着重要作用。我国小学英语课程与教学的发展经过了最初的曲折与困难后，已经步入了稳步发展的轨道。

进入 21 世纪以来，随着新课程改革的实施，我国的英语教育迎来了前所未有的发展契机，小学英语教育在目标、内容、实施和评价等各方面都发生了深刻的变化，尤其是进入新世纪的第二个十年后，国家相继颁布了一系列重要的政策，修订并颁布了新的课程方案。“双减”政策的实施以及新课程标准的颁布，为小学英语课程教学研究带来了新的挑战。如何有针对性地开展理论研究和实践探索，为小学英语教学实践提供更直接、更强有力的指导，成为英语教育研究者迫切需要解决的问题。

基于此，在本书的筹划和编写过程中，我们反复研读了相关的政策文件和新课程标准文本，重新去思考小学英语课程与教学的内容框架。我们参考了大量国内外已有的优秀成果，同时也力图反映近年来小学英语课程与教学的最新发展趋势以及 21 世纪人才素养的培养要求。特别是面对小学英语教育专业快速发展的需求，我们以培养综合性、具有扎实专业基础知识和教学研究能力的小学英语教师为目标，对小学英语课程与教学论的内容体系进行了调整。

本书内容共十章，分为三个部分，第一部分（第一到第三章）从理论及文本层面，分析小学英语课程及教学的基本概念、基本理论、基本模式，对英语课程标准及英语核心素养进行解读；第二部分（第四到第八章）主要从实践层面，探讨了英语课程与教学过程中不同课型、不同教学环节的策略技巧，重点介绍了单元整体教学设计与实施、浸入式英语教学的理论与实践探索；第三部分（第九到第十章）关注英语教学的评价及教师的学习与专业发展。

本书由华南师范大学陈冬梅、强海燕主编，参与各章编写的作者，有从事英语课程教学研究的大学教师，也有活跃在广州英语教研第一线的优秀教研员和小学骨干教师，他们对新课程标准下的小学英语课程与教学都有着切身的体会和深刻的思考。各章的具体分工是：第一章和第三章由康叶钦和黄韵淳（广东外语外贸大学）编写；第二章由张效珍（广东外语外贸大学）编写；第四章由谭伟民（广东省外语艺术职业学院）编写；第五章由凌顺诗和何颖（广州市番禺区教师发展中心）、幸淑华（广州市番禺区市桥城区教育指导中心）编写；第六章由曾沛权（广州市番禺区石碁镇前锋小学）、黄美琴（广州市番禺区洛溪新城小学）编写；第七章由曾嘉敏（广州市番禺区旧水坑小学）编写；第八章由张效珍、强海燕（华南师范大学）编写；第九章由陈冬梅（华南师范大学）编写；第十章由李丹凌（华南师范大学）编写。陈冬梅、强海燕负责拟定写作框架和全书的统稿工作。

此外，何惠杭（广州市番禺区市桥先锋小学）、梅晓燕（广州市番禺区石碁教育指导中心）、凌绮娴（广州市番禺区石碁镇金山小学）、黄焯明（广州市番禺区石碁镇文边小学）为第五至第七章提供了详细的教学实例及评析，为读者带来了鲜活的一线教学经验和感悟。

本书适用于小学英语教育专业的本科、专科学生学习使用，也可作为小学教师在职进修提高的参考书。希望本书能为各位在职教师与未来的教师提供一些有用的想法与灵感。鉴于时间紧迫、编者能力水平有限等原因，阅读中如遇错漏之处，欢迎广大读者提出宝贵意见！

编　者

2023 年 3 月于广州

目　录

第一章　语言教学的主要概念和基本理论

第二章　小学英语课程标准与英语核心素养

第三章　小学英语教学模式

第四章　小学英语教学设计与课程资源开发

第五章 小学英语课堂教学的策略与技巧

第六章 小学英语课型分析

第七章 小学英语单元整体设计与教学

第八章 小学英语浸入式教学的理论与实践

第九章 小学英语教学评价

第十章 小学英语教师的专业学习与发展

第一章 语言教学的主要概念和基本理论

学习目标

1. 了解影响语言教学方法和途径的语言观和语言学习理论。

2. 熟悉优秀教师的品质，以及教师和学生在英语教学中的角色。

3. 掌握教师的不同角色，并能恰当运用这些角色促进学生的英语学习。

◆第一节◆ 语言观与语言学习观

一、语言观

语言是一种非常复杂的现象，语言学、文学、心理学、人类学和社会学等许多学科都对语言进行了研究。各种关于语言的性质和学习是什么的观点，都直接或间接地影响着语言教学方法。我国王蔷教授在其主编的《英语教学法教程》（第二版）中提出三种语言观，即结构语言观、功能语言观和互动语言观。世界知名第二语言/外语教学专家和应用语言学家杰克·理查兹（Jack C. Richards）和西奥多·罗杰斯（Theodore S. Rodgers）在其合著的《语言教学的流派》（*Approaches and Methods in Language Teaching*）（第三版）一书中归纳了七种影响语言教学方法和途径的语言观，包括认知模式、结构模式、功能模式、互动模式、社会文化模式、体裁模式和词汇模式等。

（一）认知语言观

认知语言观基于“语言反映着思维的特性”这一观点。美国语言学家德怀特·阿特金森（Dwight Atkinson）指出，认知语言观具有以下核心特征：

（1）思维好比是一台计算机，即，思维也有一套操作系统，和计算机一样接收、处理和产出语言信息。

（2）具象主义：思维是用来储存外部事件的内部表征过程。

（3）学习即习得抽象知识，如美国语言学家诺姆·乔姆斯基（Noam Chomsky）所言，学习能够将语言行为背后的语言规则抽象化。

语法翻译法是语言认知观的一个早期例子，因为它反映了这样一种观点：学习者在学习语法和进行翻译活动的过程中，学会了抽象化规则，从而建立起有关语言规则的知识。20 世纪 60 年代出现的认知—符号方法，虽然存在时间较短，但反映了类似观点，即语法在语言教学中发挥着关键作用。在围绕语法组织教学时，应该有意义地使用和练习语言。沉默法（Silent Way）也反映了这种认知取向。20 世纪 80 年代，乔姆斯基首次提出的普遍语法理论（universal grammar，UG），是语言认知观的一个很好的例子。根据普遍语法理论，我们的大脑包含一个心理语法，即所有语言共有的普遍原则和参数，但因语言不同而不同。

（二）结构主义语言观

结构主义语言观把语言看作是由不同子系统（语音、语素、句法等）组成的语言系统。每种语言都是由有限的系统构成，学习语言就是学习这些系统，进而理解、生成语言。学习一门语言就需要学习语言的结构规则和词汇。

结构主义语言观也是一种将语言概念化的方法，在语言教学中有广泛的应用。这种观点认为语言是一个由结构关联的要素组成的系统，用来编码意义。语言学习的目标是明确掌握这个系统的各要素，这些要素通常是按照语音单位（例如音素）、语法单位（例如从句、短语、句子）、语法操作（例如添加、移动、连接或转换元素）和词汇要素（例如虚词和结构词）来界定的。听语教学法、情境语言教学法和全身反应法均体现了这种语言观。

（三）功能主义语言观

功能主义语言观与交际能力的概念有关——知道如何运用语言，达到不同的交际目的。该观点认为，语言是表达功能意义和完成真实世界任务的工具。功能主义语言观不仅将语言看作是语言系统，而且是一种做事的方式——实现社会功能，例如：给予、建议、劝告、道歉等。学习者需要知道如何把语法规则与词汇结合起来表达概念，通过概念来实现功能。

语言教学中的交际活动和基于能力的语言教学都认同这种观点。功能教学法强调语言的语义和交际的维度，而不仅仅是语言的语法特征。因此，语言教学的内容应根据意义和功能的类别来规范和组织，而不是根据结构和语法要素。这种语言观点对教学大纲设计有一定影响。例如，《欧洲共同参考框架》描述了学习者能够通过语言表达的一系列能力，特殊用途英语（English for specific purposes，ESP）也是从学习者需求的功能性描述开始的。

（四）交互/互动语言观

交互语言观把语言看作一种交际工具，其主要作用是建立并维系人们之间的社会关系。语言学习者不仅需要学习语法和词汇，并且需要通过与他人交流了解不同场合的交际规则。

另一种语言观是互动观。它认为语言是实现人际关系的工具，也是个体之间社交的工具。语言被视为创造和维持社会关系的工具。互动观借鉴了很多领域的研究，例如第二语言习得理论、交互分析、话语分析和民族方法论等。互动理论关注动作、行动、谈判和互动的模式，这对于理解话语非常关键。

自 20 世纪 80 年代以来，“互动”一直是第二语言学习和教学法的中心。美国哈佛大学语言学教授威尔珈·里弗斯（Wilga Rivers）指出语言教育中存在的互动视角：“当学生的注意力集中于传递和接收真实的信息时，他们就能熟练地使用一门语言。”意义协商被认为在语言的互动观点中起着核心作用，是目前任务型语言教学和内容与语言整合教学（content and language integrated learning，CLIL）方案的核心。

（五）社会文化观

社会文化观与互动观紧密相关，认为语言是一种以社会语境为中心的交际活动。知识是通过与他人的社会互动构建的，反映着学习者的文化、习俗、信仰以及参与的协作活动。语言的社会文化观被认为是任务型语言、基于内容的教学和合作语言学习的基础。

（六）体裁观

体裁观指的是在某一个领域，如科学、商业、医学和文学等的人类活动，有自身的语言使用规范。文本是话语单位，出现在不同的体裁中，如叙述、描述和解释。这种模式很大程度上归功于澳大利亚应用语言学学派的研究成果，也借鉴了英国语言学家韩礼德（M. A. K. Halliday）等人的研究成果。其主要概念可以概括如下：

- 语言是意义产生的资源。
- 语言资源由一系列相互关联的系统组成。
- 语言使用者每次使用语言时都会利用这个资源。
- 语言使用者通过创造文本来创造意义。

- 文本是由其使用的社会环境塑造的。
- 社会环境是由使用语言的人塑造的。

体裁和文本方法出现在文本教学、基于内容的教学和内容与语言整合学习中，也对专门用途英语和学术英语教学产生了影响。

（七）词汇模式

语言的词汇观优先考虑词汇和词汇块（或短语）的作用，并突出语法和词汇的相关性。该模式认为，与其把词汇和语法看作是离散的，不如把它们看作是内在相关的。根据语料库研究的发现，词汇模式的支持者们认为，语法能力产生于以短语和词汇为基础的学习，并主张词汇、短语和语块应该在语言教学中发挥更大的作用。这一观点最直接地体现在词法教学法中，也与基于内容的教学法（CBLT）以及内容与语言整合的教学法（CLIL）兼容。

上述内容简要介绍了语言教学的不同语言观或语言模式，即关于语言是什么。下面将概述当代主流的语言学习观，揭示语言学习的本质。

二、语言学习观

语言学习观为特定的教学方法提供了理论基础，反映了第二语言学习过程中学习者的认知过程以及人际和社会交往过程。第二语言习得研究产生了丰富多样的语言学习观，解释人是如何学习语言的。这些语言学习观包括行为主义学习观、认知主义学习观、建构主义学习观、社会文化学习观、技能学习观和交互学习观等。

（一）行为主义学习观

行为主义学习理论基于这样一种观点：语言是一种行为，人可以和动物一样，通过刺激—反应的训练来习得语言。正确的反应得到加强时，行为习得的机会相应增加。学习需要通过重复和强化来形成习惯。这一理论是听说法的基础，即语言是通过大量的重复练习和操练来学习的，通过各种活动减少出错的机会。

（二）认知主义学习观

认知主义学习观要求学习者要学会思考而不是简单的重复。认知主义学习观的典型代表人物是乔姆斯基，其著名的论断是：如果语言是习得的行为，那么儿童是如何生成他从未听过的话语的？他认为语言学习不是习惯的养成，很大程度上是对规则系统的习得，人们可以利用有限的规则产出无限的句子。

这种观点是在20世纪60年代发展起来的，作为行为主义的一种替代，它强调语言学习是一个依赖于演绎和归纳学习的认知过程，是一种有意义的实践应用活动，学习依赖于认知和心理活动。学习者学习语法规则，然后将其应用到实践中。认知主义学习观体现在 PPP（presentation - practice - production，简称 PPP，即呈现—练习—产出）教学法和沉默法等方法中。

（三）建构主义学习观

建构主义学习观认为学习是基于自己的经验和已有知识建构意义的过程。虽然建构主义学习理论不是针对语言学习而提出的，但是它广泛应用于学习。建构主义学习观认为教育是为了发展心智，而不仅仅是为了死记或回忆所学的知识。

建构主义学习观是另一种对教育和第二语言学习理论产生了巨大影响的学习理论。它借鉴了瑞士心理学家皮亚杰（Jean Piaget）、美国教育家杜威（John Dewey）和苏联心理学家维果斯基（Lev Vygotsky）关于儿童发展的研究，认为学习是学习者内部构建的结果，知识是由学习者或学习者群体基于其经验构建而成的意义。建构主义学习观强调学习者应当积极参与学习过程。该过程是动态的，既有认知维度（学习者在已有知识的基础上重新组织新的知识），也有社会维度（学习者与他人互动，通过对话解决问题）。建构主义学习观强调以学生为中心和以项目为基础的学习，学生可提出问题并探索多种解释，教师扮演促进者和引导者的角色。建构主义学习观见于图式理论和支架教学等，也见于交际语言教学、社区语言学习（community language learning）、合作语言学习（cooperative language learning）和整体语言教学法（whole language approach）。

（四）社会建构主义学习观（社会文化学习观）

这一理论可以被视为建构主义和互动理论的延伸，它将语言学习视为学习者和知识更丰富的人之间对话的结果。“社会文化”一词指学习发生在一个特定的社会环境中（如课堂），其中的人（教师和学生）、物（文本、书籍、图像）以及一些文化活动和事件（教学行为和序列）之间存在互动。学习是一个经由知识更为丰富者引导新手参与的过程，在此过程中，新手逐渐增长新的知识和技能。这个过程被称为“脚手架”，在社会文化学习理论中起着重要作用。“脚手架”指两个或两个以上的人在进行课堂活动时进行互动的过程，其中一个人（如教师或另一个学习者）比另一个人（学习者）的知识更为丰富。互动成为师生之间共同解决问题的活动。起初，师生通过“脚手架”的形式为协作对话提供支持，随着学习的发展，支持逐渐被去除。当前的许多教学法，如内容和语言整合学习、基于文本的教学和任务教学，都将“脚手架”学习视为一个重要的过程。学习是通过学生与教师之间或学生与学生之间的动态互动实现的。教师通过提问与解释精心搭建“脚手架”，帮助学习者更好地理解学习内容。学习者还可以在能力较高的同学的帮助下，充分挖掘自己的知识与技能潜力。

（五）技能学习观

技能学习观认为，技能是通过实践学习到的一系列行为。这些行为可以通过单独学习获得，结合在一起构成一组熟练的性能。技能学习理论认为，复杂的语言是由一系列技能构成的。最初，学习者有意识地学习和管理这些技能（被称为受控学习），例如学习如何用英语做课堂展示。随着时间的推移，技能变成自动的行为（自动学习），不再需要学习者有意识地注意。而学习是指从受控加工到自动加工，不断累积技能。许多教学法都将语言学习视为一种技能学习。

（六）交互学习观

学习是一个互动的过程，需要学习者共同努力，以实现相互理解。交互学习观的核心是协商——当学习者与更高级的学习者或母语人士交流时，他们会对接收到的语言信息进行调整，并通过对话者的反馈来学习。有能力的说话者通常会通过使用已知词汇、放慢语速、用不同方式说话、调整话题、避免使用习语、放慢语速、重读关键词、重复关键元素、使用更简单的语法结构、转述和阐述等方法来调整他们的语言输入，这对理解和学习都有帮助。交互过程在某种意义上可以被视为“教”语言，而教学的作用就是在课堂上支持这些互动过程。交际语言教学和任务型语言教学都体现了互动理论。

三、语言观和语言学习观的关系

某些语言观和语言学习观之间存在相似性和关联性。例如，结构主义语言观和行为主义学习观相结合，产生了听说法教学。在方法层面，我们关注的是理论原则。在语言理论方面，我们关注的是一个语言能力模型及其对语言组织以及语言使用的基本特征的解释。关于学习理论，我们则关注学习的核心过程和促进语言学习成功的条件。这些原则可能会，也可能不会形成某“一种”方法。例如，教师可以根据特定的语言观和特定的学习理论来确定自己的教学程序，并根据学习者的表现及其对教学实践的反应，不断修改教学或学习程序。那些对语言和语言学习持有相似信念的教师（即有相似的教学方法）可能各自以不同的方式执行这些原则。

语言观和语言学习观在不同程度上影响着课程、教学大纲和教材的编制。有些课程基于语法教学大纲（如现在进行时态、可数和不可数名词、形容词的比较级等）来组织教学内容，有些则按照话题（如天气、运动、音乐等）来组织。例如，功能型教学大纲列出了许多功能，如道歉、邀请等，而情境教学大纲则围绕“在银行、在旅行社、在超市”等情境展开。但是，功能型教学大纲存在一个问题，它提供了多种方法去表达相同的功能，但是不符合语法学习的顺序。情境型教学也存在类似的问题，如果根据情境来制定教学大纲，很难安排教学内容。

因此，大部分大纲制定者和教材编订者常采用多元化大纲，使之适用于各特定学习水平的学生，也适用于各语言点的教学。多元化教学大纲不仅包含上述各类大纲的要素，也包含语言技能和语音等项目。教学大纲制定者在编排各种教学顺序时，需要兼顾语法、词汇、功能、主题和任务等。然而，语法仍被视为教学大纲的基本框架，其他教学大纲都是围绕该框架建立的，语法仍然是教学大纲制定的重要基础。

第二节

语言教学中的教师

一、优秀语言教师的特征

如果询问一些教师和学生“什么样的教师是优秀教师”，大致会得到下述答案：

- 好教师应该和善、耐心。
- 好教师应该真正喜欢教学。
- 好教师应该是活泼并富有娱乐精神的。
- 好教师应该有良好的学科知识基础。
- 好教师应该能够激发学生的学习动机。
- 好教师应该能够创造良好的班级氛围，与学生互动。
- 好教师应该在整节课中让所有学生平等参与。
- 好教师应该能够在纠正学生的错误时，不伤害他们的自尊，不抑制他们的学习动机。
- 好教师应该知道学生的弱点，并在必要时给予学生个体关注和帮助。

从上述回答中我们可以看出，前四个回答与教师的个性特征有关，而后五个回答则更多地反映了师生关系。

那么，到底是什么成就了一位优秀教师呢？许多师生对教师角色缺乏清晰的认识。一个简单的答案可能是，教师真正关心自己的教学，但更关心学生的学习。教师如何教学取决于教学对象。如果在一所私立语言学校获得一份工作，教师可能会像变色龙一样，调整教学方法来适应每个个体。例如，既可以教语言水平高的学生，也可以教初级的一对一课程。所以，上课之前，教师会进行设计——思考学生的特征、学习动机以及语言水平，并始终牢记课程计划中的材料和活动是否适合学生的年龄、能力、动机和学习需求。

近年来，语言教学越来越强调“以学生为中心”的课程，而不是“以教师为中心”。“以学生为中心”意味着减少教师在课堂上的发言，增加学生在课堂的活动和交流。实际上，根据活动类型，在一节课的某些阶段会更多地以教师为中心，而其他阶段则会更多地以学生为中心。同样，在一节课中，教师可能会安排各种不同的活动，并承担不同的角色。如果教师能够适时做出改变，将会大大提升教学效率。

二、外语教师的角色

教学系统中，学习者的角色与教师的角色和功能密切相关，教师角色与语言观和语言学习理论相关。有些教学法完全依赖教师作为知识的来源和指导，另一些则认为教师的角色是学习的催化剂、顾问、指导和榜样，还有一些限制教师的主动性，认为教师应在文本或教案中构建教学内容和方向。教师和学习者的角色决定了课堂互动的类型特征，从而提供了学习过程和学习机会。

教师在教学法中的角色与以下问题有关：（1）教师应履行的职能类型，例如，是实践指导、咨询师还是模范教师；（2）教师对学习方式的控制程度；（3）教师在多大程度上负责决定所教内容；（4）教师和学习者之间的互动模式。教学方法主要取决于教师的角色和认知。例如，在经典的听说法教学中，教师被认为是语言和语言学习的主要来源；而在任务型语言教学和文本教学中，教师则承担引导的角色。合作语言学习则要求教师扮演促进者的角色。只有十分确定自己以及学生角色的教师，才有可能规避传统的以教科书为导向和教师中心的教学风险。

在一些教学法中，教师的角色已经被详细指定。个性化的学习方法重新定义了教师的角色，为教师和学习者在课堂上创造了特定的互动模式，逐步将学习的责任转移给学习者。社区语言学习将教师视为心理咨询师，教师应具有热情、敏感和包容的特征，这是衡量咨询技能和属性的重要标准。

学习者和教师的潜在角色之间有多种关系，可能是不对称的关系，比如指挥与乐队成员、治疗师与病人、教练与演奏者之间的关系。当代教学法主张建立更加对称的学习者和教师关系，如朋友对朋友、同事对同事、队友对队友。教师的角色反映了某教学法的目标及其依据的学习理论，因为一种教法的成功可能取决于教师能在多大程度上推动学习内容和过程。在一节常规课中，教师可能会扮演下面的一些角色。

（一）管理者或控制者

教师扮演控制者的角色时，能有效地管理班级和活动，课堂以教师为中心，这与学生各自活动、结对活动或小组活动的管理方式有很大的不同。上课之初，教师解释教学内容时会充当这个角色。如果课堂教学没有像教师计划的那样进行，教师可能会在上课的任何时候快速扮演这个角色。但是教师要尽量少使用这个角色，尽量少讲，因为需要语言练习的是学生！有些教师似乎是天生的领导者和表演者，有些教师则更喜欢看到学生之间的互动。一些教师有鼓舞和激励学生的天赋，运用得当的话，学生会有良好的表现，教师也因此感到愉快。但是，这些教师往往讲话太多，减少了学生发言的时间。教师应尽可能考虑学生的水平，以学生能够理解的方式来讲，使之成为学生的可理解性输入。

（二）组织者

组织者这个角色很重要，因为教师经常需要组织学生做各种各样的活动，包括发布指令、让学生结对子、发起活动、结束活动并组织反馈等。教师需要胜任这个角色，因为如果学生不了解自己的任务，不知道小组如何运作，课堂会出现混乱。活动的成功取决于良好的组织，以及让学生知道他们应该做什么。初次开始教学时，教师有必要在教学计划中列出如何组织各项活动。如果不能给学生提供明确的信息和指导，课上就会浪费大量的时间。一旦学生活动结束，进行反馈是必不可少的，因此经常检查他们是否了解他们必须做的事情是非常必要的。如果用目标语进行反馈较为困难，那么在教零起点学生或低水平学生时，可以适当使用学生的母语。

（三）评价者

评估学生的进步和成绩是语言教学法的重要组成部分，教师对交流活动后的反馈很重要。但我们必须清楚纠正和反馈之间的区别。在要求语言准确性的产出阶段，应该以温和的方式，即时纠正学生的错误。当学生进行创造性或技能训练型活动时，也可以使用这种纠错方式。

学生完成任务后，需要知道他们的任务完成度以及如何解决他们的语言问题时，需要教师从两方面进行反馈：

内容反馈——对学生在活动中的任务完成度（不是语言练习）进行反馈。

形式反馈——告诉学生他们的语言总体表现如何，他们的语言准确性如何。

教师反馈时需要用心和公正，而不是只纠正几个错误。当然，也不能对课堂出现的任何一个错误做出纠正。

（四）提示者

有时候，学生不知道自己想说什么，或者想法卡住了。这时，教师需要决定怎么做。通常情况下，学生只需要一点提示。教师可以提示，但是不能把主动权从学生手中夺走。新教师往往直接给出答案或想法，因为这样更快，更容易。但这个角色最重要的地方就是，用很少的提示引导和激发学生继续表达他们的想法。因此，需要给学生提供大量的感知觉察和鼓励，同时这也是鼓励学生使用英语的机会。

（五）参与者

在一节课的某些阶段，教师可能希望以平等身份（而不是教师身份）参与课堂，这样能够从小组内部推动活动进展。有时，当班上的人数参差不齐，难以成组时，教师可以作为一员补充进小组，或与单个学生组成对子。

教师作为参与者时，不要主导活动，也不要让学生把注意力集中在教师身上。当然，由于教师知道活动的材料和细节，很难平等地这样做。教师会倾向于主导（不是故意的），而学生常会期待这种情况发生。教师应努力参与学生的活动，这可能会改善课堂气氛，让学生有机会与比他们讲得更好的人互动。

（六）私教

教师有时需要给学生提供一对一的指导。当学生单独或结对学习，需要指导、支持或鼓励时，教师将担任这个角色。教师要确保给予所有学生同等的关注，但避免过多的干涉。这个角色在一对一教学中很重要，在混合能力的课堂上，教师需要为较弱的学生提供更多的支持。

（七）资源或促进者

教师是课堂上的主要资源。教师为学生提供帮助时，必须要抵制填鸭式喂养。当需要学生回答"这是什么意思"这类问题时，不要主动投喂他们，而应该鼓励他们自己去查找解释，或者全班一起寻找答案。教师成为资源的另一种方式是，和学生在一起时，教师是英语口语的模范，让学生接触教师的口语很重要。

由于英语教学大量的时间花在以学生为中心的活动上，教师应促进学生在课堂上的交流。教师会希望完全退出活动，让学生参与任务，不中断或不干预。这需要教师设计出能让学生习惯自己学习一门语言的活动。要成为一个好的促进者，让学生在课堂上成功地交流，教师需要在任何一节课的某个时刻扮演许多其他角色。然而，在学生需要任何帮助或指导的情况下，教师仍然需要作为一种资源。

（八）示范者/榜样

语言教师往往是学生接触到的唯一真实的、活生生的英语来源。他们是所有英语语法、词汇和发音知识的源泉，在学习者眼中具有特殊的责任和权威。许多成年学习者特别想从教师提供的语音或发音示范中获益。

（九）观察者或调控者

上课过程中，教师希望监控活动的进展情况，尤其是小组活动，以便获知一项活动的时长及成功度。例如，在演讲活动中，教师可以做笔记，以便稍后纠正或表扬学生。在观察过程中，教师通常需要与学生保持一定距离，这样就不会让学生从他们正在进行的活动中分心，但有时教师也需要稍微走近一下，听听口语作业或看一下正在进行的写作，以便有效地监督。

那么，教师该在什么时候扮演什么角色呢？教师的角色很大程度上取决于活动的类型和希望学生达到的目标。在课堂某些阶段，教师需要更多地控制和“负责”，而在其他阶段则需要扮演次要角色。重要的是，教师能够适当地在这些角色之间切换，并意识到如何执行所需的角色。除了拥有“好教师”的特质，知道在什么时候扮演什么角色，一个有经验的教师还会知道如何让学生参与进来，如何有效地使用哑剧、手势和他/她的声音等。

◆第三节◆

语言教学中的学生

一、优秀语言学习者的特征

对于什么是优秀的英语学习者，我们需要考虑许多因素，如年龄、文化、语言水平和学习动机等。任何一个因素都可能影响我们对优秀的语言学习者的认知。然而，成功的学生似乎有一些普遍的特点，需要得到教师的鼓励。例如：有听目标语言的意愿；想尝试这种语言；愿意提出问题；有能力思考自己的学习过程和方法；能够接受教师或其他人纠正错误；有学习的欲望。

以上这些都是成功的学习者具备的品质，教师有责任在课堂上鼓励和培养这些品质。教师可能会发现，一些学生在阅读和听力方面比他们在口语或写作方面更好。或者，有些学生是很好的演讲者，但在写作的时候却不太准确。这可能是缘于学生的外向或内向特征，进一步说，某些文化背景的学生比其他文化背景的学生在演讲方面更为自信。新教师常犯的错误是，认为语言学习弱的学生是愚蠢的。需要明确，他们不是！他们可以在其他科目上表现出色。他们不是天生的语言学家，所以更需要一个“导师”。

二、影响学习者的主要因素

（一）年龄

青春期前的学习者，对应于小学或 8 ～ 12 岁的儿童，通常更容易接受一门外语的新声音、单词和语法。学龄前儿童，7 岁或更小的学生，他们的注意力持续时间较短，而且年幼的孩子甚至还没有完全掌握母语的语法，但他们一般都能应付有趣的游戏、唱歌、画画等。

（二）学习经历

年轻的学习者可能也有一些之前的学习经验，但他们的观点不太固定，更有可能以开放的态度对待新思想和新方法。

（三）文化和第一语言

不同的文化中，学习方法不同。例如，某些亚洲国家的学生通常被认为学习非常认真，尊重教师，但有时缺乏创造力和交流的意愿。这个问题可能源于这样一个事实：在这些文化中，教师通常主宰课堂，学生一般不主动发言。在一些学校，外语课堂有时不受欢迎，因为一些班级会有噪音，从而被认为不守规矩。但是，需要说明的是，当外语课堂有合唱、结对或小组活动时，这是不可避免和必要的！来自不同语言群体的学生在英语语言方面会有不同的问题，好的教师应该了解学生的习惯和差异，因为这些可能会影响课堂的成功。

（四）英语水平测试（需求评估）

教师常常需要评估学生的水平，例如让学生测试口语、听力和阅读等。口语测试可以从非常简单的问题开始，逐渐增加问题的难度，在此过程中融入更复杂的语法、词汇和习惯表达。学生则必须用与问题相同的语法回答问题。这时，教师会看到学生在什么地方开始挣扎，评估学生处于什么水平。

学习者的自身特点会对语言学习产生重要影响，教师选择教学方法时需要考虑这些特点。这些特点包括学习风格偏好（比如学习者喜欢集体学习还是独自学习）；语言学习引发的情感因素，如害羞、焦虑、热情和其他情绪等，可能影响学习者的意愿交流；学习者对第二语言学习的态度、愿望、兴趣和投入努力的意愿等会影响学习动机；学习策略——学习者计划、管理和评估他们自己学习的方法，例如，随着时间的发展监测学习者的语言发展，确定需要特别努力和提高的方面。

教学方法的选择方面，可以将教学策略与学习者的学习风格相匹配，通过选择具有高度兴趣价值或相关性的内容（如基于内容的教学）来增强学习者的学习动机，以解决个人学习因素；在介绍性语言课程中，通过推迟发言和专注于理解技能来解决焦虑问题（如自然法），或者使用小组学习的方法（如合作语言学习），或者指导学习者使用特定的学习策略（如任务型语言教学）。

三、语言学习者的角色

教学设计在很大程度上受到学习者的影响。教学法往往反映了学习过程、学习者开展活动的类型、学习者对学习内容的控制程度、学习者分组模式、学习者对他人学习的影响程度，以及学习者作为处理者、执行者、发起者、问题解决者的角色。

20 世纪 80 年代，以学习者为中心的教学方法的出现重新定义了学习者的角色。在传统的语法—翻译法和听说法教学中，学习者被动地接受教学。当前学习者被赋予了更多的学习权利和自主权，其多样性得到了承认。这一时期出现的人文主义方法开始关注学习者。人文主义方法强调发展人类价值、自我意识、理解他人、对人类感情和情绪的敏感性，以及学生积极参与学习和学习的方式。社区语言学习法和沉默法是以学习者为中心的例子，还有最近的多元智能教学法等。

语言教学的个性化方法对“以学习者为中心”有了不同的解释，是自主学习观的一部分。基于学习方式的不同，学习者可以从各种不同的来源学习，他们有不同的目标。学习者在对话和人际交往中的参与者角色是功能教学和任务型教学法的核心，而学习者作为语言和信息的主动处理者，利用先验知识、模式和先天认知过程来学习，反映在任务型语言教学、内容型教学和内容与语言整合学习中。

总之，学习者和教师之间的关系是一个非常重要和复杂的问题。一个热情、敏感、积极、有爱心的教师更有可能培养出喜欢学习并继续上课的成功学生。因此我们可以说，一个好教师最有可能教出好学生。

章后小结

本章简要概述了教师的语言观和语言学习观，优秀教师的品质以及教师和学生在英语教学中的角色和责任。

案例分析

相比于语言学习理论，一线教师更倾向于向有经验的优秀同事学习。通过观摩同事的课堂教学，他们能够尽快地将观摩的教学活动迁移到自己的课堂教学中。他们认为，持有怎样的语言观和语言学习观，并不影响他们的教学。他们甚至认为，有些教师根本不知道自己的语言观和语言学习观，但他们的教学效果却很好，一样受同学们和同事们的欢迎。

［问题讨论］

1. 你如何看待一线教师重教学实践、轻理论知识的情况？
2. 教师的教学行为背后是否一定有语言观和语言学习观？

［参考点评］

语言教学理论与实践应用的关系，往往被教师诟病。有的教师认为，这些理论离自己的教学实践太远，相比于外语领域专家的见解，他们更愿意向同行学习，从观摩同行的课堂教学实践中，他们学习到具体的关于课堂活动设计和教学策略的使用，并能够通过模仿，将其迁移到自己的课堂教学中。这体现了教师学习的一个来源是基于自身或他人的经验，这种基于经验的学习短期内可以得到提升，但是很难有持久的效果，特别是创新能力，它使得教师停留在“教书匠”这一角色，而未能如当前新课程改革所要求的那样，承担多种角色，不符合教师专业化发展理念。

无论觉察与否，教师的课堂教学行为都在一定程度上体现着他们对语言是什么的认识。一个热衷于在课上分析篇章结构和句子成分的教师，更有可能持有结构语言观；而一个通过让学生反复进行听说训练、句式转换练习来训练其听说能力的教师，更有可能持有行为主义学习观。教师的行为都是他们的语言观和语言学习观的体现。有些教师之所以认为自己不持有任何语言观或语言学习观，是因为他们缺乏相关知识，不能对自己或同事的教学行为进行正确的判断。不存在完全不受任何理论影响的课堂教学实践，有时候，教师在应用某些理论而不自知。

思考与练习

1. 列出一个好教师应该具备的 5 个品质，并给出你选择的理由。你认为这些品质中哪一个更重要，为什么？

2. 陈述你认为教师的 5 个最重要的角色。描述每个角色，并说明为什么你认为它很重要。

3. 列出你认为一个好的学习者应该具备的 5 个品质。你认为这些品质中哪一个更重要，为什么？

4. 你认为成人学习者和幼儿学习者之间的主要区别是什么？

5. 给出尽可能多的学生学习英语的动机。

主要参考文献

［1］王蔷. 英语教学法教程［M］. 北京：高等教育出版社，2006.

［2］RICHARDS J C，RODGERS T S. Approaches and methods in language teaching［M］. 3rd ed. Cambridge：Cambridge University Press，2014.

［3］ATKINSON D. Alternative approaches to second language acquisition［M］. New York：Routledge，2011.

［4］RIVERS W M. Interactive language teaching［M］. Cambridge：Cambridge University Press，1987.

[5] PALTRIDGE B. Discourse analysis [M]. London: Continuum, 2006.

[6] ROGOFF B. Apprenticeship in thinking: cognitive development in social context [M]. New York: Oxford University Press, 1990.

[7] LAVE J, WENGER E. Situated learning: legitimate peripheral participation [M]. Cambridge: Cambridge University Press, 1991.

[8] SWAIN M, KINNEAR P, STEINMAN L. Sociocultural theory in second language education [M]. Bristol: Multilingual Matters, 2010.

[9] HARMER J. The practice of English language teaching [M]. 4th ed. Edinburgh: Pearson Longman, 2007.

第二章
小学英语课程标准与英语核心素养

学习目标

1. 了解我国小学英语课程设置的政策沿革。

2. 掌握《义务教育英语课程标准（2022 年版）》的主要内容及特征，小学英语的两个学段、学段目标的结构和特征。

3. 理解小学英语课程核心素养的理念与课程标准的关系。

4. 运用课程标准的学段要求进行小学英语课程设计和课堂教学。

第一节
我国小学英语课程设置的政策沿革

我国小学英语课程的设立和发展，经历了从近代半殖民地半封建社会之时的被动开设，到中华人民共和国成立之后，尤其是改革开放以来，面对全球化背景下的主动发展的进程。有学者从课程标准发展的视角，把小学英语课程的发展阶段大致分为自然发展时期（1903 年之前）、无“标准”的启动时期（1903—1923 年）、“标准”启动的发展时期（1923—1949 年）、曲折发展时期（1949—1978 年）、成熟发展时期（2001 年至今）。本书为简洁起见，据此提炼为如下三个阶段。

一、小学英语课程的曲折发展（1978 年以前）

我国小学英语课程在国家层面的开展，其历史可以追溯至晚清时期。1840 年以后，西学东渐，民风渐开，在一些通商口岸地区，由西方传教士提供的教育使一部分中国儿童接触到了英语，但此为半殖民地半封建社会下的被动和屈辱的选择。国家正式举办英语教育，则以 1862 年清政府设立了京师同文馆进行外语教学作为起点，此为政府迫于对外交往的需要而主动设立，是中国人最早主动开展的小学英语教育。但清末的中国社会，国家积弱积困、内外战乱频仍，教育事业缺乏稳定的社会环境，也无法得到国家的财力支持，小学英语教学更缺乏发展的环境。

1912 年中华民国成立，教育总长蔡元培主持制定了《小学教令》，其中规定：可加设英语或别种外国语，小学英语课程成为国家选修课程，外国语安排在高小第三学年，每周 3 小时。此后 1916 年增加了学习年限，调整了周课时，小学英语课程达到 2 个学年，周课时 2 小时。但由于战乱等原因，民国时期教育整体普及性不足，能够开设小学英语教育的学校数量更少。大多数适龄儿童没有机会接受从小学阶段开始的英语教育。尽管如此，中学阶段的英语教育以及留学教育仍然培养了一批外语人才，活跃在政治、经济、文化、军事等各领域，从各个层面影响了中国社会政治和文化的发展。

1949 年中华人民共和国成立后，英语课程经历了曲折发展的历史。新中国成立之初，受到外交政策的影响，俄语成为当时的第一外语，之前一度发展较快的英语教育明显受到削弱。当时，在少数大中城市仍保留了英语语种的教学，仍然有开设小学英语课程，主要集中在北京、上海的少数小学，但也仅仅将英语作为校本课程来开设。此后，一些省区以地方课程的形式开设小学英语课程。一直到 1978 年，中国的基础教育遭受了巨大的挫折，发展缓慢，英语课程与教学更是不受重视。

二、教学大纲引领下小学英语课程与教学的发展（1978—2000 年）

1978 年以来，国家发展步入改革开放的新时期，社会各方面建设事业迫切需要加强对外交往，各领域也迫切需要外语人才，国家和社会对小学英语甚至幼儿园英语都表现出较为强烈的需求，小学英语课程与教学步入迅速发展的时期。这一阶段国家对英语教学的指导逐步加强，英语教学开始日益规范化，英语师资短缺的局面迅速扭转，英语课程的地位不断提升。

1978 年，国家制定了《全日制十年制中小学英语教学大纲（试行草案）》，明确提出允许从小学三年级开始开设英语课，而且还具体陈述了英语教学的要求和目标，还有不同学段的课时和内容。大纲规定，“三年级的学生需要进行 152 个课时的英语教学，四年级和五年级的学生需要进行 136 个课时的英语教学”。1980 年，教育部颁发的文件中要求设立两个英语课程体系，其中包含小学三年级至小学六年级的英语课程体系和中学一年级至中学三年级的英语课程体系，并强调要进行英语词汇、英语语法、英语语音的教学。

此后，随着改革开放对外语人才出现巨大需求，尤其是外语成为高考重要科目后，外语教学广受重视。教育部针对初中和高中英语教学陆续颁布了几版教学大纲，大大推动了中学英语教学的发展，同时对小学英语的发展也起到促进作用。但是此阶段英语课程发展的重点仍在中学阶段，小学阶段的英语课程并未在全国范围内普遍开展。直到 2000 年，我国一直没有独立的小学英语教学大纲，来指导小学阶段的英语课程和教学。

三、课程标准引领下小学英语课程与教学的发展（2001 年至今）

进入 21 世纪，世界经济和政治的全球化向纵深发展，英语作为国际通用语言，在各国交流中的地位得到进一步强化。学好英语成为 21 世纪高素质人才的重要标志，这大大提升了英语课程在基础教育发展战略中的地位。

在此背景下，2001 年 1 月，教育部发布了《关于积极推进小学开设英语课程的指导意见》（教基〔2001〕2 号），进一步落实“教育要面向现代化，面向世界，面向未来”的战略指导思想，决定把小学开设英语课程作为 21 世纪初基础教育课程改革的重要内容。为指导全国小学英语教学，教育部制订了《小学英语课程教学基本要求（试行）》，作为小学英语课程实施、教学评价、教材审查和选用的主要依据。文件提出，小学阶段英语课程的目的是“激发学生学习英语的兴趣，培养他们英语学习的积极态度，使他们建立初步的学习英语的自信心；培养学生一定的语感和良好的语音、语调基础；使他们形成初步用英语进行简单日常交流的能力，为进一步学习打下基础”，并建议小学英语课程开设的起始年级为三年级，应遵循长短课时结合、高频率的原则，保证每周不少于四次教学活动，评价应以形成性评价为主，以学生平时参与各种英语教学活动所表现出的兴趣、态度和交流能力为主要依据等指导意见。

2001 年 6 月，以《国务院关于基础教育改革与发展的决定》为依据，我国启动了新一轮基础教育改革。经过充分酝酿和研究，教育部制定了《基础教育课程改革纲要（试行）》，确定了改革目标，研制了各门课程的课程标准或指导纲要。2001 年《全日制义务教育　普通高级中学英语课程标准（实验稿）》的颁发，标志着小学英语真正作为国家课程来开设，并进入由课程标准来统筹指导发展的阶段。它改变了过去以教学大纲为指导的局面，实现了全国在统一标准下的相对灵活的小学课程的发展。各地区开发了多种多样各具特色的小学英语教材。该标准的实施，极大地推动了小学英语课程在全国范围内的发展，包括所有县市学校和乡镇学校都逐步开设了英语课程。尽管存在城乡和地区差异，但标准的设立使小学英语教学有了相对的灵活性，使得不同地区可以根据不同的教学情况，安排不同的教学步骤和教学目标。在标准中，小学英语课程被划分成三个管理层级，即国家级课程、地方性课程、校本课程。国家级课程要求学校完成既定的英语教育课时、教学目标、教学评价等任务，地方性课程由地方教育部门结合当地教学需求对小学英语课程进行安排，校本课程由学校自行增加教学内容。

2003 年，教育部颁发《普通高中英语课程标准（实验稿）》。此后，经过近十年的实践，我国的小学英语课程有了显著进步：规模稳步扩大，开课率逐步增长；广大教师乐于接受新理念，英语课堂展现活力；教材呈多样化和立体化趋势，有利于教师教学观念和方法的转变；师资数量和质量逐步提升，教师培训受到高度重视。然而，仍然存在一些问题有待进一步解决。如有学者指出的，是否应在小学开设外语课程在学术界仍有争议；小学英语教师数量不够，质量不高，教学负担重；对课程价值认识不足，重视不够，态度不积极；中小学衔接问题没有得到足够重视。这些问题推动了国家层面进一步探索深化课程改革的路径。

在此背景下，2012 年教育部颁布了《义务教育英语课程标准（2011 年版）》，该标准对小学英语教育的推动明显，标志着我国义务教育英语课程改革已经从原来的实验阶段迈向新的台阶，进一步“为提高我国整体国民素养，培养具有创新能力和跨文化交际能力的人才，提高国家的国际竞争力和国民的国际交流能力奠定基础”。新标准改善了实验版的一些不足，如实验版中对小学英语教学的指导性不够突出，具体学习内容、目标要求得不够具体，小学阶段词汇表、语法项目没有分别列出，对小学英语教学和评价指导力度不够，缺乏可操作性建议和案例等，这些问题在新版中得到了修正。总体而言，新版理念更先进，更符合语言学习的规律，目标更清晰，内容更明确，要求更具体，可操作性更强。

随着实践的推进，教育部于 2019 年再次启动了义务教育英语课程标准修订工作，并于 2022 年颁布了最新的课程标准——《义务教育英语课程标准（2022 年版）》。这一时期，小学英语课程发展走向以标准引领的时代，不断推动小学英语课程与时俱进，巩固和提升了其地位，课程与教学发展逐渐走向成熟。

整体来看，我国小学英语课程在国际全球化发展的社会背景下和国内改革开放的社会发展进程中日益受到重视，相关政策逐步确立，教育教学实践也日益丰富，社会对小学英语的重视程度空前高涨，学生的英语基础发展水平大大提高，为学生后续阶段的学习奠定了良好的基础。

第二节

《义务教育英语课程标准（2022 年版）》内容解读

课程标准是由国家的公认机构制定并由国家标准权威管理部门批准或核定的文件，是课程开发建设、课程实施、课程评价与管理的准绳。英语学科课程标准，是国家教育管理者、学者联合一线教师，依据某种教学理论的基本内容和框架，为英语课程的教学内容、教学目标、教学过程等方面所做出的设计和规划，是确定英语学科一定学段的课程水平及课程结构的纲领文件。

如前所述，英语课程的历次改革，都伴随着重要文件的出台。我国英语课程设置和发展的依据，从最先的教学大纲，发展到规范性的课程标准，经历了从 1963

年、1978 年、1986 年、1992 年义务教育阶段的英语教学大纲，到《全日制义务教育　普通高级中学英语课程标准（实验稿）》，以及《义务教育英语课程标准（2011 年版）》和《义务教育英语课程标准（2022 年版）》，是适应不同历史时期国家和社会发展的需要、广大家长的期待和学生发展的需要而不断进行调整的结果。而最近的《义务教育英语课程标准（2022 年版）》更是标志着国家对英语课程的发展有了更深刻的认识和把握，将成为未来一段时期小学英语课程的发展依据，因此本节主要介绍《义务教育英语课程标准（2022 年版）》。

一、《义务教育英语课程标准（2022 年版）》的总体框架

《义务教育英语课程标准（2022 年版）》主要由以下几个部分构成。

前言部分。课程标准明确了以习近平新时代中国特色社会主义思想为指导，全面贯彻党的教育方针，遵循教育教学规律，落实立德树人根本任务，发展素质教育的指导思想，提出了坚持目标导向、问题导向、创新导向的修订原则。较以往的版本，新版标准的主要变化是：课程方案完善了培养目标，优化了课程设置，细化了实施要求；课程标准优化了课程内容结构，研制了学业质量标准，增强了指导性，加强了学段衔接。

第一部分，课程性质。课程标准明确提出，义务教育英语课程应体现工具性和人文性的统一，具有基础性、实践性和综合性特征，为学生形成跨文化沟通与交流的意识和能力，形成正确的世界观、人生观和价值观奠定基础。

第二部分，课程理念。课程标准提出了六点课程理念：一是发挥核心素养的统领作用；二是构建基于分级体系的课程结构；三是以主题为引领选择和组织课程内容；四是践行学思结合、用创为本的英语学习活动观；五是注重“教—学—评”一体化设计；六是推进信息技术与英语教学的深度融合。

第三部分，课程目标。英语课程目标由“综合语言运用能力”升级为核心素养，即语言能力、文化意识、思维品质和学习能力的培养和提高，并从总目标和分级目标两个部分介绍其具体内容。总目标是对学生小学阶段英语教育提出的一个总要求。而分级目标是将整个义务教育分为五个级别，要求不同级别的学生要完成相应阶段的目标。其中，一级建议为 3 ～ 4 年级学段应达到的目标，二级为 5 ～ 6 年级学段应达到的目标。

第四部分，课程内容。英语课程内容由主题、语篇、语言知识、语言技能和学习策略等要素构成。围绕这些要素，共同推动学生核心素养的持续发展。课程内容分为三级，建议 3 ～ 4 年级学习一级内容，5 ～ 6 年级学习二级内容；兼顾小学英语起始年级差异，设置了预备级，满足 1 ～ 2 年级教学需要，以及三个“级别 +”，满足学有余力的学生的需要。

第五部分，学业质量。学业质量是学生完成课程阶段性学习后的学业成就表现，反映核心素养要求。本部分以核心素养为主要维度，结合课程内容，对各级学生学业成就的具体表现特征做了描述。

第六部分，课程实施。本部分对教学、评价、教材编写、课程资源开发与利用、教学研究与教师培训等方面提出了建议。

附录部分。本部分包括了五项内容，分别是核心素养学段特征、语音项目表、词汇表、语法项目表和教学案例。

二、《义务教育英语课程标准（2022 年版）》的主要内容（小学阶段）

本部分对小学英语课程的性质、理念、目标、课程内容、学业质量要求和课程实施等做了说明，是课程标准的主体内容。

（一）小学英语课程性质

《义务教育英语课程标准（2022 年版）》在“课程性质”部分强调了英语的重要性。英语是当今世界经济、政治、科技、文化等活动中广泛使用的语言，是国际交流与合作的重要沟通工具，也是传播人类文明成果的载体之一，对中国走向世界、世界了解中国、构建人类命运共同体具有重要作用。作为义务教育阶段的小学英语课程，体现工具性和人文性的统一，具有基础性、实践性和综合性的特征。学习和运用英语有助于学生了解不同文化，比较文化异同，汲取文化精华，逐步形成跨文化沟通与交流的意识和能力，学会客观、理性看待世界，树立国际视野，涵养家国情怀，坚定文化自信，形成正确的世界观、人生观和价值观，为学生终身学习、适应未来社会发展奠定基础。

（二）小学英语课程理念

《义务教育英语课程标准（2022 年版）》提出小学英语课程的发展应遵照如下理念：

第一是发挥核心素养的统领作用。英语课程应围绕核心素养确定课程目标，选择课程内容，创新教学方式，改进考试评价，指导教材建设，开展教师培训。

第二是构建基于分级体系的课程结构。遵循外语学习规律，借鉴国际经验，立足我国义务教育阶段英语教育实际，充分考虑学习条件、学习时限和学生学习经验等方面的差异，按照英语能力发展进阶，建立循序渐进、可持续发展的九年义务教育英语分级体系，由低到高明确学习内容与要求。课程以分级体系为依据，因地制宜，因材施教，确定起始年级和学习内容要求，灵活安排教学进度。

第三是以主题为引领选择和组织课程内容。英语课程内容的选取遵循培根铸魂、启智增慧的原则，紧密联系现实生活，体现时代特征，反映社会新发展、科技新成果，聚焦人与自我、人与社会和人与自然等三大主题范畴。内容的组织以主题为引领，以不同类型的语篇为依托，融入语言知识、文化知识、语言技能和学习策略等学习要求，以单元的形式呈现。

第四是践行学思结合、用创为本的英语学习活动观。秉持在体验中学习、在实践中运用、在迁移中创新的学习理念，倡导学生围绕真实情境和真实问题，激活已知，参与到指向主题意义探究的学习理解、应用实践和迁移创新等一系列相互关联、循环递进的语言学习和运用活动中。坚持学思结合，引导学生在学习理解类活动中获取、梳理语言和文化知识，建立知识间的关联；坚持学用结合，引导学生在应用实践类活动中内化所学语言和文化知识，加深理解并初步应用；坚持学创结合，引导学生在迁移创新类活动中联系个人实际，运用所学解决现实生活中的问题，形成正确的态度和价值判断。

第五是注重“教—学—评”一体化设计。坚持以评促学、以评促教，将评价贯穿英语课程教与学的全过程。注重发挥学生的主观能动性，引导学生成为各类评价活动的设计者、参与者和合作者，自觉运用评价结果改进学习。注重引导教师科学运用评价手段与结果，针对学生学习表现及时提供反馈与帮助，反思教学行为和效果，教学相长。坚持形成性评价与终结性评价相结合，逐步建立主体多元、方式多样、素养导向的英语课程评价体系。

第六是推进信息技术与英语教学的深度融合。重视教育信息化背景下英语课程教与学方式的变革。充分发挥现代信息技术对英语课程教与学的支持与服务功能，鼓励教师合理利用、创新使用数字技术和在线教学平台，开展线上线下融合教学，为满足学生个性化学习需要提供支撑，促进义务教育均衡发展。

（三）小学英语课程目标

《义务教育英语课程标准（2022 年版）》提出了围绕核心素养来确立课程目标。标准指出：“核心素养是课程育人价值的集中体现，是学生通过课程学习逐步形成的适应个人终身发展和社会发展需要的正确价值观、必备品格和关键能力。英语课程要培养的核心素养包括语言能力、文化意识、思维品质和学习能力等方面。”这几个方面相辅相成，协同发展。由此，确定了义务教育阶段英语课程的总目标包括发展语言能力、培育文化意识、提升思维品质、提高学习能力等，并在此基础上对四个方面分别提出各学段目标。

1. 语言能力学段目标

语言能力学段目标分别从三个方面进行描述：感知与积累、习得与建构、表达与交流（见表 2－1）。

表 2－1　语言能力学段目标

表现	3～4 年级/一级	5～6 年级/二级
感知与积累	能感知单词、短语及简单句的重音和升降调等；能有意识地通过模仿学习发音；能大声跟读音视频材料；能感知语言信息，积累表达个人喜好和个人基本信息的简单句式；能理解基本的日常问候、感谢和请求用语，听懂日常指令等；能借助图片读懂语言简单的小故事，理解基本信息；能正确书写字母、单词和句子	能领悟基本语调表达的意义；能理解常见词语的意思，理解基本句式和常用时态表达的意义；能通过听，理解询问个人信息的基本表达方式；能听懂日常学习和生活中简单的指令、对话、独白和小故事等；能理解日常生活中所学语言直接传递的交际意图；能读懂语言简单、主题相关的简短语篇，获取具体信息，理解主要内容
习得与建构	略	在听或看发音清晰、语速适中、句式简单的音视频材料时，能获取有关人物、时间、地点、事件等基本信息，能识别常见语篇类型及其结构，能理解交流个人喜好、情感的表达方式，能根据图片口头描述其中的人或事物，能关注生活中或媒体上的语言使用
表达与交流	能围绕相关主题，运用所学语言进行简单的交流，介绍自己和身边熟悉的人或事物，表达情感和喜好等，语言达意。在书面表达中，能根据图片或语境仿写简单的句子	略

2. 文化意识学段目标

文化意识学段目标主要从比较与判断、调适与沟通、感悟与内化三个方面展开描述，见表 2－2。

表 2-2 文化意识学段目标

表现	3～4 年级/一级	5～6 年级/二级
比较与判断	有主动了解中外文化的愿望；能在教师指导下，通过图片、配图故事、歌曲、韵文等获取简单的中外文化信息；观察、辨识中外典型文化标志物、饮食及重大节日；能用简单的单词、短语和句子描述与中外文化有关的图片和熟悉的具体事物；初步具有观察、识别、比较中外文化的意识	对学习、探索中外文化有兴趣；能在教师引导下，通过故事、介绍、对话、动画等获取中外文化的简单信息；感知与体验文化多样性，能在理解的基础上进行初步的比较；能用简短的句子描述所学的与中外文化有关的具体事务；初步具有观察、识别、比较中外文化异同的能力
调适与沟通	有与人交流沟通的愿望；能大方地与人接触，主动问候；能在教师指导下，学习和感知人际交往中英语独特的表达方式；能理解基本的问候、感谢用语，并作出简单回应	略
感悟与内化	略	对了解中外文化有兴趣；能在教师引导下，尝试欣赏英语歌曲、韵文的音韵节奏；能理解与中外优秀文化有关的图片、短文，发现和感悟其中蕴含的人生哲理；有将语言学习与做人、做事相结合的意识和行动；体现爱国主义情怀和文化自信

3. 思维品质学段目标

思维品质学段目标从观察与辨析、归纳与推断、批判与创新等三个方面进行描述，见表 2-3。

表 2－3　思维品质学段目标

表现	3～4 年级/一级	5～6 年级/二级
观察与辨析	能通过对图片、具体现象和事物的观察获取信息，了解不同事物的特点，辅助对语篇意义的理解；能注意到不同的人看待问题是有差异的；能从不同角度观察周围的人与事	略
归纳与推断	略	能识别、提炼、概括语篇的关键信息、主要内容、主题意义和观点；能就语篇的主题意义和观点做出正确的理解和判断；能根据语篇推断作者的态度和观点
批判与创新	能根据个人经历对语篇内容、任务或实践等表达自己的喜恶；初步具有问题意识，知晓一问可有多解	略

4. 学习能力学段目标

学习能力学段目标从乐学与善学、选择与调整、合作与探究等三个方面进行描述，见表 2－4。

表 2－4　学习能力学段目标

表现	3～4 年级/一级	5～6 年级/二级
乐学与善学	对英语学习感兴趣、有积极性；喜欢和别人用英语交流；乐于学习和模仿；注意倾听，敢于表达，不怕出错；乐于参与课堂活动，遇到困难能大胆求助	略

续上表

表现	3～4年级/一级	5～6年级/二级
选择与调整	略	能在教师指导下制订并完成简单的英语学习计划，及时预习和复习所学内容；能了解自己英语学习中的进步与不足；能在教师指导下，初步找到适合自己的英语学习方法；尝试根据学习进展调整学习计划和策略；能借助多种渠道或资源学习英语
合作与探究	能在学习活动中尝试与他人合作，共同完成学习任务；能在学习过程中积极思考，发现并尝试解决语言学习中的问题	略

（四）小学英语课程内容

《义务教育英语课程标准（2022年版）》确定了英语课程内容的结构，由主题、语篇、语言知识、文化知识、语言技能和学习策略等要素构成，围绕这些要素，通过学习理解、应用实践、迁移创新等活动，推动学生核心素养在义务教育全程中持续发展。下面用图片来展示义务教育英语课程的内容结构（见图2－1）。

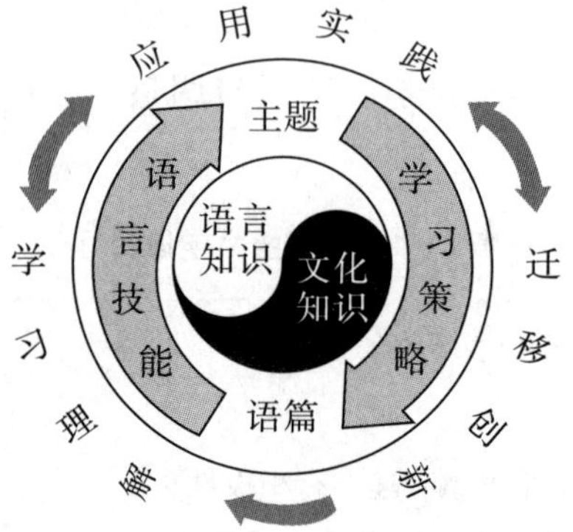

图2－1 义务教育英语课程内容结构示意图

《义务教育英语课程标准（2022年版）》指出：课程内容的六个要素是一个相互关联的有机整体，共同构成核心素养发展的内容基础。其中，主题具有联结和统领其他内容要素的作用，为语言学习和课程育人提供语境范畴；语篇承载表达主题的语言知识和文化知识，为学生提供多样化的文体素材；语言知识为语篇的构成和意义的表达提供语言要素；文化知识为学生奠定人文底蕴、培养科学精神、形成良好品格和正确价值观提供内容资源；语言技能为学生获取信息、建构知识、表达思想、交流情感提供途径；学习策略为学生提高学习效率、提升学习效果提供具体方式方法。

《义务教育英语课程标准（2022 年版）》建议：义务教育英语课程内容分三级，其中，3 ～4 年级学习一级内容，5 ～6 年级学习二级内容，7 ～9 年级即初中阶段学习三级内容。考虑到学生基础的不同，设置了处于一级之下的“预备级”，处于一级之上的“一级 +”、处于二级之上的“二级 +”等级别。预备级满足要求 1 ～2 年级教学需要，“级别 +”为有更高学习目标的学生而设置。

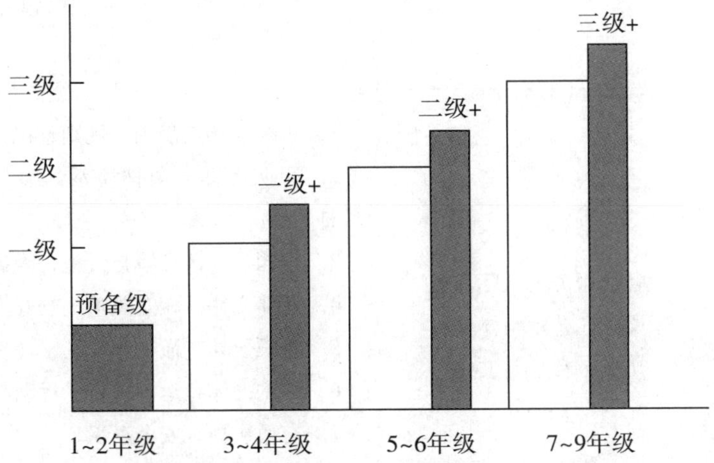

图 2 – 2　义务教育英语课程内容分级示意图

对小学英语课程进行分级，照顾到学习程度较弱与学习能力较强的不同需要，对于各学校因地制宜地开展小学英语教学有积极的指导意义。

《义务教育英语课程标准（2022 年版）》对课程内容六个要素的学习范围和学习要求按照三个基本等级分别进行描述。下面举例展示其对一、二级的描述内容。

1. 主题

主题包括人与自我、人与社会、人与自然三大范畴。其中，每一主题下又分设主题群，见表 2 – 5。

表 2－5　主题内容要求（一级）

范畴	主题群	子主题内容
人与自我	生活与学习 做人与做事	1. 身边的事物与环境； 2. 时间管理； 3. 生活自理与卫生习惯； 4. 个人喜好与情感表达； 5. 家庭与家庭生活； 6. 学校、课程，学校生活与个人感受； 7. 饮食与健康
人与社会	社会服务与人际沟通 文学、艺术与体育 历史、社会与文化	1. 班级与学校规则，规则意识； 2. 团队活动与集体生活，参与意识与集体精神； 3. 校园、社区环境与设施，爱护公共设施； 4. 同伴交往，相互尊重，友好互助； 5. 尊长爱幼，懂得感恩； 6. 常见的体育运动项目，运动与健康； 7. 交通法规，安全意识； 8. 常见职业与人们的生活； 9. 常见节假日，文化体验
人与自然	自然生态 环境保护	1. 天气与日常生活； 2. 季节的特征与变化，季节与生活； 3. 身边的自然现象与生态环境； 4. 常见的动物，动物的特征与生活环境

主题内容要求（二级）增加了科学与技术、灾害防范、宇宙探索等主题群。

2. 语篇

语篇分不同类型，包括连续性文本如对话、访谈、记叙文、说明文、应用文、议论文、歌曲、歌谣、韵文等，也包括非连续性文本，如图表、图示、网页、广告等。语篇类型也可分为口语与书面语形式，还可分为文字、音频、视频、数码等模态。一、二级的语篇类型内容要求可见表 2－6。

表 2－6　语篇类型内容要求

级别	内容要求
一级	1. 歌谣、歌曲、韵文； 2. 日常简短对话、独白； 3. 配图故事、叙事性日记等； 4. 任务介绍、物品介绍、地点介绍等； 5. 书信、活动通知、操作指令、生日及新年贺卡、邀请卡等； 6. 其他语篇类型，如提示牌、告示牌、菜单、购物单、简单图表、图片、视频等
二级	略

二级增加了科普类短文、宣传海报、问卷以及新媒体语篇如网页、电子邮件等。

3. 语言知识

语言知识包括语音、词汇、语法、语篇和语用知识，是发展语言技能的重要基础。《义务教育英语课程标准（2022 年版）》分别对以上五种语言知识要素进行了分级描述。下面将其整合在同一个表格中作为示例，见表 2－7。

表 2－7　语言知识内容要求

语言知识	一级要求	二级要求
语音	1. 识别并读出 26 个大、小写字母； 2. 感知字母在单词中的发音； 3. 感知简单的拼读规则，尝试借助拼读规则拼读单词； 4. 感知并模仿说英语，体会单词的重音和句子的升调与降调	1. 借助拼读规则拼读单词； 2. 使用正确的语音、语调朗读学过的对话和短文； 3. 借助句子中单词的重读表达自己的态度与情感； 4. 感知并模仿说英语，体会意群、语调与节奏； 5. 在口头表达中做到语音基本正确，语调自然、流畅
词汇	1. 知道单词由字母构成； 2. 借助图片、实物理解词汇的意思； 3. 根据视觉或听觉提示，如图片、动作、动画、声音等，说出单词和短语； 4. 根据单词的音、形、义学习词汇，体会词汇在语境中表达的意思	1. 在语境中理解词汇的含义，在运用中逐步积累词汇； 2. 在特定语境中，运用词汇描述事物、行为、过程和特征，表达与主题相关的主要信息和观点； 3. 能初步运用 500 个左右单词，就规定的主题进行交流与表达，另外可以根据实际情况接触并学习三级词汇和相关主题范围内 100 ～ 300 个单词，以及一定数量的习惯用语或固定搭配

续上表

语言知识	一级要求	二级要求
语法	1. 在语境中感知、体会常用简单句的表意功能； 2. 在语境中理解一般现在时和现在进行时的形式、意义、用法； 3. 围绕相关主题，在语境中运用所学语法知识描述人和物，进行简短交流	1. 在语篇中理解常用简单句的基本结构和表意功能； 2. 在语境中理解一般过去时和一般将来时的形式、意义、用法； 3. 在语境中运用所学语法知识描述、比较人和物，描述具体时间的发生、发展和结局，描述时间、地点和方位等
语篇	1. 识别对话中的话轮转换； 2. 知道语篇有不同类型，如对话、配图故事； 3. 体会语篇中图片与文字之间的关系	1. 判断故事类语篇的开头、中间和结尾，辨识时间、地点、任务，以及时间的发生、发展和结局等； 2. 发现语篇中段落主题句与段落内容之间的关系； 3. 利用语篇的标题、图片等信息辅助语篇理解
语用知识	1. 使用简单的称谓语、问候语和告别语与他人进行得体的交流； 2. 在语境中使用基本的礼貌用语与他人交流； 3. 对他人的赞扬、道歉、致谢等做出恰当的回应	1. 根据具体语境的需求，初步运用所学语言，得体表达自己的情感、态度和观点； 2. 在具体语境中，如购物、就医、打电话、问路等，与他人进行得体的交流； 3. 对他人的邀请、祝愿、请求与帮助等做出恰当的回应

4. 文化知识

文化知识包括饮食、服饰、建筑等物质文化知识和哲学、科学、历史等非物质文化知识，并能发现判读其背后的价值观。具体分级要求略。

5. 语言技能

语言技能分为理解性技能，如听、读、看等技能，以及表达性技能，如说、写等技能及其综合运用。特别说明“看”的技能，是指利用多模态语篇中的图形、表格、动画、符号以及视频等理解意义的技能。具体分级要求略。

6. 学习策略

学习策略主要包括元认知策略、认知策略、交际策略、情感管理策略等。具体分级要求略。

《义务教育英语课程标准（2022年版）》在对小学课程内容分级要求进行描述后，对预备级（1～2年级）、一级（3～4年级）、二级（5～6年级）分别提出了教学建议以及学业质量评价的分级描述，最后部分提出了课程实施的具体建议。具体内容此处不再赘述。

综上所述，《义务教育英语课程标准（2022年版）》是当下我国开展小学英语课程与教学的最新的国家标准。它以习近平新时代中国特色社会主义思想为指导，全面贯彻党的教育方针，遵循教育规律，落实立德树人根本任务，发展素质教育。它坚持目标导向、问题导向、创新导向的原则，在课程方案上完善了培养目标，优化了课程设置，细化了实施要求。在课程标准上，它强化了课程育人导向，优化了内容结构，研制了学业质量标准，增强了指导性，加强了学段衔接，对培育新时代有理想、有本领、有担当的新人，有着重要的指导意义。

第三节

核心素养与小学英语课程的培养目标

如前所述，《义务教育英语课程标准（2022年版）》较前一个版本，在多方面做出了调整和改变。其中最为根本性的变化，来自于课程目标的重大调整。新标准将英语课程目标由过去的“综合语言运用能力”升级为以核心素养，即以语言能力、文化意识、思维品质和学习能力为核心，构建了与之相一致的课程内容、教学策略、学业质量标准和评价策略。

《义务教育英语课程标准（2022年版）》的课程目标部分分别对核心素养、总目标、学段目标进行了表述。也就是说，核心素养是引领英语课程总目标和学段目标的基础。附录对核心素养的学段特征进行了更为综合性的描述，对于小学英语课程与教学的发展具有积极的指导意义，需要各级教师深入把握其思想内核。本节探讨核心素养理念提出的背景、具体内涵及其与小学英语课程目标的关系。

一、核心素养的概念与要素

（一）核心素养提出的背景

2014年3月，教育部发布的《关于全面深化课程改革 落实立德树人根本任务的意见》提出了“核心素养”这一重要概念，要求将研制与构建学生核心素养体系作为推进课程改革深化发展的关键环节。该文件发布以后，关于学生核心素养的讨论迅速成为教育界关注的热点问题。

该文件的出台是为把党的十八大和十八届三中全会关于立德树人的要求落到实处，充分发挥课程在人才培养中的核心作用，进一步提升综合育人水平，更好地促进各级各类学校学生全面发展、健康成长。文件指出，中小学课程改革从总体上与立德树人的要求还存在一定差距，主要表现在：重智轻德，单纯追求分数和升学率，学生的社会责任感、创新精神和实践能力较为薄弱；高校、中小学课程目标有机衔接不够，部分学科内容交叉重复，课程教材的系统性、适宜性不强；与课程改革相适应的考试招生、评价制度不配套，制约着教学改革的全面推进；教师育人意识和能力有待加强，课程资源开发利用不足，支撑、保障课程改革的机制不健全。

因此，文件提出全面深化课程改革的总体要求，研究制订学生发展核心素养体系和学业质量标准，并修订课程方案和课程标准，提出要根据学生的成长规律和社会对人才的需求，把对学生德智体美劳全面发展的总体要求和社会主义核心价值观的有关内容具体化、细化，深入回答“培养什么人、怎样培养人”的问题，通过研究提出各学段学生发展核心素养体系，明确学生适应终身发展和社会发展需要的必备品格和关键能力，突出强调个人修养、社会关爱、家国情怀，更加注重自主发展、合作参与、创新实践。

（二）核心素养的内涵

核心素养，从根本上来讲，就是培养什么样的人的问题。教育界的研究者基于《教育部关于全面深化课程改革　落实立德树人根本任务的意见》的指引，对核心素养的内涵进行了多方面的探讨。最终形成的共识，体现在各学科的新标准中。按照《义务教育英语课程标准（2022 年版）》的界定，核心素养是课程育人价值的集中体现，是学生通过课程学习逐步形成的适应个人终身发展和社会发展需要的正确价值观、必备品格和关键能力。基于核心素养的教育，既应包括传统的知识与能力的学习，更强调学生的全面发展和终身学习，特别关注人与社会的统一和协调发展。

（三）英语课程核心素养的四要素

《义务教育英语课程标准（2022 年版）》有如下的表述：英语课程要培养的学生核心素养，包括语言能力、文化意识、思维品质和学习能力等方面。语言能力是核心素养的基础要素，文化意识体现核心素养的价值取向，思维品质反映核心素养的心智特征，学习能力是核心素养发展的关键要素。核心素养的四个方面相互渗透，融合互动，协同发展。《义务教育英语课程标准（2022 年版）》还对上述四项能力进行了进一步的说明。

1. 语言能力

语言能力指运用语言和非语言知识以及各种策略，参与特定情境下相关主题的语言活动时表现出来的语言理解和表达能力。英语语言能力的提高有助于学生提升文化意识、思维品质和学习能力，发展跨文化沟通与交流的能力。

2. 文化意识

文化意识指对中外文化的理解和对优秀文化的鉴赏，是学生在新时代表现出的跨文化认知、态度和行为选择。文化意识的培育有助于学生增强家国情怀和人类命运共同体意识，涵养品格，提升文明素养和社会责任感。

3. 思维品质

思维品质指人的思维个性特征，反映学生在理解、分析、比较、推断、批判、评价、创造等方面的层次和水平。思维品质的提升有助于学生学会发现问题、分析问题和解决问题，对事物做出正确的价值判断。

4. 学习能力

学习能力指积极运用和主动调适英语学习策略、拓展英语学习渠道、努力提升英语学习效率的意识和能力。学习能力的发展有助于学生掌握科学的学习方法，养成良好的终身学习习惯。

二、英语课程核心素养的总目标与学段特征

《义务教育英语课程标准（2022 年版）》对义务教育英语课程的总目标与学段目标做了说明。

（一）总目标和学段目标

根据核心目标四要素，相对应地，按照《义务教育英语课程标准（2022 年版）》的要求，学生应通过本课程的学习，达到如下目标：

1. 发展语言能力

学生能够在感知、体验、积累和运用等语言实践活动中，认识英语与汉语的异同，逐步形成语言意识，积累语言经验，进行有意义的沟通与交流。

2. 培育文化意识

学生能够了解不同国家的优秀文明成果，比较中外文化的异同，发展跨文化沟通与交流的能力，形成健康向上的审美情趣和正确的价值观；加深对中华文化的理解和认同，树立国际视野，坚定文化自信。

3. 提升思维品质

学生能够在语言学习中发展思维，在思维发展中推进语言学习；初步从多角度观察和认识世界、看待事物，有理有据、有条理地表达观点；逐步发展逻辑思维、辩证思维和创新思维，使思维体现一定的敏捷性、灵活性、创造性、批判性和深刻性。

4. 提高学习能力

学生能够树立正确的英语学习目标，保持学习兴趣，主动参与语言实践活动；在学习中注意倾听、乐于交流、大胆尝试；学会自主探究，合作互助；学会反思和评价学习进展，调整学习方式；学会自我管理，提高学习效率，做到乐学善学。

总目标在各学段的具体化就是学段目标，是对本学段结束时学生学习本课程应达到的学业成就的预设或期待。

（二）核心素养学段特征

《义务教育英语课程标准（2022 年版）》附录 1 阐明了核心素养的学段特征，帮助我们从整体上把握育人的目标特征，其内容具体分为综合特征和分项特征。综合特征体现核心素养的成长性、综合性和整体性。一级建议为 3 ～4 年级学段应达到的目标，二级建议为 5 ～6 年级应达到的目标，其综合特征如下。

1. 3 ～4 年级/一级核心素养综合特征

能在教师指导和帮助下完成学习任务。能理解日常生活中熟悉的简单语言材料，开始产生语感；能用基本的、简短的语言与他人交流，描述身边熟悉的事物。有主动了解中外文化的愿望，观察、感知不同国家或文化背景下的家庭生活、学校生活、社会生活等，具有身份意识和国家认同感。通过比较，识别各种现象的异同，尝试从不同角度观察世界。对英语学习产生兴趣，初步养成良好的学习习惯；在学习活动中尝试与他人合作，共同完成学习任务。

2. 5 ～6 年级/二级核心素养综合特征

能在教师引导和启发下完成学习任务。能理解日常生活中常见的简单语言材料，初步形成语感；能围绕相关主题，用所学语言进行交流，表达自己的想法，实现基本的沟通与交流。感知与体验文化多样性，能初步了解与中外文化有关的具体现象与事物；涵养家国情怀，树立文化自信，形成正确的价值观和良好的品格。能初步独立思考，具有问题意识，能多角度、辩证地看待事物，对事物做出正确的价值判断，并有条理地表达观点。能根据学习进展情况调整学习计划和策略，初步找到适合自己的英语学习方法，基本养成良好的学习习惯；在学习活动中主动探究，与他人合作，共同完成学习任务。

分项特征内容较具体，兹从略。

三、落实核心素养新理念的途径

《义务教育英语课程标准（2022 年版）》出台后，已有学者对最新的政策做了解读，对其中的重要问题进行了讨论和澄清，指出课程目标的设定、课程内容的选择、教学方式的创新以及评价方式的构建均以发展学生的核心素养为目标，并提出一些具体建议如基于六要素设计单元复习课、落实英语学习活动观、以单元为单位设计综合实践活动、培养学生阅读素养等实施建议。

（一）围绕核心素养落实课程目标

为落实立德树人根本任务，实现学科育人这一新时期的新任务，必须将核心素养与课程目标结合起来，将核心素养落实到英语课程的总目标与各级分段目标中来。核心素养体现课程性质，反映课程理念，是课程目标的上位要求，其学段特征和分项特征是确定义务教育课程目标的重要依据。为此，必须改变传统上单纯聚焦综合语言运用能力培养的学科本位目标，确实将核心素养目标落到实处。教师在进行课程设计时，必须对接核心素养的四个要素，即语言能力、文化意识、思维品质和学习能力，再根据课程总目标细化而成的学段目标，分别地确立所教学段的各核心素养要素应达成的具体单元和课时目标。

（二）遵循整合的观点选择课程内容

课程内容由主题、语篇、语言知识、文化知识、语言技能和学习策略等六要素构成。课程内容的整合体现在三个方面：一是主题的整合，在人与自然、人与社会和人与自我三大主题下分别有若干主题群和系列子主题；二是语言知识与文化知识的整合，在《义务教育英语课程标准（2022 年版）》中，体现为包含语音知识、词汇知识、语法知识、语篇知识和语用知识的整合，以及饮食、服饰、建筑、交通等物质文化知识，和哲学、科学、历史等非物质文化知识及其所蕴含的价值观、道德修养、审美情趣、劳动意识、社会规约和风俗习惯等的整合；三是以语篇为核心的六要素的整合，一个单元围绕一个主题，包含若干个语篇，每个语篇都有一个单元主题下的具体语境。语篇是由语言知识构成的，传递一个完整的文化知识。

在进行课程内容的选择时，强调学科内部知识的联通、学科与学科之间的联通以及学科与生活的联通。课程修订提出每门课程用不少于 10% 的课时设计跨学科主题学习，旨在加强学科间的相互关联，带动课程综合化实施，强化实践性要求。英语不再作为一门独立的学科进行学习，而是主动与其他学科相关联，寻求共通的知识点和内容，通过实践活动对基础知识加以整合和运用。跨学科主题学习不仅对学生而言是一种新的形式，对教师的教研也有深远的影响。

（三）采用英语学习活动观设计教学方式

《义务教育英语课程标准（2022 年版）》倡导广大教师“践行学思结合、用创为本的英语学习活动观”，发展学生核心素养，即学生在探究主题意义的目标引领下，以一定的语篇为主要学习内容，通过参与学习理解、应用实践和迁移创新等不同认知层次的活动，学习语言知识、语言技能和学习策略，最终促进自身核心素养的发展。其主张的核心是以育人为导向、以核心素养为目标、以学生为主体，由师生共同参与的一系列层层递进、相互关联的活动。根据《义务教育英语课程标准（2022 年版）》，学习活动应包含学习理解、应用实践和迁移创新等三类活动。课程内容的学习以单元为载体，通过整合课程内容和相互关联、层层递进的学习活动，推动学生英语课程核心素养的发展。学习活动观具有整合性、关联性、层次性、融合性、实践性和发展性等内在特征。

（四）构建素养导向的评价体系

《义务教育英语课程标准（2022 年版）》制定了学业质量标准，为实现课程内容教学的有序进阶、实现课程目标的可测可评，提供了不同级别的学习结果表现描述，为教师检验学生学习效果提供了依据。在此基础上，应探索主体多元、方式多样的评价体系。首先应构建“教—学—评”一体化的评价体系。“教—学—评”一体化多元化目标设置的内涵在于做到教学目标、学习目标与评价目标的高度统一。因此，需要教师围绕核心素养的小学英语教学进行多元化目标的设置，并使多元化目标在课堂教学中得以落实，最终根据教学和学习过程的多元化目标进行评价。换言之，围绕核心素养设置小学英语教学多元化目标就是要使教学目标、学习目标和评价目标保持彼此吻合和一致性。与此同时，以核心素养为重心的科学性教学评价体系是一个动态、循环、持续的评价体系，应重视提高教师的评价素养，主要包括积极的评价意识、充分的评价评估、完整的评价规划、详实的评价陈述及敏锐的评价伦理等。由此，才能使教师最大限度地以核心素养为本位，反思自身的课堂教学和了解学生各个学习阶段的真实状态与情况。

小学英语课程作为我国义务教育课程的重要内容，在《义务教育英语课程标准（2022 年版）》颁布之后，有了明确的国家标准，对广大小学英语教师和小学生来说，提供了开展教学的政策依据，对具体的教学实施也提供了较为详细的指引，需要广大教师认真学习领会，理解核心素养及其表现，提高核心素养的教学意识与教学能力，并在实践中探索实现学生核心素养的路径。

章后小结

本章追溯了我国小学英语课程与教学的国家政策演变过程，阐述了《义务教育英语课程标准（2022 年版）》的重点内容和特征，尤其对小学英语课程与教学的理念、小学英语的两个学段结构目标和内容加以详细介绍，并讨论了新课程标准与小学英语课程核心素养的关系以及落实核心素养目标要素的途径。

案例分析

公开课上，一名四年级的小学生，能够模仿录音，用最快的速度背诵出书上一首有关四季的歌谣。然而课后，当听课专家问起他歌谣中某个单词的意思以及能否根据背景图片猜出这首歌谣的意思时，他却回答不出来。他只会机械重复文本，并不能理解其意思。

［问题讨论］

试根据《义务教育英语课程标准（2022 年版）》有关核心素养的目标要求，分析该学生的英语学习有什么问题。

［参考点评］

《义务教育英语课程标准（2022 年版）》强调培养学生的核心素养，要求强化学科内的知识整合，强调有意义的教学，强调加强课程内容与学生经验、社会生活的联系。上述案例一方面反映出教师并没有围绕语篇意义开展教学。另一方面，依据新课程标准中一级学段的课程内容要求，我们可以判断：即使这名学生的语音知识与表达技能等已经掌握较好，他借助图片猜测词义的本领却有待提高。他不能整合所学语言知识、技能和策略，说明他在这个学段的语言能力素养尚未形成。

思考与练习

1．我国义务教育课程的指导性政策经历了怎样的发展历程？

2．什么是课程标准？

3．《义务教育英语课程标准（2022 年版）》的主要框架和内容是怎样的？

4．核心素养一级和二级的学段特征分别是怎样的？你如何理解这些特征？

5．实现核心素养新理念的途径有哪些？如何在课程设计和课堂教学中体现并运用新理念？

主要参考文献

［1］鲁子问，陈则航．小学英语课程标准与教材研究［M］．上海：华东师范大学出版社，2020．

［2］英语课程标准研制组．全日制义务教育英语课程标准（实验稿）解读［M］．北京：北京师范大学出版社，2002．

［3］王蔷．我国小学英语课程政策与实施分析［J］．中国外语，2011（4）．

［4］刘小五．2001 年版与 2011 年版《义务教育英语课程标准》小学阶段的比较［J］．福建基础教育研究，2012（12）．

［5］程晓堂，赵思奇．英语学科核心素养的实质内涵［J］．课程 · 教材 · 教

法，2016，36（5）.

［6］辛涛，姜宇. 以社会主义核心价值观为中心构建我国学生核心素养体系［J］. 人民教育，2015（7）.

［7］王卉，师曼，苏涵仙，等.《义务教育英语课程标准（2022 年版）》解读（笔谈）［J］. 湖南第一师范学院学报. 2022，22（3）.

［8］赵尚华.《义务教育英语课程标准（2022 年版）》解读［J］. 全球教育展望，2022，51（6）.

［9］王蔷，钱小芳，吴昊. 指向英语学科核心素养的英语学习活动观：内涵、架构、优势、学理基础及实践初效［J］. 中小学外语教学（中学篇），2021（7）.

［10］陈圣白. 聚焦核心素养的小学英语“教—学—评一体化”建构［J］. 教学与管理，2022（4）.

［11］陈婷. 基于核心素养培养的小学英语课程标准分析［D］. 上海：上海师范大学，2017.

［12］中华人民共和国教育部. 义务教育英语课程标准（2022 年版）［S］. 北京：北京师范大学出版社，2022.

第三章
小学英语教学模式

学习目标

1. 熟悉国内小学英语教学模式。

2. 了解国际流行的英语教学模式。

3. 能够选择和运用恰当的教学模式，如全身反应教学模式、英语绘本教学模式和英语拼读教学模式等。

一般认为，对“教学模式（teaching mode/model/approach）”的系统研究始自美国的布鲁斯·乔伊斯（Bruce Joyce）和玛莎·韦尔（Marsha Weil）。他们在1972年出版的《教学模式》一书中指出：“教学模式是构成课时（长时的学习课程）、选择教材、指导在教室和其它环境中教学活动的一种计划或范型。”国内学者从20世纪80年代开始重视教学模式的研究。课程与教学论专家李方教授认为，教学模式是正确反映教学客观规律，有效指导教学实践的教学行为范型。这种教学行为范型是在一定教学思想或理论的指导下，对教师、学生、媒体互动状态和过程加以概括而形成的以系统、有序、简明的形式表达的一种结构关系。而学科教学模式则是指“一定教学思想或理论指导下，对某一学科领域中特定的教师、学生、媒体互动状态和过程加以概括而形成的，正确反映学科教学客观规律并适用于本学科或其他学科教学实践的，以系统的有序的简明的形式表达其结构关系的一种教学行为范型”。教学模式是教学理论与教学实践之间的桥梁或过渡形式，是教学理论应用于教学实践的中介环节。与教学的基本理论相比，教学模式具体、简明、易于操作；与教学实践经验相比，教学模式具有概括性、完整性、系统性，便于人们理解和掌握，有利于提高教学质量。教学模式的理论功能表现为能以简化的形式表达一种教学思想和教学理论，实践功能表现为能为教师和学生提供实现教学目标的条件和程序，预示教学的结果，增强教学工作的系统性及教师对课程、教材把握的自觉性，起到优化教材与课堂教学的作用。下面简述国内外英语学科教学模式。

◆第一节◆

我国小学英语主要教学模式

一、情境教学模式

（一）情境教学模式概述

情境教学模式（situational teaching method），是指在课堂上充分创设具体生动的英语语言环境，使抽象枯燥的语言符号变成形象活泼的可视语言，使学生产生身临其境之感，激发表达欲望，更多地“感知英语、说英语、用英语思维、用英语表达”，从而促进学生的语言能力及情感、意志、想象力、创造力等整体发展的一种教学方法。它源于直接法和听说法，又优于这两种方法。自 20 世纪 70 年代形成以来，情境教学模式逐渐发展成为语言教学的一种基本思想和教学方向。目前，情境教学模式仍是英语教学的主要流派之一。

情境教学模式在国外很早就有实践。古希腊教育家苏格拉底通过谈话法来创设问题情境，使学生主动思考解决问题，一问一答的对话方式，形成简单情境教学的教学方式。17 世纪捷克大教育家夸美纽斯认为事物的存在先于认识，认识是存在的反应，一切知识的获得都要从感知开始，从而提出了直观教学原则。在《大教学论》中他提到：“存在心理面的事情是没有不现存在感觉里面的，所以心智所用的一切思想的材料全是从感觉得来的。”他认为所学的知识只有经过个人的体验，才是可靠的。18 世纪法国启蒙思想家卢梭主张教育要顺应自然，尊重儿童。他认为儿童好动、好奇，需要通过接触实物或活动，才能有效地发展其能力，并在其著作《爱弥尔》中记载了利用大自然的情境对不认识方向的爱弥儿进行教育。杜威的活动课程、保加利亚心理学家洛扎诺夫的“暗示教学法”丰富发展了情境教学模式。杜威在 19 世纪末 20 世纪初提出的活动课程则具有“满足儿童兴趣，源于社会生活，代表社会情境”等特征，活动课程以儿童为核心，把系统知识和活动兼顾起来，推动了情境教学理论和实践的发展。

《当代教育大辞典》将情境教学模式界定为运用具体生动的场景，以激起学生主动的学习兴趣，从而提高学习效率的一种教学方法。钟启泉教授认为情境教学是指语言学习过程中通过创设含有真实事件或问题的情境，让学生在探究事件或解决问题的实践中自主理解语言知识、建构意义。

情境教学模式把简短的情境对话当成语言的基本单位，使新的语言结构出现在相关的语境之中。句型练习和记忆也是教学手段的一部分，但这些练习取决于一定的语境，这些情境是根据学生的需要而定的。20 世纪 50 年代到 70 年代，认知主义和建构主义推动了情境教学模式在语言教学中的广泛应用。20 世纪 80 年代是情境教学模式的发展时期，情境教学模式被相对具体地运用到语言学习中。进入 21 世纪，情境教学模式的研究逐渐走向成熟。情境教学的过程是用语言反映情境的过程，所以教语言不是教词汇和语法，而应通过创设真实的情境，使学生自然地习得词汇和语法。

（二）情境教学模式的课堂教学

在情境教学过程中，教师要有目的地引入或创设具有一定情绪色彩的以形象为主的生动具体的场景，以引起学生一定的态度体验，从而帮助学生理解教材，使学生心理机能得到发展。

1. 情境教学模式的原则

情境教学模式的原则包括学生自主性原则、系统性原则（合适的语言词汇选择 + 教学内容从易到难 + 可以在课堂上使用的表达方式）、情境性原则和参与性原则。将以上四个原则深化到教堂教学中可以得出以下教学要求：把口语教学放在首位，重点关注听和说，感知所搭建的情境；重视句型的学习，在情境教学中要让学生多加练习某个特定情境下的常用句子，也就是使学生具有在什么场合说什么样的话的能力。情境教学中，教师还应该扮演很多角色。情境教学模式要求教师在开始前做足准备工作，包括以下三点：一是创造有目的性的情境，不能胡编乱造，要符合授课的内容；二是创造的情境应当实际可行，不能是不会存在的情境，要求对情境所需的知识、教学用具等精心准备；三是想要学生感同身受参与情境教学，应该用合适的话题不断启发引导学生，增强他们的兴趣。

2. 实施情境教学模式的程序

（1）情境导入：这是第一个阶段，就是教师把所需的内容展示给学生，能否成功向学生展示对以后他们是否可以快速进入场景以及情境教学的效果息息相关。教师可以通过图片、视频等方式布置情境，更好地展示所需的资料。

（2）情境练习：这一部分要求学生对上阶段给出的材料进行模仿练习，教师在这一个阶段主要是通过亲身指导，帮助学生巩固知识，解答疑惑，加强理解。

（3）情境运用：这个阶段主要是让学生对上阶段练习掌握的知识进行实际运用。课堂上，在教师的帮助下运用戏剧话剧等表演方式并熟练应用，增强语言应用能力。

情境教学模式由于完善的教学技巧，受到了国内外语言学校的欢迎，以情境教学模式编写的教材在很多国家流行。情境教学模式的系列步骤被许多专家认为是英语教学的标准。我们之所以提倡在教授英语的学校采用情境教学模式，就是因为这种方法强调了口头语言实践，以及语法和句子形式的讲授，适合许多英语教师课堂教学的需要。情境教学模式注重以学生为学习英语的主体，强调学生在各种情境中轻松愉快地学会英语、会用英语、善用英语，使学生真正成为语言传播的主人。同时，情境教学模式也给广大英语教师提出更高的要求：作为英语教师要掌握更多的英语教学方法，去粗取精，去伪存真，活学活用，从而为情境教学模式的实施提供有效的参照；师生需要共同寻找和创造有利于快速有效提高英语能力和水平的各种情境，在语言的情境中汲取英语文化的真正内涵，通过师生的互学、互教、互助，力求达到教学过程的最优化，真正实现教学相长。

3. 对情境教学模式的评价

情境教学模式具有以下优点：使教学内容更直观、形象，有利于激发学生的学习兴趣；有利于解决教学重难点；寓乐于教，让学生在轻松、逼真的环境中掌握知识；具有实用性和实效性。

情境教学模式也存在如下缺点：情境教学模式对教师的课前准备提出了更多的要求，如情境的创设、道具的准备、角色设置及教学呈现方式的设计（图像、动画、音乐等）；创设情境的形式太多，可能会导致学生对音乐、漫画、故事的内容记忆犹新，反而对教学主题把握得寥寥无几，这样势必会冲淡教学主题，影响学生对基础知识和基本技能的掌握，妨碍教学任务的完成。

二、翻转课堂教学模式

在基础教育中，教学过程和教学模式长期稳定，是最难改变的，虽然不断有所谓新的教育思想、教学理论和课程理论，宣称影响和改变了教学模式，但实际上教学组织方式、课堂活动、教学结构基本是不变的，至多不过是教学要素、活动组合的差异。相对高等教育的教学模式和过程，基础教育因为学生、教师的条件和教学目标的要求，要想有实质性的变革是不容易实现的。不过，慕课（Massive Open Online Course，MOOC）的出现，使中小学的教学模式开始发生实质意义的变化。

作为一种大规模的在线教育，慕课对教育的改变，主要在于打破了传统的教学结构，重新定义了教学过程中各个组成部分的功能，由此也重新定位了教师在教学过程中的作用。慕课对教学模式的影响还没有全部发挥出来，目前已经实现和产生作用的新的教学过程或模式，就是翻转式课堂教学模式（flipped classroom，简称翻转课堂）。

翻转课堂与传统课堂的差异何在？如图 3－1 所示，传统课堂强调“先教后练”：教师在课堂内教授新课、讲解知识、布置作业，学生在课堂外练习和做作业。而翻转课堂提倡“先学后练”：学生在课堂外按照自定进度观看网络视频、整理出自己的收获与困惑，然后在课堂内交流、探究、解惑、完成作业，最后教师安排下一次课的学习任务。

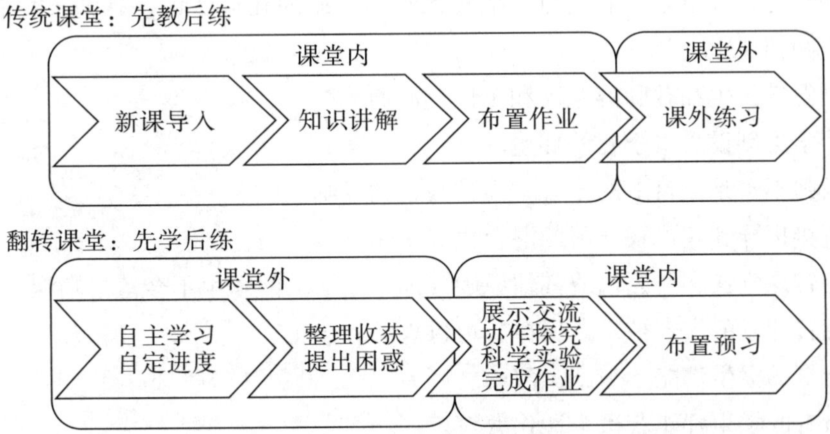

图 3－1　教学结构变化比较图

翻转课堂使新的学习方式浮出水面：学习者在课堂外通过教学视频学习新知识、新概念，在课堂内做作业、交流、讨论、做实验；教师依托技术支持，在学习管理平台或课堂上，密切关注学生学习情况，需要的时候会及时介入，针对性地给学生提供个性化的指导，而不需要向所有学生教授同样的内容。这种模式的好处，一是创造了更为人性化的学习方式，网络视频将教师的“讲课”定格，学生可以自定义学习进度，随时观看、重温网络视频，根据需要暂停、重复和快进，直到掌握为止。二是发展了学生自主学习的能力，学生自行安排视频学习，培养了思维认知和解决问题的能力，也丰富了学习过程中的情感体验，更容易树立学习信心。三是除观看视频外，学生还需提交线上作业，教师可以通过学习管理平台了解每一位学生的学习状况，在其最需要帮助时介入指导。这样，整个教学环境都发生了重大变化。

我们一直提倡因材施教，但离开计算机网络通信技术，根本谈不上个性化指导。翻转课堂把学生掌握知识的作业过程转变为课堂上交流学习成果、从事科学实验、项目协作探究、完成课堂作业的过程，在教育目标上实现了从低级思维学习到高智慧学习的重大转变，这一转变正是培养创新型人才的关键所在。

翻转课堂本质上是一种混合学习模式，它巧妙地将在线学习与面对面的教学、新知识与技能的学习，以及应用和迁移有机地结合起来。首先，学生在家观看教学视频为正式课堂释放出许多时间，给学生提供了更多从做中学、提问题和互相帮助的机会，这种方式既有利于优等生，也有助于中等水平的学生。其次，翻转课堂还改变了教师的时间分配。传统课堂上，教师只能够与那些爱提问的学生互动，而那些不提问题的学生则成为“沉默的失败者（silent failers）”，但他们往往才是最需要引起注意的学生。翻转课堂使得教师能够有针对性地帮助这些最需要帮助的学生，更有利于因材施教。

特别需要注意的是，翻转课堂的精髓不在于网络视频，而在于富有成效的面对面的互动学习。以下是学者们对于翻转课堂的实质的几点认识，有助于我们正确理解和实施翻转课堂：

- 可促进学生和教师的互动和个性化沟通。
- 给学生创设自主学习的环境。
- 教师不再是讲台上的圣人，而是身边的导师。
- 直接指导和建议式学习的混合模式。
- 翻转课堂让那些因病或其他原因参加不了活动的学生不会落下功课。
- 翻转课堂的内容被永久保存，可供查阅和修正。
- 所有的学生都能参与到学习中。
- 所有的学生都能获得个性化教育。

三、英语拼读教学模式

英语拼读教学法（phonics）的解释有狭义和广义之分。狭义的 phonics① 多指字母规则（alphabetic principles），而广义的 phonics 是指拼读法教学（phonics instruction），指帮助小学低年级学生认识字母或字母组合与其在单词中的发音之间的关系和规律，即音形对应关系和规律的一种阅读教学方法，简言之就是包含了字母规则和教授字母在单词中发音规律的一种教学方法。本书从广义的角度，将 phonics 视为拼读教学，并将其与词汇教学、语音学、阅读教学相关联。总体上包含了这样一些观点：（1）phonics 既是一种识字技能、语音教学方法，也是一种教授阅读和拼写的方法。（2）phonics 的教学内容包括字母的读音和名称音，以及系统的音形对应规则。（3）phonics 既是学习内容，又是学习策略，需要经过系统学习才能掌握拼读规则。（4）phonics 的教学对象为英语初学者，在英语为母语的国家主要指低龄儿童（幼儿园至一、二年级，4～7 岁）。（5）phonics 的教学目的是通过发展儿童的识字能力提升阅读能力，使他们成为独立的阅读者。

（一）英语拼读教学模式概述

阅读教学史专家认为，拼读法的概念于 16 世纪初由德国教师瓦伦丁·埃克萨姆（Valentin Ickelsamer）提出。瓦伦丁认为阅读的基础是掌握读音（sound）和字形（print）的关系，主张儿童应先学习字母的读音（即字母在单词中的发音），再学习

---

① 国内对 phonics 的译名不一，广为使用的有“拼读法”“自然拼读法”“直接拼读法”等，本书不做区分。

分割单词中的各音素，从而掌握音形对应关系（sound-print correspondences）①。据此理念，他在1527年出版了一本拼读法启蒙读物用于拼读教学。拼读教学的产生使字母学习的方法有了新突破，因为传统的ABC教学法一直教儿童读字母的名称音（letter-name，即字母在字母表中的发音）来学习阅读。可见，拼读法最初是用于德语儿童的母语教学，这可能是由于德语中字母的音形对应关系比较简单，能够较好地预测单词发音。

虽然德国教师瓦伦丁早在16世纪初就提出了拼读教学的概念，但是与德语相比，英语中字母与读音的音形对应关系复杂得多。由于政治、经济、文化等多方面的原因，在美国阅读教学发展史上，拼读教学发端于19世纪初，此后一直是阅读教学中有争议的话题，并在与全词法、全语言法等的争议中逐渐发展成为一种有影响力的阅读方法或教学模式。

（二）英语拼读教学模式的内容

1. 单音图教学

单音图是指26个英文字母（如表3－1所示）。这个环节的学习，包括字母的名称音、读音和字母的书写，尤其重视字母的读音。

表3－1　26个字母的名称音和读音（Names/Sounds of 26 Letters）

字母	名称音	读音	字母	名称音	读音	字母	名称音	读音
Aa	[ei]	[æ]	Bb	[biː]	[b]	Cc	[siː]	[k]
Dd	[diː]	[d]	Ee	[iː]	[e]	[Ff]	[ef]	[f]
Gg	[dʒiː]	[g]	Hh	[eitʃ]	[h]	Ii	[ai]	[i]
Jj	[dʒei]	[dʒ]	Kk	[kei]	[k]	Ll	[el]	[l]
Mm	[em]	[m]	Nn	[en]	[n]	Oo	[əu]	[ɔ]
Pp	[piː]	[p]	Qq	[kjuː]	[kw]	Rr	[aː (r)]	[r]
Ss	[es]	[s]	Tt	[tiː]	[t]	Uu	[juː]	[ʌ]
Vv	[viː]	[v]	Ww	[dʌbljuː]	[w]	Xx	[eks]	[ks]
Yy	[wai]	[j]	Zz	[zed]	[z]			

① 音形对应关系（或读音—字形对应关系）对应的英文包括：grapheme-phoneme relationships，letter-sound associations，letter-sound correspondences，sound-symbol correspondences，sound-print等。本书统一将这些说法译为“音形对应关系”。

2. 多音图教学

根据音图各自的发音及发音规则，多音图被划分为以下八类（如表3－2所示）。

表3－2 多音图的教学内容

多音图的类别	音图	例词
元音y（特殊元音）		my，happy，yes
短元音（sound of letter）①	a，e，i，o，u	bad，bed，big，dog，bus
长元音（name of letter）②	①a，e，i，o，u；②以E结尾的音图（Final E）：a_e，e_e，i_e，o_e，u_e；③ai，ay，ea，ee，ie，igh，oa，oe，ow，ui，ue，ew	cake，eve，bike，home，cute；rain，day；sea，bee；lie，right；road，toe，low；suit，cue，new
与r共同构成的元音（r-controlled vowel）	ar，er，ir，or，ur，ear，air	car，mother，bird，color，purple，hear，hair
双元音（diphthong）	oi，oy，ou，ow	point，boy，house，cow
二合字母（digraph）	al，au，aw，oo，sh，ch，th，ph，gh	talk，because，saw，book，fish，chair，three，physics，laugh
辅音组合（consonant blends）	bl，br，cl，cr，fl，fr，gl，gr，pl，pr，sc，sk，sl，sm，sn，sp，st，sw，tr，dr，scr，spr，str，shr，thr	blue，bread，clean，crab，flag，friend，glass，great，play，present，scary，sky，sleep，smile，snow，speak，star，sweet，tree，dress，scramble，spring，street，shrimp，throw
不发音字母（silent letter）	ck，wr，kn，mb，tch，qu，wh	back，write，know，climb，watch，quiet，what/who

① 在英语拼读教学中，字母Aa，Ee，Ii，Oo，Uu被称为五大元音（vowel）。当字母Aa，Ee，Ii，Oo，Uu的发音为其读音时（［æ］，［e］，［i］，［ɔ］，［ʌ］），它们被称为短元音（short vowel）。

② 在英语拼读教学中，当字母Aa，Ee，Ii，Oo，Uu的发音为其名称音时（［ei］，［iː］，［ai］，［əu］，［juː］），它们被称为长元音（long vowel）。

3. 拼读教学规则

英语的读音虽然有规律可循，但是能够做到音形完全对应的词汇所占比例只有50%左右。例如，cat 和 nice 两个单词中，字母 c 的发音不一致，前者读［k］，是字母 c 的读音，后者则读［s］。学习者如何判断字母 c 在单词中读［k］还是读［s］？这条规则可以帮助辨别：字母 c 后面有 a，o 或者 u 时，通常读［k］，例如：cat，cot，cut；字母 c 后面有 e，i 或者 y 时，通常读［s］，例如：ceiling，city。掌握一些必要的拼读规则，才能够把握单词中字母的音变现象和多音节词的音节划分。因此，拼读规则也是英语拼读教学的重要内容。其他拼读教学规则举例如下：

当单词中只有一个元音 y，且 y 位于词尾时，y 的发音与字母 i 的名称音（name of letter i）相同，例如：by，sky，cry，fly，fry，my。

当单词中有两个或两个以上元音，且 y 位于词尾时，y 的发音与字母 i 的读音（sound of letter i）相同，例如：lady，body，happy，daddy。

当 y 位于词首时，y 的发音为其自身的读音（sound of letter y），例如：you，your，yes，yellow。

短元音：a，e，i，o，u（short vowel）。

如果一个单词中只有一个元音，且以一个辅音结尾，则该元音的发音通常为自身的读音（sound of the letter），例如：

a—rat，mat，hat

e—bed，get，let，net

i—big，did，fit，hit

o—box，dog，fog，lot

u—but，fun，gun，nut

当单词只有一个音节时，单词中的元音通常读短元音，例如：bat，vet，sit，cot。

当两个元音一起构成一个音节时，第一个元音字母通常读长元音，第二个元音字母不发音，例如：bean，boat。

音节以元音字母结尾，而且只有一个元音字母时，通常读长元音，例如：he，she，be。

4. 语音意识的培养

语音意识是语言教学中的重要概念，了解语音意识的三个层次——音节意识、首尾音意识、音位或音素意识，有利于在拼读法教学中按照语音意识发展的先后顺序进行语音训练，培养学生的语音意识，从而提升读写能力。

四、全身反应教学模式

作为外语教学法流派中重要的一支，全身反应教学模式近年来引起了国内教育研究者和英语教师越来越多的关注，并被广泛应用于儿童英语教学方面。

（一）全身反应教学模式概述

全身反应教学模式（total physical response，TPR）是一种通过联系言语和动作来教授语言的教学方法，由圣何塞州立大学的美国心理学教授詹姆斯·阿士尔（Dr. James J. Asher）于20世纪60年代创立。阿士尔在一名日本研究生的帮助下发现，他能够通过对语言中的命令（如“站起来”“坐下来”“走路”）做出身体反应来迅速内化日语。通过随后的实验，阿士尔将这种技术完善为一种全面的方法，他称之为“全面身体反应”，即TPR。

阿士尔在研究儿童习得母语的模式基础上，通过大量观察发现儿童学习语言的最大特点是理解先于开口，“理解”表现为用身体动作回应指令。他引用父母教幼儿学习第一语言的例子来诠释全身反应教学模式的原理，后经过大量深入细致的实际观察，提出了全身反应教学法理论。

左右脑分工理论证实：左脑是语言的，人们通过左脑表达自己；右脑是非语言的，但听到目标语发出的指令后能够通过身体动作表达自己对语言的理解。阿士尔利用该理论，指出了婴儿在右脑完成对语言的理解，在右脑学习达到一定量的情况下，左脑逐步被激发产生语言或更抽象的语言过程。

全身反应教学模式与心理学中的“记忆痕迹”理论有关联，该理论认为越经常、越强烈地追踪记忆，记忆联系就越强，所学内容也就更容易被记起。全身反应教学模式的复杂指令建立在简单指令之上，随着学习者对句子理解程度的加深，其对以前所学内容就越容易回忆起来。同时，该理论还指出，书面练习和身体活动相结合的追溯活动有助于提高记忆唤起的可能性。

全身反应教学模式汲取了人文主义心理学关于情感因素在学习中的作用，认为师生间良好的情感交流，可以减轻学生的心理负担，创造愉快的学习氛围。

（二）全身反应教学模式的主要教学步骤和教学原则

1. 全身反应教学模式的教学步骤

全身反应教学模式的教学步骤一般分为呈现、模仿、理解和运用语言。教师的操作步骤大致如下：

（1）教师说出指令并示范动作，学生边听边观察；

（2）教师说出指令并示范动作，让个别或全体学生跟着做；

（3）教师说出指令，不示范动作，请学生做出动作；

（4）鼓励能说的学生发出指令，教师与其他学生一起执行指令。

2. 全身反应教学模式的教学原则

(1) 理解先于开口，首先发展学生的听力理解，进而逐步发展为开口说的能力。

(2) 全身动作是发展理解能力的关键，学生通过做动作理解语言。

(3) 允许学生在预先做好准备的情况下开口发言，教师不强迫学生发言。

(三) 对全身反应教学模式的评价

全身反应教学模式有如下优点：

(1) 符合儿童身心发展规律和学习特点，充分利用儿童活泼好动的特点，激发其英语学习兴趣。

(2) 带有游戏性质的互动可缓解学生的紧张情绪，提供了轻松愉悦的学习环境，有利于提高学习效率。

(3) 注重视觉、听觉、触觉等多种感官在学习中的作用，有利于使用不同学习方法的学生学习。

全身反应教学模式也存在以下不足：

(1) 不适用于教授抽象事物和抽象概念。

(2) 适用人群范围不大，偏向处于初级阶段的活泼好动的儿童和青少年。

(3) 教学活动多以游戏形式开展，面对天性好动、自我控制能力较弱的儿童，教师的课堂有效管理能力备受考验。

(4) 若重复使用次数过多，学生易产生疲惫感。因此教师需灵活运用全身反应教学模式，与其他教学法结合使用，方能达到最佳教学效果。

五、英语绘本教学模式

英语绘本因生动的图画和有趣的故事情节深受儿童的喜爱，因此也成为小学英语教师探索英语教学的一个重要途径。

(一) 英语绘本教学模式概述

绘本是一种强调图画与文字内在关系的图书形式，精美的图画与相对较少的文字相互融合、彼此协调，共同承担叙事作用。图画不再仅仅起辅助和诠释文字的作用，而是作为主要故事情节的载体而独立存在，通过图片便可理解故事内容。一些著名的绘本甚至只有图画，没有文字。英语绘本一般指从国外引进的未经翻译的绘本，可以为二语学习提供地道的、纯正的英语语言学习素材，提供真实的语言材料和语言环境，让学习者在真实的语言文化情境下学习语言，有利于对语言的整体感知。英语绘本教学模式是指将英语绘本作为一种具有教育价值的课程资源，以丰富英语教学内容和形式，培养学生学习英语的兴趣，提升学生英语阅读能力和综合运用语言能力的一种教学策略。

英语绘本教学模式的应用符合瑞士心理学家皮亚杰提出的儿童认知心理的发展特点。皮亚杰将儿童的认知发展分为四个阶段：感觉运动发展阶段（0 ～2 岁）、前运算阶段（2 ～7 岁）、具体运算阶段（7 ～12 岁）、形式运算阶段（12 岁以后）。小学低年级学生正处于前运算阶段和具体运算阶段两者之间的过渡时期，此时儿童的思维特点主要表现为以形象思维为主导，而抽象思维还有待进一步发展。以文字为主的阅读资源主要依靠抽象思维来解读，以图画为主的阅读资源则主要依靠形象思维。绘本是以图画为主导的阅读资源，儿童通过绘本中的图画语言，依靠相对发达的形象思维对绘本进行解读，读懂故事情节。同时，该过程也锻炼并发展了儿童的形象思维。

英语绘本教学模式也借鉴了美国语言教育家克拉申（Stephen D. Krashen）的第二语言习得中的输入假说理论。学习者要成功习得语言，需要丰富的可理解性语言输入（comprehensive input）和学习者本身具有内在的习得机制。输入是语言习得的基础，优质的原版英语绘本含地道自然、简单易懂的语言，为儿童提供可理解性语言输入素材。

英语绘本教学模式也是实施义务教育阶段英语课程标准的需要。根据《义务教育英语课程标准（2022 年版）》，义务教育阶段英语课程体现工具性和人文性的统一，具有基础性、实践性和综合性特征。工具性指英语课程承担着培养英语素养发展思维能力的任务，人文性指英语课程承担着提高学生综合人文素养的任务。原版优质英语绘本语言简练地道，学生阅读时不仅可以学习单词和语法的应用，还能借助图画感受语言的具体意义，有助于学生发展英语基本技能。多元化的英语绘本知识性与趣味性并存，有利于学生拓展知识视野，提高综合人文素养。义务教育阶段英语课程标准要求教学要面向全体学生，为每个学生学习语言奠定基础。《义务教育英语课程标准（2022 年版）》对 3 ～4 年级应达到的课程目标提出“能借助图片读懂语言简单的小故事”，对 5 ～6 年级则提出“能根据图片，口头描述其中的人或事物”。在小学阶段，教师尤其需要注意培养学生浓厚的学习兴趣、积极的学习态度、良好的学习习惯和创造性运用语言的意识。英语绘本题材丰富，图文内容形象、直观，充满了创意和想象，对儿童吸引力极大。

（二）英语绘本教学的选择依据

1. 依据学生的年龄特点

小学生的年龄特点是活泼好动、意志力弱，他们的注意力容易发散，自制力较差，但是他们的形象思维较抽象思维发达，容易被新奇事物所吸引，不断重现的内容能够帮助记忆和理解。因此，教师在挑选英语绘本时应依据年龄特点，选择符合学生最近发展区的、内容生动有趣的、知识复现率高的英语绘本。

2. 依据教材的教学主题

教师应选择与教学主题相关联的英语绘本，这样既有利于学生通过英语绘本拓展和巩固课内知识，也有助于培养学生的英语阅读兴趣、习惯和技能。

3. 依据绘本的具体内容

教师需要挑选贴近生活和渗透文化的英语绘本。小学生熟悉的或贴近其生活经验的英语绘本，兼具知识性和趣味性，易被学生所接受。渗透着西方生活和文化点滴的英语绘本，有利于培养学生的跨文化意识，为今后的英语学习增添有价值的文化背景知识。

（三）英语绘本教学模式的基本框架

1. 看

阅读英语绘本时，最先映入学生眼帘的便是色彩鲜艳、生动形象的图画，学生最感兴趣的也是这些图片。在进行教学时，首先让学生纯欣赏图画，不必阅读文字。

2. 猜

大部分英语绘本都是以图片为主讲述一个简单有趣的小故事，文字不再承担叙事的主要责任。因此学生在看绘本的图画时，能够猜测出绘本所表达的故事。

3. 读

在学生对于绘本知识有了初步的掌握之后，便可以让学生尝试阅读文字了。在此过程中，教师只起辅助作用，不可将知识灌输给学生。例如，教师先带领学生通读绘本，不逐一处理生词，了解绘本大体内容即可；接着再开始精读，结合图画内容帮助学生处理生词、句型等。

4. 品

每个绘本故事的背后都蕴含着一定的道理，通过轻松的方式呈现给学生，给学生留下深刻印象，引起他们的共鸣。教师需要带领学生探索绘本故事所要传达的道理。

5. 续

有些绘本呈开放式结局，不同读者有着不同的解读。抓住这一特点，教师引导学生进行差异化学习，让学生发挥想象力和创造力，续写出他们心目中的结局。

6. 编

为更好地提升学习的主动性，教师可以鼓励学生创作属于自己的绘本。如果编写难度较大，就建议以小组合作的形式开展。

（四）对英语绘本教学模式的评价

1. 优点

（1）促进儿童形成健全的人格。

（2）促进儿童阅读能力的发展。

（3）促进儿童语言能力的提升。

（4）促进儿童智力的发育。

（5）促进儿童艺术素养和科学素养的形成。

2. 缺点

（1）对教师挑选的绘本要求高，部分绘本的质量和水准难以保障，教师必须审慎而理性地对绘本加以选择和运用。

（2）英语绘本教学要求教师拥有丰富的教学经验和足够的知识储备能力，教师需要有西方历史文化以及美学等方面的知识，才能更好地对绘本中的图画与文字做深度解读。

（3）英语绘本教学给学生带来的益处短时间内无法体现，这与目前大部分仍强调“知识本位”的学校有所冲突，导致该教学方法无法顺利地开展。

六、单元整体教学模式

（一）单元整体教学模式概述

单元整体教学源于国外的“整体教学法”。这是一种追求整体性的教学理念，于20世纪80年代由美国语言学家古德曼（Goodman）提出。他反对将英语教学分成语法、词汇、音标等不同环节，强调重视英语教学整体性的特点，教师将很多因素穿插到教学过程中，激发学生学习的兴趣，实现事半功倍的教学效果。

在我国，单元整体教学是在课程核心素养指引下以单元为单位整体思考、设计和组织实施的教学，强调以课程育人为导向。《义务教育英语课程标准（2022年版）》在课程实施方面指出要“加强单元教学的整体性”。教师要以单元教学目标为统领，组织各语篇教学内容，规划系列教学活动，实施单元持续性评价，引导学生在学习过程中逐步建构对单元主题的认知，发展能力，形成素养。单元整体教学设计是以单元主题为线索，巧设单课话题，细化单课目标，精设教学内容，让课时和课时之间具有递进性，在各课时的推进中不断加深学生对各单元语言知识的理解与记忆，在此基础上全面发展学生的听、说、读、写能力，尤其是运用能力的一种教学模式。

（二）单元整体教学模式的理论基础

格式塔心理学是国际公认的学习理论，其认为知觉是促进学习者学习效果提升的关键，而这里提到的“知觉”的本质具有附带整体性的特点。格式塔心理学将整体性教学的内涵分成两部分：一是格式塔心理学认为感觉与知觉是存在直接联系的，学习者在知识的学习中是先感知到事物的整体，才会将各个感知到的部分组成整体；二是格式塔心理学认为整体是部分的总和，部分属于整体，但是整体有部分所没有的功能，即 1+1>2。因此，在小学英语教学中开展整体性教学，可以收获部分教学无法达到的教学效果，让学生在新旧知识的连接中完善知识体系，立足于从整体的视角探究学习主题，从而促进学生在英语学习中得到顿悟。

整体语言学也是单元整体教学重要的理论基础。英语是一门语言类学科，在英语课程教学中利用整体教学模式开展教学活动，是以整体语言学为理论基础的体现，整体语言学主张在语言学习中注重整体性，认为所有的语言学习内容都是存在关联性的，教师应将其视为一个整体，反对在语言教学中将语法、词汇、语音等内容分割成不同的、不相关的部分讲解。从教学目标的角度分析，整体语言学的教学侧重点在于语言运用的整体性，以整体性的语言学习与运用满足学生的学习以及交际需求。因此，小学英语教师在利用单元整体教学模式进行英语教学目标的设计时，需要基于整体性的一个系统角度，让各个课时的教学目标设计存在递进性与延续性，关注听说读写等部分的融合，以帮助学生从整体性的视角去分析与总结英语知识内容。

单元整体教学也是建构主义学习理论的体现。该理论认为学习者的学习效果与周围环境存在密切关系，在感知周围环境的过程中可以促进学习者的主动建构。在建构主义学习理论背景下，小学英语单元整体教学可以为学生营造出更为适宜的学习环境，引领学生从预期学习目标到单元整体学习的过程中通过主动探索，获得独特的学习体验，让学生体会到英语的魅力，在单元整体活动的参与中，实现语言知识与语言技能的主动构建，以促进学生学习能力的发展。

（三）单元整体教学模式的基本要素

单元整体教学模式的基本要素是构成单元整体教学模式的基本单位，包括主题单元、模块结构、整体设计、师生对话。

1. 主题单元

单元整体教学模式是以“类”为依据进行的一种整合性教学。而主题单元是以“类”将知识进行划分后的显性体现。不同的主题具有不同的目标、内容，需要不同的方式、过程得以实现。

2. 模块结构

不同的学科有着不同的模块结构，例如，英语学科包含了听、说、读、写四个模块。尽管单元整体教学模式是以主题单元为基本要素的教学模式，但是离开了模块结构，单元整体教学模式将失去其根基所在。

3. 整体设计

单元整体教学模式的本质在于以主题单元教学为依托，整体建构教学活动。整体性既是单元整体教学模式的基本特性，也是单元整体教学模式的灵魂，始终贯穿于整个教学过程。因此，整体设计主题单元教学，把握单元教学目标的整体性，注重单元教学内容、方法、过程的整体性是单元整体教学模式的内在要求。

4. 师生对话

与传统“满堂灌”“填鸭式”的课堂教学模式相比，师生积极、主动的交往互动为当代课堂教学注入了新的活力，尤其是对语言类学科而言，以对话方式而展开的师生交往互动活动是学科教学的关键。就单元整体教学模式而言，将师生对话视为其基本要素既表明了单元整体教学模式的可行性，也突显了单元整体教学模式的价值与意义。

（四）单元整体教学模式的实施路径

单元整体教学集整体性、有序性、综合性为一体，按其实践阶段来看，实践路径主要有以下四个方面。

1. 分析阶段

单元整体教学依托主题单元进行教学，将原本“零散”的知识按其共性，梳理、综合为“一体”，这就要求教师“吃透”主题单元内容，正确分析教材与学情，明晰主题单元的教学目标和内容以及各课时的教学目标和内容。

2. 设计阶段

整体性是单元整体教学“活的”灵魂，所有的教育教学实践活动都以一个“主题”为中心，这就要求教师要重组教学内容，优化主题单元教学内容，从易到难，从简单到复杂，设计课时教学。

3. 施行阶段

单元整体教学通过一节节课时教学实施，有序性是单元整体教学中课时教学的第一要义。在施行阶段，各课时教学要遵循有序性原则，循序渐进，把握好课时与课时之间的递进关系。

4. 评价阶段

单元整体教学使知识得以体系化，有利于学生整体知识的建构和整体认知水平的提升。因此，教学评价作为单元整体教学实践活动的最后一环，要以实践目的为导向，选取恰当的方式，对学生学习进行表现性评价、终结性评价，并总结反思，不断改进实践活动。

总的来说，单元整体教学的任何实践环节都离不开单课教学，在一定程度上讲，单课教学是单元整体教学的“缩影”，既是构成单元整体教学的“部分”教学，也是组建单元整体教学的“全部”教学。因此，探讨单课教学相关问题，既有利于提升单课教学质量，也有助于优化单元整体教学的实践活动。

（五）对单元整体教学模式的评价

单元整体教学模式的优点在于：

（1）单元整体教学模式突破教材文本的局限，打破单篇教学的思路以及传统的以知识为中心的碎片化教学模式，基于整体性观念规划单元教学，开展纲领性统领的结构化、整合化的课程教学。

（2）单元整体教学模式打破了根据技能划分教材的语篇布局，按照意义进行整合的语篇文本和单元课，更符合学生的认知需求，有助于培养学生的英语学科核心素养。

（3）单元整体教学模式根据单元主题充分整合单元教学资源，对构成整个单元教学过程的各部分之间的联系进行最优化的教学安排，进而推动学生能力的综合发展，落实对英语学科核心素养的培养，同时有助于利用多种教学方式，在有限的时间内获得更大的效益，促进英语课堂效率的提升。

第二节

国外小学英语（外语）教学模式

一、任务型教学模式

（一）历史背景

任务型教学模式（task-based language teaching，TBLT）以培养学生综合运用语言能力为目标，要求教师围绕特定的交际项目和语言项目，设计出具有明确目标和可操作性的任务活动，让学生参与，促进学生的主动学习和自主探究。20 世纪 80 年代和 90 年代以来，任务型教学已在世界各地的语言课程中实施，特别是在特殊目的的语言方案中，如为政府人员、房地产和卫生保健专业人员、工程师和传教士开设语言课程等。

任务型教学的理论根源于交际语言教学运动。任务型教学提倡者认为，该方法通过提供与特定任务相关的口头或书面文本形式的真实输入，满足了克拉申输入假说的要求；它通过为学习者提供产生以意义为中心的输出的机会来解决加拿大应用语言学家美林·斯温（Merrill Swain）教授的输出假说；它通过培养学习者之间的意义协商，满足了美国第二语言习得的迈克尔·龙（Michael Long）教授互动假说的条件。维果斯基的“最近发展区”理论也支持任务型教学，当学习者与教师、母语者或更高级的同龄人互动时，他们可以完成自己无法完成的任务，在这个过程中扩大他们的语言能力。

许多关于任务型教学的文献列出了关于“任务”的多种定义，大多强调两个要素：任务是指朝着目标或结果努力的过程；关注语言的意义而不是形式。在多种任务类型方面，拼图任务和信息沟通任务对促进语言学习最有效。因此，教师应该根据学生在课堂外的交际需要来选择任务，例如购买火车票、在餐馆订餐、打电话或了解天气预报等。课堂任务的设计越接近现实世界的任务，对语言学习越有效。

（二）课堂活动

不同的任务型课程的课堂活动有所不同，这部分取决于它们是侧重于教学任务还是现实生活/目标任务。后一种类型的任务往往包含角色扮演活动。下面描述一个在美国暑期项目中针对日本大学生的基于目标任务的项目。需求分析确定了学生需要用英语完成的任务，包括社会生存交易、非正式的面对面和电话交谈以及服务接触。针对这些任务开发了一组角色扮演活动。

- 任务前的活动：

学习者讨论主题，头脑风暴相关词汇，并对任务产生预期。

学习者朗读一段说明任务的对话。

- 任务中的活动：

学习者两人一组进行角色扮演。

- 任务后的活动：

学习者听母语人士执行任务的录音，并将他们的语言使用与母语人士的语言使用进行比较。

任务型教学模式中的项目活动序列，并不局限于现实世界的目标任务。然而，其中一个重要的区别是没有角色扮演，因为重点不是排练，而是互动，并可能产生最终产品。以下是这些活动的简要总结。

- 任务前的活动：

学习者排练任务或听视频或音频。

学习者计划如何执行任务。

• 任务中的活动：

学习者执行任务，教师或与他们密切互动，或允许他们独立工作。

为了确保目标语言的使用和/或增加对表单准确性的注意，任务交互可能会被记录下来并回放给全班同学。

• 任务后的活动：

学习者制作并呈现最终产品，如宣传册、短篇故事或新闻广播。

学习者听一段母语人士执行相同任务的录音。

学习者之后会和不同的伙伴重复相同或类似的任务。

学习者可以单独、结对或以小组形式评估任务结果。

二、基于内容的外语教学模式

（一）历史背景

基于内容的外语教学模式（content-based instruction，CBI），在欧洲也被称为"内容与语言结合整合的教学模式"（content and language integrated learning），是指教师用外语教学科内容，学生同时学习学科内容和语言技能的教学模式。英国伦敦大学的亨利·威多森（Henry Widdowson）是内容与语言学习相结合的早期倡导者，他倡导语言课程可从其他学科中选取主题，如简单的物理和化学实验、植物和动物的生物过程、绘制地图、描述历史事件等。因此，基于内容的外语教学模式是一种教学理念而不是一种具体的教学方法，它以有意义的专题内容为外语课堂教学的依托，把对语言技能的教学（多指对语法和词汇的割裂性教学）转换成集内容和语言（表达）于一体的教学，使学习者在有意义的语境中学习信息，在语言输出过程中内化语言。

基于内容的外语教学模式的理论基础之一是20世纪80年代克拉申提出的语言输入假说。克拉申认为，对目标语的输入是外语学习者学习外语的一个重要条件，只有当学习者获得了一定量的"可理解输入"，即略高于学习者现有语言水平的第二语言的语言输入，而且学习者也能把注意力集中在对其意义而非形式的理解上时，他的语言习得才能产生。语言习得需要为学习者提供可理解的语言输入。但在外语课堂教学中，语言输入是有限的，所以要使课堂上的语言输入高效率发挥，就要创造条件让学习者使用已输入的语言。将语言教学和内容教学相结合，可为学习者提供真实的交际情境，让学习者在对内容和信息进行交流和讨论的过程中有意义地使用目标语言。

基于内容的外语教学模式的理论基础之二是建构主义学习理论，即学习者在一定的情境和社会文化背景下，借助他人的帮助，利用必要的学习资料，理解所学知识的意义，最终才能达到利用语言工具进行学习和研究的目的。维果斯基提出的“最近发展区”（zone of proximal development，ZPD）理论认为，学习者学习的内容应是学习者经验范围之内的，因为新知识只能在其“最近发展区”也就是只能在学习者原有知识的边沿上逐渐扩大；要求学生更主动地学习，花更多的时间参与到各种教学活动之中去，比如小组合作、准备个人报告、收集数据等，而且要以外语为工具来参与这些活动。课堂上大量的“可理解性输入”使学生的语言知识不断地得到巩固并内化，促进语言运用的自动化，进而形成学生的“可理解输出”。

（二）课堂活动

基于内容的外语教学模式理念，产生了一些更为具体的教学方式。一是基于主题的语言教学，指以某一学科（如科学）或整个课程（环境、营养、家庭等）的主题为中心的语言教学。二是保护性的内容教学，选择适合于第二外语学习者难度的教学方式和教学内容。三是支持性语言教学，在语言学习的同时开设相关内容的课程。四是团体教学，由两位教师共同承担课程的教学，分别负责学科内容和语言问题的教学。五是基于技能的教学，注重提高某个特定领域技能的语言学习，或利用语言学习激发相关领域的学习兴趣。

基于内容的外语教学模式也适用于语言教学的一般交际方法。交际法认为语言是交流的工具，因此最好的学习方法是使用语言进行交流，即读、听、说和写有意义的话题。在基于内容的教学模式中，主题内容提供了听、说、读和写活动的基础材料。尽管各种基于内容的模型可能遵循不同的教学序列，但它们往往遵循“从输入到输出”的程序。一节课可以通过教师独白、视频、音频录音、印刷材料向学生介绍课程内容。在讨论这些材料的内容后，学生的注意力被吸引到语言学特征中，如重点词汇和语言结构。学生可能会得到与主题相关的词汇表或相关结构的解释，并可以参加旨在在主题内容的语境中练习这些词汇、表达或结构的活动。逐渐地，学生们会有更多与课程内容相关的开放式的口语和写作活动。

基于内容的教学模式很适合采用合作学习活动。学生们可以分组讨论手头的主题，或者准备与主题相关的小组项目或报告。例如，使用拼图阅读技巧，将一系列阅读材料分配给一对对学生，然后将阅读内容报告给他们的同学。这样的活动为学生提供了机会来发展口语能力，并巩固他们对语言结构的理解，因为他们在语言中“协商意义”。

基于内容的语言教学模式是一种有些“理想主义”的模式，在传统的课堂环境中较难实施。教师面临的一个共同挑战是如何让学生理解学科内容。为此教师可以采用各种策略和活动来促进理解，包括以下几点：在阅读和听力活动之前激活学生的背景知识，帮助学生预测文本内容；提供上下文线索的意义，包括手势、视觉辅助材料、实物教具或图形组织者；修改自己的语言，说话稍微慢一点，发音清晰，控制词汇量；通过举例、解释或总结关键信息来检查学生的理解能力。

三、全身反应—故事教学模式

（一）历史背景

全身反应—故事教学模式（total physical response - storytelling，TPRS）是1990年由美国西班牙语教师布莱恩·雷（Blaine Ray）开发的一种方法，即"通过讲故事来提升学生的口语和阅读能力"，以培养学生的口语熟练度和阅读技巧。雷曾成功地使用全面肢体反应来教授西班牙语，他使用语言叙述和描述故事，并让学生用身体动作来回应故事的内容。自创立以来，全身反应—故事教学模式已被外语教师广泛应用，并出版了各种辅助材料，包括故事册和短篇小说，供全身反应—故事教学模式课堂使用。

全身反应—故事教学模式是基于这样一种理念：故事是语言习得的有效工具，使学生能够"将故事中的事件与描述它们的词语一起固定在记忆中"。这些新的词汇和故事元素通过选择学生用身体来表演得到强化，这一过程源自美国心理学教授詹姆斯·阿士尔（James Asher）的全面身体反应方法，他声称身体动作会产生"运动感觉系统的敏锐激活或'肌肉学习'"。

全身反应—故事教学模式强调提供可理解的输入，但侧重于将其翻译成学生的母语。在开始每个全身反应—故事教学模式故事之前，教师会通过英文翻译来教授新词汇。之后，当教师介绍这个故事的书面版本时，学生轮流把它大声翻译成英语。全身反应—故事教学模式方法的倡导者认为，翻译是使输入"100%可理解"的最有效方式。全身反应—故事教学模式提倡阅读技巧的早期教学，由预先选择的词汇和语言结构组织一系列文本故事，学生边学习讲故事，边学习词汇和文本结构。

（二）课堂活动

一节全身反应—故事教学模式课开始时，教师会提供新单词和对应的英文译文。教师通过对单词提问，教授词汇。之后，教师开始讲故事。学生演员被叫到教室前面，把发生的事件表演出来。教师通过对大小、形状、时间、数量、质量等细节的夸大，力求使故事元素"离奇、夸张、个性化"。每介绍一个新句子，教师就会提出多个问题，让学生反复接触新词汇。例如，在介绍了"男孩想要一只猫"这句话后，教师可能会问："男孩想要一只猫吗？谁想养猫？这个男孩想要什么？男孩还是女孩想要一只猫？这个男孩想要养猫还是吃猫？"我们的目标是每个生词都要重复50到100次。鼓励学生对情节的新变化做出反应，用目的语发出感叹词。

最后，学生会得到他们刚刚学到的故事的印刷版本。一个学生一次把故事翻译成英语，其他人跟着读。教师通过将故事与学生的生活联系起来并询问他们是否曾处于类似的情况来讨论阅读。

全身反应—故事教学模式中使用的故事有三种类型或层次。最短的是个性化的微型情境，由三句或更少的句子组成。故事的第二层，即迷你故事，是围绕3～5个个性化的迷你情境而构建的。反过来，2～4个迷你故事提供了主要故事或章节故事的词汇。通过这种方式，词汇和语言结构不断循环。

全身反应—故事教学模式中的语法不是以任何传统的方式来教授的。相反地，语法是通过在故事中提供大量语法特征的重复以及简短的“弹出式”解释来解决的，即包含一到两个关于故事中出现的特定语法特征的问题。

学习的评估主要是给学生提供目标语言的词汇，并让他们提供英语翻译。这个过程是基于“目标语言词汇的习得与语言的习得密切相关”的哲学。词汇测验通常是不事先通知的，目的是确定所学内容是否已经成为学生长期记忆的一部分，而不是仅仅“在考试前通过学习将其转化为短期记忆”。

章后小结

本章主要学习了国内外主要的英语教学模式，如国内的情境教学模式、翻转课堂教学模式、英语拼读教学模式、全身反应教学模式、英语绘本教学模式和单元整体教学模式，国外的任务型教学模式、基于内容的外语教学模式和全身反应—故事教学模式等，概述了其理论基础、教学步骤、课堂活动以及该模式的优势与不足等。

案例分析

《义务教育英语课程标准（2022年版）》在“教学建议”中强调推动实施单元整体教学。教师要引导学生基于对各语篇内容的学习和主题意义的探究，建构和生成围绕单元主题的深层认知、态度和价值判断，促进其核心素养的形成。面对这一“全新的”建议，大部分一线教师一筹莫展，不知道该如何实施教学。

[问题讨论]

1. 国家课程标准往往反映了外语课程与教学领域的最新变化，单元整体教学反映了怎样的语言观和语言学习观？在单元整体教学中，教师通常会安排哪些教学活动？请结合你的认识，谈谈如何实施“单元整体教学”。

2. 小组合作，选取一本小学英语教材，设计一个单元的课程，展示如何实施单元整体教学。

[参考点评]

课程标准的成功实施关键在于教师。教师在面对“新”的课程理念和教学模式时，往往误认为这些理念或模式对自己是全新的，担心自己不能理解和实施，因而表现出慌乱、观望或抵制的态度。事实上，当代外语教学中没有哪一种教学模式是全新的，都在某种程度上继承和发展了此前的外语教学模式。例如，单元整体教学模式反映出交互语言观、社会文化语言观和体裁观，要求教师摒弃教英语就是教词汇、教语法的传统认识，要求改变教师的教材观，用教材教英语，而不是教教材，应对教材进行整合。该模式认为，学生学习英语的过程是与教师和同伴进行交流、互动，不断进行意义协商和对所学知识建构意义的过程，在潜移默化中习得英语语言知识和技能。因此，教师在设计和实施单元整体教学活动时，应以主题构建为明线，语言知识和技能的学习为暗线，从而达成单元育人的目标。

思考与练习

1. 在过去的 70 多年中，国际上的英语教学法发生了怎样的变化？

2. 英语绘本教学模式与全身反应教学模式有何不同？在小学英语教学中应如何使用这两种模式？

3. 任务教学法和基于内容的教学法在教学/学习目标方面有何不同？这两种教学模式还有哪些异同？

4. 本章中哪一种教学模式更能帮助你实现英语教学的目标？

5. 如何在小学英语课堂中开展英语拼读教学模式？

主要参考文献

[1] 中国社会科学院语言研究所词典编辑室. 现代汉语词典 [M]. 北京：商务印书馆，1981.

[2] 塞弗林. 传播学的起源、研究与应用 [M]. 福州：福建人民出版社，1985.

[3] JOYCE B，WEIL M. Models of teaching [M]. 2nd ed. New Jersey：Prentice-Hall，1980.

[4] 李曼丽，张羽，叶赋桂，等. 解码 MOOC：大规模在线开放课程的教育学考察 [M]. 北京：清华大学出版社，2013.

[5] 康叶钦. 英语拼读教学模式的迁移研究 [M]. 西安：西安交通大学出版社，2021.

[6] HODGES R，HAOOIS T. The literacy dictionary：the vocabulary of reading andwriting [M]. Newark，D E：International Reading Association，1995.

[7] 刁维国. 关于对教学模式研究的再认识：兼论多元统一的教学过程模式观 [J]. 教育探索，2008 (12).

[8] 曲艺. 教学模式的构成要素分析 [J]. 教育探索，2005 (5).

[9] GROFF P. The new anti-phonics [J]. The elementary school journal，1977 (4).

[10] 康叶钦，梁志喜. Phonics 教学中英语语音意识的培养 [J]. 宁夏教育，2010，77 (4).

[11] 黄晓彬，贠翔悦. 小学英语绘本教学研究的历史、现状与未来 [J]. 当代教育理论与实践，2018，10 (4).

[12] 姚颖. 中国当代小学绘本教学的创新与思考 [J]. 课程·教材·教法，2017，37 (10).

[13] 王蔷，周密，蒋京丽，等. 基于大观念的英语学科教学设计探析 [J]. 课程·教材·教法，2020，40 (11).

[14] 王蔷，周密，蔡铭珂. 基于大观念的高中英语单元整体教学设计 [J]. 中小学外语教学（中学），2021，44 (1).

[15] 陈静勉. 单元整本教学视域下单课教学有效策略研究：以教科版小学英语三年级下册 Fruits 单元为例 [J]. 课程教学研究，2018 (6).

[16] 包绍洁. 基于大观念的高中英语单元整体教学设计探究：以 2019 年人教版选择性必修一第五单元为例 [J]. 教学考试，2022 (12).

[17] 曹伟华，张琦。小学英语单元整体教学的有效设计与实践 [J]. 中小学外语教学（小学篇），2017，40 (2).

[18] 杨蓓丽. 依托英语绘本培养小学生英语语用能力的实践研究 [D]. 上海：上海师范大学，2020.

[19] 胡逸曦. 小学英语绘本教学的现状分析及对策研究：以吴江地区小学英语绘本教学为例 [D]. 武汉：华中师范大学，2016.

[20] 黄伟燕. 小学英语单元整体设计的教学现状及策略研究 [D]. 上海：上海师范大学，2018.

第四章 小学英语教学设计与课程资源开发

学习目标

1. 了解小学英语教学设计所涉及的教学要素之间的关系。

2. 掌握小学英语教学设计和课外活动设计的定义与内涵。

3. 熟悉小学英语教学设计和课外活动设计的内容、路径与原则，熟悉小学英语课程资源开发的路径与方法。

4. 了解小学英语课程资源的定义与类型，掌握小学英语课程资源开发的三条原则。

第一节 小学英语教学设计要应对的三种关系

《义务教育英语课程标准（2022 年版）》确立了以立德树人为根本任务的英语课程性质和课程理念，明确了指向学生核心素养培养的英语课程目标，优化了符合英语学习特点的内容组织和教学方式，为义务教育阶段英语课程的实施指明了方向。在小学英语课程的实施过程中，我们要根据新的课程标准落实核心素养目标，创新教学方式，践行英语学习活动观，构建素养导向、主体多元、方式多样的评价体系。因此，我们必须对小学英语教学设计所涉及的教学要素之间的关系进行重新的审视。

教学活动是一种特殊的人类再生产活动，是教师组织引导学生主动作用于教学内容的过程和方式。目标指向性、计划性和组织性是学校教学活动的重要特点。教师、学生和教学内容，是构成教学活动的基本要素。教学活动存在教师、学生和内容三者之间复杂的相互作用和关系。为了更好地开展小学英语课程与教学设计，我们有必要进一步理清教学活动内部的复杂关系。

一、小学英语教学活动的主客体关系

人的一般活动都是主客体相互作用的过程。教学活动同样是主客体相互作用的

过程，但是因为教学活动存在着教师与学生、教师与教学内容、学生与教学内容三对基本矛盾，其内部关系存在着独特的三体结构。

有学者指出，在教学活动这一复杂的三体结构中，学生与教学内容的矛盾是主要矛盾。学生与教学内容的主客体关系，体现在学生作为学习主体如何掌握作为学习客体的教学内容的问题。同时，学生掌握教学内容的过程，是在教师的设计、组织和指导下进行的。教师要根据学生的程度和特点对教学内容进行选择、改造和加工，对学生的学习过程进行设计和指导。学生掌握学习内容的活动，又成为教师教学的客体对象。概括起来，整个教学活动，存在着学生掌握学习内容和教师组织引导学生掌握学习内容两个不同的主客体关系。这两种主客体关系，构成一种复杂的镶嵌式的三体结构关系。

作为一种具体的教学活动，小学英语教学的主体包括教师和学生，客体是教学内容。同时，学生又具有主客体双重性的特征。因此，在小学英语的教学设计中，我们必须重视这一复杂的镶嵌式的三体结构关系，才能真正实现新课程标准的教师组织学生围绕真实情境和真实问题，以学生为主体、以素养发展为目标，践行知行合一、学思结合、用创为本的英语教学观和学习活动观。

二、小学英语教学活动的师生关系

教学设计被认为是用系统的方法来分析教学问题、研究解决问题的方法路径、评价教学结果和修订教学计划的过程。这一过程涉及诸多要素，如何使得这些要素有机结合、有序运行，实现教学效果最优化，就是教学设计指向的最终目标。这一过程中教师和学生这对要素的关系，是所有教学设计都要重点考虑的问题。

有学者指出，师生关系是教学活动中最基本的人际关系，是教学能否实现预期目标的关键因素，在教学活动中起到重要的作用。一般认为，教学过程中师生之间存在着业务、伦理和情感三个方面的关系。业务关系是指在完成教学任务过程中，教师和学生分别充当一定的活动角色，组成师生双边的活动共同体，形成分工合作的角色关系；伦理关系是指教师和学生在教学活动中组成了一个特殊的道德共同体，各自要遵守一定的伦理原则，承担一定的伦理责任，享有一定的道义权利；情感关系是教师和学生在教学中自然形成的态度和感受上的联系。师生关系的三个方面相互联系而又有机结合，体现了教师和学生作为工作人、社会人和自然人而存在的状态。

新的义务教育课程标准倡导以学生为中心，指向核心素养发展的英语学习活动观。以学生为主体的英语学习活动成为英语教学的基本形式，是学生学习和运用英语的主要途径，是英语教师整合教学内容、重组教学要素、激发学习热情、实施深度教学的重要保证。在以学生为中心的英语学习活动观的指引下，小学英语教师需要重新审视课堂教学设计的合理性和有效性，重组教学内容各个要素，改革内容的呈现形式，优化学生的学习方式，积极主动地为学生设计结构化、情境化、过程化的活动，实现促进学生核心素养的形成和提升这一教学目标。

三、义务教育英语课程标准与小学英语教学设计的关系

《义务教育英语课程标准（2022 年版）》清晰地阐述了以立德树人为根本任务的英语课程性质和课程理念，指向学生核心素养培养的英语课程目标以及符合英语学习特点的内容组织和教学方式等教学实施建议，是指导小学英语教师教学的纲领性文件，是英语教师开展教学设计的最根本的依据。

新的课程标准分别从教学指导思想、教学设计、教学内容、教学方式、学生指导、教学评价以及教学资源等七个方面对义务教育阶段英语教师如何实施好教学提出了一个完整的指导体系。

这一指导体系为小学英语教师实施育人为本的教学提供了新的整体设计思路：教学设计应以单元的形式呈现，以主题为引领，以不同类型的语篇为依托，融入语言知识、文化知识、语言技能和学习策略的学习要求，强调内容在主题、语篇、语言知识、文化知识、语言技能和学习策略六个要素的整合式教学，要求教师依据核心素养和学段目标挖掘单元学习内容蕴含的育人价值，突出单元整体教学的综合育人功能，帮助学生通过单元学习，以所形成的思想观念和结构化认知对人和事物做出正确的价值判断，运用所掌握的知识技能和方法策略，尝试应对和解决基于真实情境的任务和问题，使得英语学习的过程成为学生发展语言能力、形成文化意识、提升思维品质、提高学习能力的过程。

第二节

小学英语教学设计

一、小学英语教学设计的定义与内涵

教学设计是教师基于现代学习理论和基于学习者特征、学习需要等教学背景分析的基础，设计教学目标、教学策略、教学过程，选定教学媒体并进行评价反馈，以进行教学准备的过程。

小学英语教学设计就是教师针对小学英语教学中的问题，根据小学生的特征、学习需求等教学背景分析，依据教学理论，运用系统方法对各种课程资源进行有机整合，设计小学英语教学目标、教学方法、教学过程，选定小学英语教学媒体，并

进行评价反馈，以进行小学英语教学准备的过程。其本质内涵就是根据不同的教学内容、教学目标、学习者特征、教学条件等，选择恰当的教学方法，形成合理、科学的教学过程、教学策略、教学活动等，最终达成发展学生的语言能力、文化意识、思维品质和学习能力的学科教育目标，实现发展学生核心素养的基本目标。小学英语教学设计最直接的结果是为教师实施教学提供一个全面的指导性计划。

二、小学英语教学设计的要素

在具体操作中，小学英语课堂教学设计应以新课程标准作为指导思想，以简单明了的形式说明小学英语教学应该做什么，怎样去做。这一过程一般包含分析、设计、评价和修正四个步骤。在分析环节，主要涉及的要素是学情分析，或者称为教学起点分析，分析的重点在于学习者分析和学习内容分析两个方面；在设计环节，主要包括小学英语教学的教学目标、教学方法、教学过程、教学媒体等要素的设计和准备；在评价环节，主要是对教学有效性进行评价标准和评价手段的设计和反馈；在修改环节，主要是在评价反馈的基础上，对前述的各个环节进行不断的修正，以提高教学的有效性。下面对共同构成一个完整的小学英语课堂教学设计的基本要素进行详细的阐述。

（一）学情分析

小学英语教学的学情分析也称为教学起点分析。为了更好地完成教学工作，小学英语教师在进行课堂教学设计前要做的第一项工作就是教学起点分析。通常，教学起点分析主要包括两个方面：学习者分析和学习内容分析。

首先，一切教学的起点是学习者，没有学习者，教学就不可能发生。因此，学习者分析是小学英语教学设计的前提。学习者分析一般包括学习者起点水平分析和学习者心理和生理特点的分析。分析学习者的现有水平和能力，目的是为了确定小学生英语听说读写的水平，了解学生是否具备进行新的学习所必须掌握的知识和技能。正确分析和把握学生的起点能力是确定小学英语教学目标的重要依据。学习者分析的另一个重要内容是对学习者的内在要素的分析，包括对学习者的学习态度、学习兴趣、学习动机和认知风格等心理特征的了解和对学习者年龄、性别和健康等生理特点的了解。

其次，准确分析、把握学习内容，是有效教学设计的基本依据。我国小学英语的教学内容主要是教材，通常称为教材分析。教师对所选用的教材进行系统的研读分析，通常既要从课程的角度对教材的课程性质、编写理念、课程目标、内容体系、结构特点和教学要求进行整体的分析把握，又要从单元和语篇的角度对单元话题和语言点等具体的教学内容进行教学难点和教学重点的分析，为确定教学目标和选择教学方法奠定基础。

（二）教学目标设计

新的义务教育英语课程标准确立了以立德树人为根本任务的英语课程性质和课程理念，明确了指向学生核心素养培养的英语课程目标。小学英语教学目标是义务教育英语课程目标的具体落实，必须实现学生核心素养发展这一目标体系。也就是说，学生通过小学阶段英语课程的学习，在语言能力、文化意识、思维品质和学习能力四个方面要达到具体的标准。因此，新的义务教育英语课程标准提出的总目标、分级目标和分级标准，是小学英语教师开展教学设计、确定教学目标的重要依据。

教学目标是指教学活动实施的方向和预期达成的结果，是一切教学活动的出发点和最终归宿，它是教育目的在具体教学中的体现。具体来说，小学英语教学目标是指学生通过学习在知识与能力等方面应该达到的程度，是教师教学活动将引起的学生内部心理和外部行为的改变。对教师来说，教学目标指向教学的预期结果；而对学生来说，教学目标就是预期的英语学习结果。

在小学英语教学实践中，任何教学活动都是为了达成某一教学目标而展开，这些教学活动可以是一个学期的教学、一个单元的教学、一堂课的教学或一个活动的教学。因此，教学目标通常可以分为学期教学目标、单元教学目标、课时教学目标和活动教学目标等。要进行教学目标的设计，首先教师必须要明确课程目标，然后根据教材的内容确定单元教学目标、课时教学目标和活动教学目标。

新的义务教育英语课程标准明确提出教学设计应以单元的形式呈现，以主题为引领。为了设计出合理明确的课堂教学目标，教师既要聚焦单元教学的整体性，努力使得单元教学目标覆盖核心素养培养的各个方面，同时又要注意将单元目标分解落实到各个课时教学目标，而课时教学目标的设计也同样要细化考虑到每个教学环节和活动的目标。一般来说，在教学目标设计中，对于一个单元的整体教学目标和一个课时的具体教学目标，我们应采用表现性目标取向进行明确的描述，如使用“理解”“听懂”“运用”等行为动词，描述学生学习结果的行为表现。

（三）教学方法设计

教学方法是教师和学生为了实现共同的教学目标，完成共同的教学任务，在教学过程中运用的方式、手段和办法的总称，包括了教师的教法、学生的学法、教与学的方法。在教学的目标、任务、内容确定以后，教师能否恰当地选用教学方法，就成为其能否完成任务、实现预期目标的重要因素。义务教育英语课程要求以素养发展立意，改变传统的知识点传授和吸纳的教学方式和学习方法，倡导以学生为主体、以素养发展为目标，知行合一、学思结合、用创为本的英语学习活动观。因此，小学英语课堂教学采用什么样的教学方法，不仅影响学生对知识和技能的掌握，而且对落实课程教学目标起到关键的作用。

小学英语教学中常用的方法有很多，教师必须了解和掌握不同方法的特点和操作要求，这是设计教学方法的前提。同时，小学英语课堂教学方法的运用涉及不少独特的教学技巧，如歌曲歌谣、游戏和故事教学等。在小学英语课堂教学中选择恰当的教学技巧，有助于最大限度发挥教学方法的作用，活跃课堂气氛，提高学生的学习兴趣，达成课堂教学目标，提高课堂教学效率。

（四）教学过程设计

教学过程是为了完成教学任务、达成教学目标所采取的步骤和方法。小学英语课堂教学设计中所探讨的过程，就是指在教师的指导下，为实现既定的教学目标，通过师生教与学的共同活动，促进学生语言能力、文化意识、思维品质、学习能力等核心素养各领域发展的教育过程。

新的义务教育英语课程标准要求教师践行英语学习活动观，以培养核心素养为导向，秉持在体验中学习、在实践中运用、在迁移中创新的学习理念，力求使学生在教师的指导下，以主题为引领，以语篇为依托，通过学习理解、应用实践、迁移创新等一系列融语言、文化、思维和学习能力发展为一体的，相互关联、循序递进的学习活动，“引导学生在学习理解类活动中获取、梳理语言和文化知识，建立知识间的关联”，“引导学生在应用实践类活动中内化所学语言和文化知识，加深理解并初步应用”，“引导学生在迁移创新类活动中联系个人实际，运用所学解决现实生活中的问题，形成正确的态度和价值判断”。所以，小学英语课程必须根据课标采用活动式教学，活动课就是小学英语教学的基本特征。因此，小学英语教学的过程设计必须要体现活动教学的主体性、交互性和趣味性等特点。

教学过程是一个由连续不断的阶段组成的序列，各个环节有机衔接，构成一个复杂有序而又多方面统一的教育过程。根据小学英语教学自身的特点，其基本教学环节一般包括导入、呈现、操练、拓展和总结等五个环节。导入环节是课堂教学活动开始的第一个环节，是教师采用多种教学方法和营造气氛，为新课呈现做准备的环节。在呈现环节，教师主要运用语言释义或示范演示等教学手段，借助简笔画、挂图、手势、实物、录音机、录像机等创造情境与环境，介绍新的语言材料，让学生感知、体会、理解新的教学内容。操练环节是学生练习新语言知识的环节，也是学生形成语言技能的关键环节。教师要根据操练的内容和学生的实际情况，设计不同形式的操练活动，常用的操练方式有机械操练和意义操练。拓展环节是强化新语言学习的环节，具有复习、巩固的作用。总结环节是教学过程的最后一个环节。在总结环节，教师通常要梳理知识点，重现教学重点与难点，评价学生表现并完成作业的布置。

教学过程的这五个环节相互作用，共同构成了一个完整的英语课堂教学过程。然而，这五个环节并非是一成不变的，在教学实践中，教师应根据教学目标、教学内容、学习者需求、课型等因素，优化组合各教学环节，创造性地设计教学过程，增强教学效果。

（五）教学媒体设计

教学媒体是指在教学过程中承载和传递教学信息的各种媒介与技术。教学媒体的共同特征是具有教学功能，在教学过程中起着存贮、运输、呈现教学信息的作用。教学媒体的定义有广义和狭义之分。广义的教学媒体是指一切承载和传递教学信息的人、物和技术，狭义的教学媒体是指可承载和传递教学信息的媒介和技术。也就是说，从广义上讲，任何承载和传递教学内容的介质，包括教师、黑板、教科书、教具和模型，以及教学课件、电影、广播、教育电视、电脑、多媒体、网络、虚拟社区等现代教学媒体都属于教学媒体；狭义地看，教学媒体主要指教学课件、电影、广播、教育电视、电脑、多媒体、网络、虚拟社区等现代教学媒体以及黑板等传统媒体。

随着信息技术的飞速发展，特别是计算机和网络技术在教育教学环境中的应用给教学带来了巨大的变化，小学英语教师在教学过程中应创造性地运用多种媒体，构建多样化的交际模式，为学生学习英语营造良好的语言环境。因此，小学英语课堂教学中的教学媒体设计，既包括对图片、挂图、卡片、实物教具和板书等常规传统媒体的设计使用，还包括对以多媒体和网络为主导的现代教学媒体的设计和使用。

随着教育信息化的不断深入及信息化教学普及程度的逐步提高，教学媒体，特别是以计算机为核心的现代教学媒体，成为教学设计体系的基本要素之一。在现代教学环境中，教学媒体除了用以传递教学信息，还是学生完成学习任务所需的认知工具、交流工具等。教学媒体在学生核心素养提升方面发挥着越来越重要的作用。新的义务教育英语课程标准提出了信息技术和英语教与学深度融合的要求，小学英语教学同样要推动教育信息化背景下教学方式和学习方式的变革。小学英语教师要根据信息化环境下英语学习的特点，合理利用并创新使用数字技术和在线教学平台，提供满足个性化需求的优质数字资源；充分发挥现代教育技术对英语课程教与学的支持与服务功能，探索依托信息技术开展因材施教和精准施教的路径。

（六）教学评价设计

小学英语教学设计中所指的教学评价设计，是指以改善教学、促进小学生核心素养发展为目标，通过制订科学的评价标准，系统地评价分析学生的学和教师的教，采用有效的技术手段，测量教与学活动的过程及其结果，并评定其价值及优劣的教学设计活动。教学评价的具体内容包括课堂教学过程中对学生的学习行为、学习效果、目标达成等方面进行的评价。

评价是英语课程与教学的重要组成部分。科学的评价体系是实现课程目标的重要保障。小学英语课程的评价设计应根据课程标准规定的课程目标与要求，采用科学、合理的评价方式和方法，对教学的过程和结果加以及时、有效的监控，以起到对教学的积极导向作用。根据评价在教学活动中发挥作用的不同，可把教学评价分为准备性评价、形成性评价和终结性评价三种类型。教学评价始终贯穿教学全过程，发挥其诊断、激励、调节教学活动的作用。

新的义务教育英语课程标准明确提出学业评价遵循“教—学—评”一体化的原则，倡导形成性评价与终结性评价相结合的评价理念，探索评价主体多元、评价方式多样、素养导向的评价体系。终结性评价关注价值引导和命题方式创新，在考查学生语言能力的同时，重视考查学生的文化意识、思维品质和价值取向，确保评价目的与核心素养发展目标一致。通过评价，一方面能发挥学生的主观能动性，引导他们监控和调整自己的学习目标、学习方式及学习进程，激发他们主动、高效地开展学习；另一方面又促使教师根据学生在学习过程中的表现，及时提供反馈与帮助，并持续反思和改进教学，推动以评促学、以评促教。

因此，小学英语课堂教学的评价设计要尽可能做到评价主体的多元化，评价方式和内容的多样化，评价目标的多维化。评价应体现以人为本的教育理念，突出学生的主体地位，发挥学生在评价过程中的积极作用。评价应关注学生综合语言运用能力的发展过程以及在学习过程中情感态度、价值观念、学习策略等方面的发展和变化。评价应采用形成性评价与终结性评价相结合的方式，达到“教—学—评”一体化的要求。

三、 小学英语教学设计的基本路径

综上所述，小学英语课堂教学设计由学情分析、教学目标、教学过程、教学评价、课外作业、教学媒体和教学评价等要素构成。在实际教学操作中，小学英语教师应以课程标准作为指导思想，根据教学周期工作安排，以简要的形式进行学期课程纲要设计、单元教学设计和课时教学设计，并以文本的形式呈现出来。这是小学英语教师必备的教学基本功。通常，小学英语课堂教学设计的路径分为分析、设计、评价和修正四个阶段。

在“分析”环节，学习者分析是教学设计的前提和基础，而学习需要、学习内容等其他要素分析也属于分析阶段的主要任务。在“设计”环节，主要包括在新课程标准理念指导下的教学目标、教学策略、教学过程、教学活动、教学媒体、教学评价等要素的设计与准备。在“评价”环节，主要包括基于教学设计文本本身的评价和基于课堂观察的对教学设计设施的评价。而最后的“修正”环节，是指在评价和反馈的基础上，对上述各环节进行不断反思和修正，以使整个教学设计更加完美。

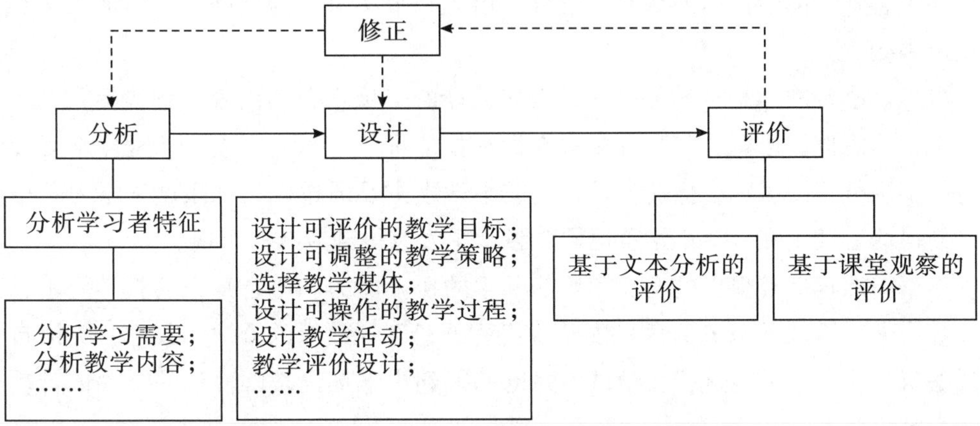

图 4－1　小学英语课堂教学设计的基本路径

四、当前我国小学英语教学设计的新动向

目前，小学英语在我国已经成为国家课程，小学英语的课程价值逐渐得到了社会的认可和肯定，小学生学习英语的热情高涨。我国已经拥有世界上最大规模的小学生英语学习群体和小学英语教师队伍，小学英语教学也取得了令人瞩目的成绩。随着《义务教育英语课程标准（2022 年版)》的颁布，我国小学英语的课程理念、教学设计、教材建设等必然会向更高的水平迈进。然而，不可否认的是，在我国这样一个人口众多、幅员辽阔、经济发展呈现出一些新的变化和动向不平衡的国度，小学英语教学的课程实施必然面临许多现实问题和挑战。同样，我国小学英语课堂教学设计也呈现出一些新的变化和动向。

（一）语音教学设计

语音教学在我国小学英语课堂教学中越来越受到重视。语音和语义密不可分，语言依靠语音实现其社会交际功能。英语语音的学习在小学阶段有着重要的作用和意义，因为语音学习将影响学生以后的英语学习质量。我国新颁布的《义务教育英语课程标准（2022 年版)》，对小学阶段的英语语音教学有着明确的知识目标和技能目标要求。它要求小学生经过学习后，要掌握以下的英语语音知识和技能：识别并读出 26 个大、小写字母；感知字母在单词中的发音；感知简单的拼读规则，尝试借助拼读规则拼读单词；使用正确的语音、语调朗读学过的对话和短文；借助句子中单词的重读表达自己的态度与情感；感知并模仿说英语，体会意群、语调与节奏；

在口头表达中做到语音基本正确，语调自然、流畅。为了培养和发展学生的拼读能力和语音意识，新的课程标准对小学阶段英语语音教学给出了明确的指引：通过丰富的语言实践活动，如听录音模仿，朗读语篇，为故事配音，演唱歌曲、韵文等，引导学生感知、体会英语的重音、意群、语调与节奏等，为准确、得体地表达与交流奠定基础。

可见，语音教学是小学英语课堂教学设计的一项重要的内容，它包括元音、辅音、重音、意群、语调与节奏等多项知识和技能训练。然而，由于课程标准规定小学阶段不进行英语国际音标的教学，当前小学生主要通过模仿和跟读来学习英语语音，使得语音教学在一些小学英语课堂教学中没有得到应有的重视。

根据新课程标准提出的发展和培养学生的拼读能力和语音意识的教学要求，我国一些小学英语教师积极探索有效提高英语语音教学效果的方法。其中，英语自然拼读法就是在一些地区进行教学试验并迅速得到小学英语教师接受的一种语音教学方法。

英语自然拼读法是一种教英语本族语儿童识字、拼写和阅读的方法，它的核心是建立英语字母或字母组合与英语语音之间的音形对应关系。随着这种教学法在我国港澳台地区英语教学中的实施和推广，也因为其在解决小学阶段的英语语音教学和单词记忆方面有一定的优势，一些人理所当然地认为英语自然拼读法的教学是解决目前我国小学英语语音教学的一种有效的英语教学方法。然而，必须要注意的是，这种在英语作为母语的国家使用的教学方法在英语作为外语的我国的小学课堂的移植，仍然存在不少问题和挑战，我们在小学英语课堂设计中必须予以重视。

自然拼读法这一教学法是针对英语是本族语的学习者设计的，因此这种教学方法在我国内地小学英语教学中的适用性如何，还缺乏可靠的教学实验和实证研究。中国的英语教学在语言文化背景、师资状况、教育传统和学生心理等方面都有着自己的独特性，这就要求我们在实验这一英语教学方法时，要考虑中国小学英语教学的特殊情况。本族语儿童在接受自然拼读教学时，他们的英语口语已经是熟练流利的程度，因此，英语语音的教学对他们来说不成问题，也不是教学的重点。而在我国以英语作为小学外语的教学中，英语语音对我国的小学生来说是陌生的，理所当然它应该是教学的重点和难点。所以，我国的自然拼读教学内容和进度必须根据这种教学语境的变化进行科学的调整和变化。

自然拼读教学法的最终目标，是要使英语初学者掌握足够的音形对应关系知识，学会解码拼读单词，然后顺利过渡到阅读和理解书面语言，因此要求其教学的内容和程序要有一定的系统性。目前，我国小学英语的自然拼读教学，无论是采用课堂渗透的教学模式，还是短期集中强化训练模式，都存在着缺乏系统性的问题，影响了自然拼读法教学的有效性。

因此，我们要加强对中国特定语言与文化环境中的自然拼读教学的本土化研究。在小学英语课堂对中国儿童进行语音教学时，大多数儿童缺乏英语音素的知识，必须先进行音素的学习训练，之后才过渡到音形对应关系的训练。如果学生的英语发音都不准确，音形对应关系的建立也就缺乏基础。加上汉语和英语两种语言的语音系统的差异，中国儿童在英语朗读的轻重、节奏、停顿和语调等语音的超音段训练必须进行强化。所以，在我国的小学英语语音教学设计上如何实现音素的学习和音形对应训练并重，并且兼顾阅读的训练，需要我们深入进行本土化的研究。

（二）绘本教学设计

英语绘本已经成为我国小学英语教学常见的一种语篇形式。英语绘本是指以英语为表述语言的图画故事书。小学英语教学中使用的绘本不同于普通的图画书，它们具有贴近儿童生活经验、符合儿童认知能力、情境逼真、主题多样化、情节完整、文字简洁、语言重复性高等特点。特别是英语绘本图文并茂，集知识性、趣味性、寓意性为一体，集听力、录音、视频为一体的呈现形式，是小学英语教材中一种喜闻乐见的语篇呈现形式，也是目前我国小学英语教师比较喜欢选择的课堂教学的拓展和补充材料。

在小学英语的绘本教学中，教师可以充分挖掘图片内涵，激发学生的想象力，采取自主、交际、体验、互动等灵活多样的教学方式，做到既培养学生的口语表达能力、阅读能力和综合语言能力，又发展学生的审美能力、批判性思维和自主探究能力，丰富学生已有的生活经验和形成良好的品格。这种倡导教学目标多元化和学生全面发展的做法，与我国义务教育课程标准倡导的指向核心素养培养的教学目标高度契合。因此，小学英语课堂教学中的绘本教学设计，也受到越来越多小学英语教师的重视。

首先，小学英语教学的绘本设计，要体现绘本教学的多元目标，为学生核心素养的培养服务。小学英语课堂中的绘本设计，必须关注以下的教学目标：提高小学生英语语言学习的兴趣，充分利用绘本的特点对学生进行大容量、高密度的语言输入和积累，增强英语语言的输入，加大英语语言知识的自然再现频率，让学生自然、轻松地习得英语。同时，通过组织学生开展交际性活动，提高学生综合运用英语语言的能力，并根据绘本的内容适当渗透多元文化的学习与理解，培养学生的跨文化交际意识，形成良好的品格。

其次，小学英语教学的绘本设计，要根据小学生的语言和认知特点进行选材。为了确保教师教学使用的英语绘本有较强的针对性和较理想的教学效果，教师在选择英语绘本材料时应充分考虑学生的年龄和英语语言的能力基础的差异。不同年龄及不同年级的学生由于已有生活经验和知识背景不同，对所学故事的理解和接受能力也不同。因此，适合学生年龄段和语言认知发展特点的英语绘本素材选择也是英语绘本教学需要优先考虑的问题。

最后，小学英语教学的绘本设计要遵循语言习得规律，设计充分的视听和阅读活动，让学生通过看、听、读等方式充分理解和感悟文本的内容，实现语言的最大限度的输入，同时，课堂教学步骤的设计也要突破绘本教学停留在趣味阅读的学习理解阶段，通过扮演角色、讨论辩论和绘本创编等活动，提供语言输出的机会，让学生表达自己真实的思想和感情，使得绘本教学过渡到语言的应用实践和迁移创新阶段，实现英语语言真实交际的同时，学生的核心素养也能得到培养和提升。

（三）故事教学设计

故事是英语教学中经常使用的一种语篇，故事教学法在我国小学英语课堂教学中的使用越来越普通。故事就是一种叙事，但小学英语课堂教学中的故事，是指为英语教学服务，完整有趣的有意义叙事。我国目前出版的小学英语教材中，常常会包含一些短小有趣的故事，它们对小学生有很大的吸引力，在小学英语课堂教学中有着独特的功能和作用。在小学英语课堂中如何围绕故事设计课堂活动？如何实施这些教学活动？如何确定故事教学的教学目标和教学策略？这些都是值得我国小学英语教师关注和研究的课题。

故事教学，无论是教材本身的内容，还是教师根据课文补充的课外故事，都是服务于英语教学的，所以故事的教学设计首先要考虑其教学目标。新的义务教育英语课程标准在教学目标设置上提出了新的要求，指向学生核心素养培养的英语课程目标包括语言能力、文化意识、思维品质和学习能力等方面，故事教学设计需要用新的教学理念来探讨目标问题。故事是由语言表述出来的，所以每个故事都包含形式多样的英语语言表达形式，要为学生提供可以学习的语言知识。同时，我们根据不同的故事可以设计听、说、读、写四种不同的技能训练活动，这些形式多样的英语语言技能训练，可以直接提高小学生的英语语言能力。故事教学与文化元素有着密切的关联。教材中的儿童英语故事通常会涉及日常生活习惯、人际交往礼仪、家庭规范、地理环境、节假日习俗以至历史文化等文化元素，可以为培养学生的文化意识提供良好的素材。小学英语故事教学，常常会采用任务式教学、探究式教学和基于问题解决的教学等教学模式，可以直接培养学生的理解、分析、比较、推断和评价等思维能力，提升学生的思维品质。

与一般的教学设计相比，小学英语故事教学的设计更需要具备规划和编排的整体性、步骤性、适切性和灵活性。首先，教师要根据学生的年龄、认知特点和语言程度选择合适的故事；其次，确定故事教学的教学目标、教学模式和教学重点，特别是根据儿童故事的情节、词汇和句型的重复性特点，确定好重点词汇和句型的语言教学的时机；最后，故事的教学设计要有严密的步骤和过程安排，要根据故事结构的开头、高潮和结尾合理设计故事教学语言的音调、速度和力度，与故事情节环环相扣，紧密结合。基于故事的活动设计是教学设计的重点，教师如果设计一些有创造力的教学活动或者为故事教学搭配一些课内（外）完成的衍生活动，例如通过简单的道具将故事变成戏剧表演，为故事绘制绘本，将故事里面的歌曲歌谣变成小组表演等，都会给小学英语故事教学目标的达成带来一些意想不到的积极效果。

（四）戏剧教学设计

戏剧是一种综合的艺术。英语戏剧因为剧情有趣、寓意深刻、育人价值丰富，正阔步进入中小学英语课堂。新的义务教育英语课程标准倡导在体验中学习、在实践中运用、在迁移中创新的学习活动观，英语剧本语言精练地道，修辞优美，小学生在英语戏剧表演中能体验到真实语境中的语言使用，提高英语语言能力，与义务教育英语课程标准的学习理念相吻合。因此，课堂戏剧活动已经成为我国小学英语课堂较为常见的一种课堂教学活动。

在小学英语课堂中使用戏剧教学，具有一些独特和明显的优势。英语戏剧表演是一种有效交际活动，能为儿童提供使用限制性语言、身体语言和面部表情等的机会，从而激发学生学习英语的动机，提高学生的自信心。特别需要指出的是，戏剧故事都是发生在特定语境当中的，它们在语言的意义、运用和理解三个方面有着天然的优势。小学英语课堂的戏剧活动是一种促进学生在语境中学习和使用英语的理想方法。另外，英语戏剧活动不仅是语言教学活动，还包含大量的跨学科学习内容，有助于实现新的义务教育英语课程标准倡导的跨学科学习目标。

我们这里讨论的小学英语戏剧活动，不是为了彰显学校的办学特色，为少部分具备表演天赋的学生组织的以社团活动为主导的教育戏剧活动，而是面向全体学生，以课堂活动为主导，表演的过程也是英语学习过程的一种教育戏剧活动。因此，小学英语戏剧教学活动的设计，首先要处理好一般教学过程与戏剧教学过程的关系，也就是教师如何将英语课堂的教学内容与戏剧内容进行有效的融合。其次，戏剧教学活动的设计要努力为贯彻立德树人的整体课程目标服务，不能只是关注英语语言的学习。小学英语戏剧活动要提出明确的育人目标，提升戏剧活动的育人水平。最后，小学英语戏剧教学活动的设计还必须关注其对课堂空间的特殊需要。英语戏剧教学活动与一般的课堂教学活动对空间需求的区别在于，戏剧教学活动强调角色、舞台和剧场这三大戏剧因素，所以小学英语课堂戏剧教学活动预先要有特殊的空间设计。

（五）作业设计

家庭作业的价值毋庸置疑。因此，作业设计也是小学英语教学设计必不可少的一个组成部分。家庭作业既是帮助学生巩固所学知识的重要途径，也是检验教师教学成果的重要评估手段。许多研究表明，作业难度的大小、作业量多少、作业类型是否丰富等与学生学业成绩好坏存在较为显著的相关。随着国家“双减”政策的出台，小学英语教师在作业布置的数量、内容、形式等方面面临许多新的挑战。如何在实践中不断探索更加科学和合理的作业设计，保障作业符合小学生的认知特点、学习规律及新课程标准的要求，满足不同层次学生的学习需求，实现家庭作业减负增效的目标，就显得尤为迫切。

当前，我国小学英语教学的作业设计普遍缺乏针对性和层次性，一些低水平、机械操练类的作业在不同课时中反复出现。一些教师在设计小学英语作业时，忽略学生的个性差异，未充分考虑学生的能力和水平，经常布置统一化、无差别的作业，难以实现因材施教，这往往导致一些知识基础较弱的学生在面对数量上和难度上都难以接受的作业时，疲于应付，只是盲目地、机械地完成，而基础较好的学生又面临“吃不饱”的问题，直接导致作业功能异化，学生的核心素养没有得到有效提升，课程目标倡导的立德树人根本任务没能得到很好的落实。小学英语教学作业设计碎片化，缺乏整体性和系统性的现象必须得到解决。

当前，在“双减”背景下，国家对义务教育阶段学校的作业提出了“把握功能、严控总量、提高质量、强化管理”的要求，强调精准设计作业，科学合理有效布置作业，鼓励布置分层作业、弹性作业和个性化作业。小学英语教师要学会对不同层次、能力和水平的学生设计分层单元作业，保障作业设计符合学生的认知特点、学习规律及新课程标准的要求，实现小学英语作业“减负增效”。面对小学英语教学作业设计的新形势，小学英语教师要做好以下三点：一是掌握基于主题的单元类作业设计方法，引导学生系统学习。单元类作业设计遵循一致性、统整性、多样性和差异性原则，突破了传统作业固化的框架体系和碎片化的学习模式，有利于发展学生的思维品质，形成核心素养。二是提供丰富的作业类型，真正实现因材施教。不同的孩子在认知风格、智能倾向方面是不一样的。不同的作业类型具有不一样的价值。丰富的作业类型有助于发挥不同学生的特长，让他们在完成作业的过程中寻找到价值感和存在感。因此，在小学英语教学中，体验式作业、探究类作业、合作类作业、制作类作业、游戏类作业以至跨学科作业，都可以成为选项。三是关注跨学科作业。新的义务教育英语课程标准要求教学内容中要包含跨学科的内容。跨学科作业以一个学科为中心，多门学科融会贯通、交叉渗透，进行综合化的设计、实践与评价，以提升学生解决问题的能力。相较于传统的英语作业，跨学科作业有利于拓展儿童的认知视野，淡化学科界限，有利于儿童灵活运用知识。因此，小学英语教师必须思考学科目标的多维度化、多元化，灵活运用学科间的相互交叉、相互融合和相互渗透，尝试引导儿童综合运用各种知识、思维方式解决问题。

◆第三节◆

小学英语课外活动设计

新的义务教育英语课程标准明确提出，通过开展英语综合实践活动，促进学生核心素养的全面发展。教师应基于一定的课程目标，以学生的兴趣和直接经验为基础，以与学生学习、生活密切相关的各类现实性和实践性问题为内容，本着“学用结合、课内外结合、学科融合”的原则，开展英语综合实践活动，把学生的学习从书本引向更广阔的现实世界。可见，活动课程这种课程形态，在小学英语教学中得到了前所未有的重视。

小学英语课外活动课程，是指在小学英语课堂教学以外开展的各种听说读写实践活动，是对英语学科基础课程的有益补充。小学英语课外活动以小学生的亲身实践和直接经验作为课程内容的核心，以学生的兴趣和实际需求作为课程设计的根本依据。英语课外活动强调实践活动的内容要适应学生的个体差异，强调学习与实际生活的联系，注重学生的全身心体验和实际动手操作，着重培养学生的兴趣、个性和实践能力，可以弥补课堂教学课程的不足。

一、小学英语课外活动的意义

小学英语课外活动能进一步激发学生学习英语的兴趣，培养学生的综合语言运用能力，使学生在学习英语的过程中获得更多的愉快体验，为小学课程理论注入新的活力，具有多方面的意义。

（一）有利于打破课堂教学的界限

小学英语课外活动是英语课堂的拓展和延伸，是英语课程的有机组成部分，有着加强课内外联系、校内外沟通和学科间融合的特定功能，对学生的英语综合运用能力和核心素养的培养起到重要的作用。

（二）有利于巩固课堂教学成果

小学英语课外活动虽然不受形式和时空的限制，但是它以英语课堂内容为教学的基本依据，同样为实现英语课程目标服务，因而小学英语课外活动与英语课堂教学有着协调、统一的关系，为小学生巩固、深化、灵活运用课堂所学的知识与技能提供了实践的平台，为学生课堂学习提供了丰富的感性素材的积累。英语课外活动要求学生在现实生活中动手、动脑、实践、创造，从而在实践和探究中，使学生巩固学习方法，增强探究、创新的意识，为学生核心素养发展奠定基础。

（三）有利于激发学生的学习兴趣

小学英语课外活动课程鼓励学生主动参与、主动实践、主动思考、主动探究。它既面向全体学生，又要求每个学生发展个性特长。它从各方面向学生提供学习、实践、创造的机会，有助于激发学生的兴趣爱好，培养学生团结协作、进取向上的品质。

（四）有利于实现学科间的融合

小学英语课外活动课程是在教师引导下，学生自主进行的综合性学习活动，是基于学生经验、密切联系学生自身生活和社会实际，体现对知识的综合应用的实践性课程。它形式多样，内容丰富，包括兴趣小组、英语角、游艺活动、专题竞赛、研究性学习、社区服务与社会实践、劳动与技术教育等，并渗透信息技术教育，有利于实现新课程标准提倡的学科融合。

二、 小学英语课外活动设计的原则

小学英语课外活动课程要求以符合小学生认识规律的活动为主，让小学生自己去探索、思考、运用，教师只起到组织和指导的作用。在设计小学英语课外活动的过程中，我们首先要做到以小学生的直接经验为主，要充分调动学生的多种感官，坚持形式多样化，贴近学生的现实生活，从变化的时空和活动的场景、内容、形式综合考虑活动的选择。因此，小学英语课外活动的设计要遵循以下的原则：

（一）基于国家和学校英语课程目标确定小学英语课外活动目标

国家英语学科的课程目标更多地体现英语课程内容对学生身心发展的全部预期，而小学英语课外活动是英语课程的一部分，与小学英语课堂教学相对应，是学校育人目标达成的重要载体。小学英语课外活动以学生的兴趣为出发点，强调课程内容的丰富性、学习方式的实践性和评价方式的多样性，其目标要与英语课程目标协调统一，共同服务于国家和学校整体课程目标。小学英语课外活动目标的设计要关注学生的全面发展，结合新课程标准发展学生核心素养的要求，基于学生特点和个性发展的需要，从学校的实际情况出发，制定出体现学校育人特色和小学英语课外活动特色的课程目标。

（二）实现小学英语课堂教学课程与课外活动课程的协同互补

小学英语课堂教学具有系统性、简约性、高效性等优势，但是也长期存在过分注重语言知识的传授和技能的发展，与儿童真实生活世界的关联性不够等问题，对小学生语言应用能力、实践能力和创新能力的培养不足。

小学英语课外活动以小学生的亲身实践和直接经验为中心，强调适应学生的个性化学习需求，强调语言学习与现实生活的联系，注重学生的全身心体验和动手实际操作，着重培养学生的兴趣、个性、实践和创新能力。

如果我们将小学英语课外活动课程和英语课堂教学活动有机结合，就能发挥两种课程的优势，实现两种课程的有效融合和协同互补。

（三）体现小学英语课外活动课程的趣味性、综合性和实践性

小学英语课外活动课程的内容可涉及十分广泛的领域，突出课程的趣味性、综合性和实践性特点。小学英语课外活动课程可以指向体验性学习、拓展类学习及探究型学习。其课程内容既可以是自然科学方面的，也可以是人文社会科学方面的。对学生而言，小学英语课外活动课程是一种不同于课堂教学课程的学习经历，这种经历整合认知领域、情感领域和动作技能领域等多方面的学习内容。它引导学生关注自我与社会和自然的融合，引导学生走出学校，走进社区和社会，对感兴趣的问题开展实践性学习和探究，关注日常生活现象，解决真实生活中的问题。

（四）强调学生的主体性和教师的主导性相统一，发挥学生的自主性

主导性和主体性分别指教师和学生在学科实践活动中的角色。教师要改变对小学英语课外活动过分控制的现象，充分调动学生参与课外活动的积极性，让每个学生都能够直接或者间接地参与到活动的设计与实施的过程中来。小学英语课外活动实施过程要发挥教师的主导作用和学生的主体作用，必须营造学生自由探讨、师生平等交流的宽松氛围，构建一种新型民主、和谐的师生关系。可见，创设轻松愉快的教学氛围，是小学英语课外活动实施过程中实现学生主体性地位的最好保障。

第四节

小学英语课程资源开发

随着信息技术的不断发展，小学英语教学设计，尤其是涉及教学媒体部分的设计，跟英语课程资源的开发有着越来越密切的关系。

一、小学英语课程资源的定义与类型

《义务教育英语课程标准（2022 年版）》提出了信息技术和英语教与学深度融

合的要求，鼓励教师根据信息化环境下英语学习的特点，合理利用并创新使用数字技术和在线教学平台，提供满足个性化需求的优质数字资源。因此，积极开发和合理利用课程资源成为义务教育英语课程实施的重要组成部分，也是我国新一轮义务教育英语课程教学改革的重点突破口之一。

（一）小学英语课程资源的定义

从广义上来说，小学英语课程资源可定义为小学英语课程设计、实施和评价整个过程中可资利用的一切人力、物力以及自然资源的总和，包括教材、教师、学生、家长以及学校、家庭和社区中所有有利于实现小学英语课程目标、促进教师专业成长和有助于学生个性全面发展的各种资源。

没有课程资源的保障，任何课程都难以得到有效的实施，教学目的和目标也难以实现。只有有效开发并利用课程资源，才能实施有效的教学改革，从而达成既定的小学英语课程目标。新的义务教育英语课程标准对英语课程资源的开发与利用提出了明确的要求和指导性意见，要求统筹各方力量，创设课程实施条件和环境，开发课程实施所需的资源，倡导要积极开发并合理利用校内外各种课程资源，特别是信息化课程资源，提高课程资源的有效性和利用率。

（二）小学英语课程资源的类型

小学英语教学的特点之一是要使学生尽可能多地从不同渠道接触、学习和使用多模态形式的英语语篇。因此，在小学英语教学中，除了合理有效地使用教科书以外，还应该积极利用其他课程资源。为了更好地把握小学英语课程资源的内涵，我们可以针对上述的定义对教学资源进行分类。

根据广义的课程资源定义，我们可以将小学英语课程资源分成以下四类：第一类，可以作为学习和教学内容的材料，如英语教材、教学挂图、录音录像资料、工具书、课外读物、报纸杂志、广播电视节目等；第二类，使学习和教学能够顺利进行的客观条件和设施，如教室、桌椅、音像设备、电脑、网络、图书馆等；第三类，有利于课程顺利实施的规章制度、教育教学理念、教学方法、学校文化等；第四类，有利于课程顺利实施的人力资源，如学生资源、教师资源和家长资源等。

另外，也有研究者认为英语课程资源的概念可以更加广泛，生活中英语课程资源无处不在。对于一些看不见、摸不着，不成体系的课程资源，我们可以统称为隐性课程资源。比如，体验性学习也是一种隐性课程资源：让学生亲手制作英语海报、英语学具、英语手抄报，结伴到各行各业中寻找英语素材，到社区中与外国人交流，参加英语夏令营，聘请外国人到学校做讲座，等等。

二、小学英语课程资源开发的原则

新的义务教育英语课程标准提出，在教材编写中要努力营造信息化教学环境，充分利用现代信息技术和现代教育技术手段丰富教学内容，基于互联网平台开发和利用丰富的、个性化的课程资源，为小学生搭建自主学习平台，拓展英语学习渠道，打造交互性、趣味性和多模态的学习资源，激发他们的学习兴趣，提高学习效率。因此，小学英语课程资源的开发与利用必须服务于新一轮的英语课程改革，满足课程实施的需要，体现教育教学改革的新理念。

（一）以信息化支撑小学英语课程资源的建设

随着新的义务教育英语课程标准的出台，今后新的小学英语教材的编写必然要有效利用信息技术，探索推动信息技术与英语教学的深度融合。新的小学英语教材肯定会以信息化教学改革来支撑，数字学习资源配套将成为常态，建立教师与教师、教师与学生、学生与学生之间相互学习和交流的数字化教学平台将成为国家政策要求。未来，数字化教学平台的出现不仅方便师生交流和展示学习成果，分享资源与经验，还会为教师提供丰富多样的数字教学资源，为他们开展智能化小学英语教学提供支持。

随着信息社会的发展和智能时代的到来，信息技术和人工智能不仅对人们的生活、学习和工作产生深刻的影响，而且也在推动教学模式和学习方式的快速转型。小学英语教师应该主动更新教学理念，积极用信息技术武装自己，主动更新知识结构，积极变革教学模式以适应未来教育的要求。每一位小学英语教师要努力做到既具备学科内容知识、教学法知识等实践性知识，还要具备技术知识，能够利用技术激活教学活力。

（二）以教育数字化转型促进小学英语教育教学模式的改革

随着云计算、人工智能与区块链等新一代数字技术的发展与应用，以数字驱动变革与发展已经成为世界性主题。为迎接数字技术带来的机遇与挑战，世界各国纷纷出台了一系列的数字化发展战略和计划，全方位推动教育领域的数字化变革。不少国家纷纷出台相关举措，如启动国家战略规划以完善数字化教学设备和资源，拟定数字化素养框架或将数字化素养培养纳入国家课程体系，通过教育和培训计划提升师生数字化素养等。可见，数字化是当前教育改革与发展的核心议题，教育数字化成为国际教育改革的重点和趋势。

教育数字化转型是指通过在教育生态系统中充分利用数字技术的优势促进教育的系统结构、功能、文化发生改革的过程，使教育系统具有更强的运行活力与更高的服务价值。信息技术的飞速发展已经使我们处于一个人人能学、时时可学、处处皆学的泛在教育时代。因此，我们要借助教育数字化转型的趋势，使得我国小学英语课程资源的开发与利用始终与课程改革协同发展。也就是说，小学英语课程资源的开发与利用不但要满足课程实施的需要，还要符合新的英语教学数字化转型的教育教学理念变革，促进小学英语教师大胆探索新的英语教育教学方法，为教师教学资源储备和教师自身专业发展服务。

（三）以课程资源的丰富性和多样性满足个性化和自主性英语学习需求

我国新一轮基础教育改革教育十分强调自主学习的重要性，小学英语教学也不例外。由于小学生在学习需求、学习风格、学习策略等方面的差异，单一的学习资源和学习渠道不仅不能满足学生的学习需求，而且不利于他们充分发挥自身的潜力。因此，开发和利用丰富多样的小学英语课程资源是实现学生自主学习的重要前提条件。

计算机和数字技术为学生个性化学习和自主学习创造了有利条件，提供了适应信息时代所需的新的学习模式。通过计算机和互联网，学生可以根据自己的需要选择学习内容和学习方式，使学生之间更有效地相互帮助，分享学习资源。小学英语教师要积极创造条件，使学生能够有效利用数字资源，进一步增强学习的真实性、开放性和实效性，满足学生个人的学习需求。

随着教育信息化未来向着数字化、智能化和智慧化的深化发展，以信息化支撑小学英语课程教学模式的创新必将到来，优化小学英语数字教育资源供给，以课程资源的丰富性和多样性满足小学生个性化和自主性英语学习需求，将会成为可能。

三、小学英语课程资源开发的路径与方法

综上所述，小学英语课程资源包括教材及有利于学生学习和教师教学的其他教学材料、支持系统和教学环境，如音像资料、直观教具和实物、多媒体软件、广播影视节目、数字学习资源、报刊，以及图书馆、学校教学设施和教学环境；还包括人的资源，如学生、教师和家长的生活经历、情感体验和知识结构等。

新的义务教育英语课程标准明确提出通过信息技术和英语教与学的深度融合，推动教育信息化背景下基础教育英语教学方式和学习方式的变革，同时鼓励教师根据信息化环境下英语学习的特点，充分发挥现代教育技术对英语课程教与学的支持与服务功能，合理利用并创新使用数字技术和在线教学平台，提供满足个性化需求的优质数字资源，探索依托信息技术开展因材施教和精准施教的路径。当前，信息技术的快速发展为网络化、数字化、个性化、终身化的教育体系构建创造了有利条件，现代教育技术在我国英语教学中的应用，为小学英语课程资源的开发提供了新

的思路和方法。

（一）突破教材的制约，优化小学英语数字课程资源的供给

教材是英语课程的核心资源，教师应深入分析教材，准确把握教材设计理念和内容，熟悉教材编排特点。教师要深入研读教材，在教学中根据学生的水平和教学要求，有效利用和开发教材资源，激发学生的学习兴趣，开阔学生的视野，拓展学生的思维。虽然教材在小学英语教学中发挥着巨大作用，但教学不能局限于教材。教师和学校还应当考虑选用或开发教材之外的优质教学资源，以补充教材的教学内容。

现代信息技术和人工智能背景下的英语教学模式和学习方式的变革，要求充分利用信息技术，大力开发英语数字教学资源，实现信息技术与英语课程教学的深度融合。在开发与利用英语课程资源的过程中，教师要敢于突破教材的制约，结合教学实际充分挖掘教材以外的资源。在开发素材性英语课程资源时，要注意选用具有正确育人导向的，真实、完整、多样的英语材料，如与小学英语教材单元主题情境相匹配的英语绘本、短剧、时文、动画等学习材料。同时，教师不能单纯从考试需要出发，只是紧盯应试资源的开发，应避免围绕教材过度开发练习题、检测题、导学案等教辅类学习材料。

（二）利用国家中小学智慧教育平台，大力开发小学英语课程资源

按照国家教育数字化战略行动的统一部署，为加快推进教育数字化转型，促进教育高质量发展，政府出资建立国家智慧教育公共服务平台，形成以国家智慧教育门户为核心的国家智慧教育平台体系。国家中小学智慧教育平台体系包括国家、省、市、县、学校五级的智慧教育平台，鼓励学校和教师加强智慧课堂、双师课堂、智慧作业、线上答疑、个性化学习、过程性评价、网络教研等多场景应用，全方位推进中小学智慧教育发展。

国家平台资源常态化应用将纳入我国中小学校教育教学日常管理，引导学校、教师和学生从实际需要出发，选择应用适合的资源作为教研、备课、教学的重要参考；建立资源应用跟踪考评和激励机制，引导教师积极学习、借鉴平台提供的优质资源改进教育教学，提高课堂教学质量。

国家中小学智慧教育平台的资源建设秉承“国家工程、质量至上”的宗旨，坚持系统谋划、精心设计、严格标准、强化审核，切实把好政治关，坚持科学性，注重规范化。课程教学资源主要依托教育水平高的地区、办学水平高的学校、教学水平高的教师和制作水平高的团队开发建设，每节课都经过教学设计、备课研究、课件创作、反复打磨等环节。其他资源坚持广泛遴选、好中选优，确保资源精品化、

专业化、体系化。目前该平台已部署建设覆盖中小学各教材版本、各学段、各学科的课程教学资源，同时面向各省份、各专业机构广泛征集遴选各类优质教育资源。因此，该平台将成为学校和教师开发小学英语教学资源的有力工具。

未来，国家中小学智慧教育平台将继续完善资源建设与迭代更新机制，不断汇聚各类优质教育资源。建设该平台是贯彻数字中国战略的重要行动，该平台也是实施国家教育数字化战略行动的技术基础。它将充分利用信息化手段，促进学校提高作业管理水平，探索差异化作业布置和个性化作业辅导；提高课后服务水平，增强课后服务的吸引力、有效性；提高课堂教学水平，积极创设沉浸式、实景式、体验式、互动式课堂；提高教育评价水平，充分利用平台应用过程性数据提升教育评价的精准性、有效性。充分利用国家中小学智慧教育平台，对加快缩小区域城乡校际之间的英语教育差距、创建以学习者为中心的英语教育新生态、推进基础教育高质量发展具有重要意义。

（三）积极开发小学英语校本课程资源

在小学英语教学中，除了合理、有效地使用教材外，教师还应该积极利用和开发学校的各种资源，为学生提供丰富、真实的学习语言和使用语言的机会。

为了提供丰富的课程资源，教师要引导学生尽可能通过不同渠道、以不同形式学习英语。英语教学中，在合理、有效使用教材的基础上，教师应积极利用和开发学校的各种资源，如图书馆、语言实验室、音像设备等教学设施，增强英语学习的真实性、鲜活性和实用性。教育行政部门和学校要尽可能创造条件，提供课外英语读物和视听资料，以及计算机、投影仪、电子白板等硬件设备；应尽可能创造条件设置视听室等，定时向学生开放，为学生自主学习创造条件。

学生资源蕴藏在每个学生的生活经历和学习体验之中，也隐藏在他们丰富的情感和活跃的思维之中。学生资源是课程资源的重要组成部分，教师应充分认识、利用和开发好学生资源，通过创设开放性的师生、生生互动的交流与分享平台，有效激活学生已有知识经验，激发他们的想象力和创造力，引导学生参与到课程资源的开发中，促进课程实施过程中的资源生成。教师也应引导每个学生建立和利用自己个性化的学习资源，积极鼓励和支持学生交流学习资源。例如，可以组织学生在班级和学校进行英语环境设计，包括建立班级图书角或图书柜，鼓励学生制作班级英语日志、英语墙报，创建英语广播站等；还可以尝试组织学生用英语开展网络交流和讨论，制作班级英语网页；等等。

总之，有效利用课程资源是有效实施小学英语课程的一个重要环节。小学课程资源的开发与利用要注意各种资源的有机整合和建立有效的课程资源管理体系，这样才能为小学英语课程改革提供有力的保障。

章后小结

1. 小学英语课堂教学设计是教师针对小学英语教学中的问题，根据小学生的特征、学习需求等教学背景分析，依据教学理论，运用系统方法对各种课程资源进行有机整合，设计小学英语教学目标、教学方法、教学过程、教学媒体和评价手段的教学准备过程。

2. 在小学英语的教学设计中，我们必须重视教师与学生、教师与教学内容、学生与教学内容三对基本矛盾复杂的镶嵌式的三体结构关系，才能真正实现新课程标准所提出的教师组织学生围绕真实情境和真实问题，以学生为主体、以素养发展为目标，践行知行合一、学思结合、用创为本的英语教学观和学习活动观。

3. 小学英语教学设计由学情分析、教学目标、教学方法、教学过程、教学媒体和教学评价等要素构成。

4. 小学英语教学设计的路径分为分析、设计、评价和修正四个阶段。

5. 小学英语教学设计的本质就是根据不同的教学内容、教学目标、学习者特征、教学条件等，选择恰当的教学方法，形成合理、科学的教学过程、教学策略、教学活动等，最终达成发展学生的语言能力、文化意识、思维品质和学习能力的学科教育目标，实现发展学生核心素养的基本目标。

6. 小学英语课外活动以小学生的亲身实践和直接经验作为课程内容的核心，以学生的兴趣和实际需求作为课程设计的根本依据。英语课外活动强调实践活动的内容要适应学生的个体差异，强调学习与实际生活的联系，注重学生的全身心体验和实际动手操作，着重培养学生的兴趣、个性和实践能力，可以弥补课堂教学课程的不足。

7. 小学英语课外活动课程设计要符合小学生认识规律，基于国家和学校英语课程目标确定教学目标，体现小学英语课外活动课程的趣味性、综合性和实践性，强调学生的主体性和教师的主导性相统一，发挥学生的自主性，实现小学英语课堂教学课程与课外活动课程的协同互补。

8. 小学英语课程资源是指小学英语课程设计、实施和评价过程中可资利用的一切人力、物力以及自然资源的总和，包括教材、教师、学生、家长以及学校、家庭和社区中所有有利于实现小学英语课程目标、促进教师专业成长和有助于学生个性全面发展的各种资源。

9. 小学英语课程资源的开发与利用必须服务于新一轮的英语课程改革，满足课程实施的需要，必须做到以信息化为支撑，以教育数字化转型为抓手，以课程资源的丰富性和多样性满足个性化和自主性英语学习需求为目标，体现教育教学改革的新理念。

10. 信息技术的快速发展为网络化、数字化、个性化、终身化的教育体系构建创造了有利条件，现代教育技术在我国基础英语教学中的应用，为小学英语课程资源的开发提供了新的思路和方法。

案例分析

PEP 小学英语三年级上册教学设计

Unit Two Colors Part A Let's Talk

新郑市实验小学教师 许林琳

1. 设计思路

通过听、说、玩、演、练、唱等实践活动，激发和培养学生的学习兴趣。

2. 教材分析

本单元主要学习几个有关颜色的单词以及怎样打招呼和如何介绍别人。本节课是这一单元的第二课时，主要教授跟别人打招呼说早上好的句子——Good morning. 以及介绍别人的句子：This is...。

3. 学情分析

三年级是英语学习的起始阶段和启蒙阶段。三年级的孩子活泼好动，积极乐观，好奇心强。对于三年级的学生，教师最主要的任务是激发他们学习英语的兴趣，树立自信心，教会他们一些简单的英语交际语言。

4. 学习目标

依据英语新课标要求、教材的内容特点以及学生已有的英语基础，本节课的教学目标是：

(1) 在PPT、头饰、手偶、录音的帮助下，95%的学生能够听、说、认读主句型"Good morning."和"This is Miss Green."，并能正确朗读对话，做到发音准确，语调自然。(主目标)

(2) 在教师所创设的情境的帮助下，90%的学生能够运用所学句型在实际生活中打招呼并介绍新朋友，做到发音清晰准确，语调达意。

5. 学习重点

本节课的教学重点是学生能够听说认读主句型：Good morning. This is Miss Green.

6. 学习难点

学生能够在教师所创设的情境中以及实际生活中运用所学句型。

7. 教学工具

PPT、头饰、手偶、录音机。

8. **教学方法**

(1) 教法设计：根据三年级学生的特点，通过歌曲、歌谣、游戏来激发学生学习英语的兴趣，帮助他们建立学习英语的自信心。除此之外，教师还要通过创设适当的情境，多给学生开口的实践机会，让学生在交流中理解，在交流中记忆，在交流中掌握。

(2) 学法指导：尽量把课堂还给学生，让生生之间、师生之间多进行交流。根据学生现有的认知水平，教师将引导学生通过观察、思考、玩玩、练练来实现本课的目标。

(3) 教学手段：根据本节课的内容特点，可采取直观教学与多媒体辅助教学相结合的手段。用图片、头饰等直观教具辅助，通过多媒体创设情境，有利于激发学生学习热情，活跃课堂气氛，提高教学效果。

9. **教学过程**

(略)

[问题讨论]

1. 该教学设计体现了哪些设计原则？是如何体现的？

2. 根据我国新的义务教育英语课程标准的教学要求，该教学设计还有哪些需要改进的地方？

[参考点评]

教学设计必须重视教师与学生、教师与教学内容、学生与教学内容三对基本矛盾，以学生为主体、以素养发展为目标，践行知行合一、学思结合、用创为本的英语教学观和学习活动观。要根据不同的教学内容、教学目标、学习者特征、教学条件等，选择恰当的教学方法，形成合理、科学的教学过程、教学策略、教学活动等，最终达成发展学生的语言能力、文化意识、思维品质和学习能力的学科教育目标，实现发展学生核心素养的基本目标。

思考与练习

1. 小学英语教学设计的基本要素有哪些？
2. 新的义务教育英语课程标准背景下如何实现小学英语教学设计的最优化？
3. 小学英语课外活动设计应遵循哪些原则？
4. 为什么我们必须以信息化来支撑小学英语教学资源的开发？
5. 如何开发利用小学英语校本教学资源？

主要参考文献

[1] 黄甫全，王本陆. 现代教学论学程：修订版 [M]. 北京：教育科学出版

社，2003.

［2］梅德明，王蔷. 义务教育英语课程标准（2022 年版）解读［M］. 北京：北京师范大学出版社，2022.

［3］鲁子问. 小学英语教学设计［M］. 上海：华东师范大学出版社，2018.

［4］李静纯. 小学英语故事教学［M］. 北京：外语教学与研究出版社，2013.

［5］陈冬花. 小学英语教学设计［M］. 北京：高等教育出版社，2015.

第五章 小学英语课堂教学的策略与技巧[①]

学习目标

1. 了解小学英语语音、词汇和语法等语言知识教学以及听说、读写技能教学的理论依据。

2. 了解《义务教育英语课程标准（2022 年版）》对一级、二级（分别对应三、四年级和五、六年级）的语音、词汇、语法知识，以及理解性技能（听与读）和表达性技能（说与写）的内容要求。

3. 熟悉小学英语语音、词汇、语法教学以及听说、读写教学策略与技巧的综合运用。

4. 掌握小学英语语音、词汇、语法教学以及听说、读写教学的目标设置、内容选择、过程设计与评价实施等方面的策略与技巧。

第一节 小学英语语言知识教学的策略与技巧

《义务教育英语课程标准（2022 年版）》指出，英语课程要培养的学生核心素养包括语言能力、文化意识、思维品质和学习能力等方面。语言能力指运用语言和非语言知识以及各种策略，参与特定情境下相关主题的语言活动时表现出来的语言理解和表达能力。语言知识包括语音、词汇、语法、语篇和语用知识，是发展语言技能的重要基础。在英语学习启蒙阶段的小学，有必要探讨语言知识各要素的教学策略与技巧。

鉴于小学英语教学中相对独立且显性的主要是指语音、词汇和语法方面的知识，本节将集中阐述语音、词汇和语法教学过程的策略与技巧，而对语篇与语用的教学阐述则融合到后两节关于听说、读写的教学中。

---

① 第五章至第七章内容系广州市教育科学规划 2022 年度教育科研创新团队项目“基于模块整体教学的小学英语阅读课程建设与实施”（立项编号：202213916）的研究成果。

一、语音教学的策略与技巧

小学阶段的语音教学以《义务教育英语课程标准（2022 年版）》为依据，突出学段学习重点，遵循语音学习规律，关注学生认知特征，在语音教学目标设计、教学内容选择、教学方法运用与教学过程设计等方面，有以下策略与技巧。

（一）设置教学目标的策略与技巧

英语的语音包括元音、辅音、重音、意群、语调与节奏等，在不同阶段有不同的教学侧重点。根据新课程标准对一级（对应三、四年级）与二级（对应五、六年级）关于语音教学的内容要求，我们以三年级为英语学习起点，确定各年级的语音教学目标（见表 5 – 1），供广大教师参考。

表 5 – 1　小学英语语音教学目标

级别	内容要求	分解年级语音教学目标（以三年级为起点）
一级	识别并读出 26 个大、小写字母； 感知字母在单词中的发音； 感知简单的拼读规则，尝试借助拼读规则拼读单词； 感知并模仿说英语，体会单词的重音和句子的升调与降调	• 三年级上学期： 能初步听辨单词中的音素（包括首音、尾音、中间音等）。 能识别 26 个大、小写字母，并读出其字母名。 能吟唱字母音韵律诗：A for apple，/æ/，/æ/，/æ/. B for boy，/b/，/b/，/b/... 能说出 26 个字母的字母音。 能模仿说简单的英语。 • 三年级下学期： 能识别并熟练地说出 26 个字母的字母音。 学习短元音的音形对应规则，能拼读单辅音与五个元音字母的短音，即 CVC 格式的单词，例如 map、bed、pig、dog、nut 等，能初步切分、整合或替换单词的音素。 能模仿朗读句子，知道单词有重音、句子有升调与降调之分。 • 四年级上学期： 学习长元音的音形对应规则，能拼读单辅音与 5 个元音字母的长音，即含有“magic e”的单词，例如 make、bike、nose、mute 等，能切分、整合或替换单词的音素。 学习辅音字母组合的音形对应规则，例如 bl、pl、br、pr、ch、sh、th、nd、nk 等，能拼读辅音字母组合与 5 个元音字母的长、短音。 能模仿朗读或说英语，体会单词的重音和句子的升调与降调。 • 四年级下学期： 学习 r 控制的元音字母组合的音形对应规则，例如 ar、ir、er、or、ur 等，能拼读含有 r 控制元音字母组合的单音节单词。 能熟练且快速拼读含有所学音形对应规则的字母或字母组合的单音节单词。 能模仿朗读或说英语，初步读准、说准单词的重音和句子的升调与降调

续上表

级别	内容要求	分解年级语音教学目标（以三年级为起点）
二级	借助拼读规则拼读单词； 使用正确的语音、语调朗读学过的对话和短文； 借助句子中单词的重读表达自己的态度与情感； 感知并模仿说英语，体会意群、语调与节奏； 在口头表达中做到语音基本正确，语调自然、流畅	• 五年级上学期： 学习其他常见元音字母组合的音形对应规则，包括多种字母组合发相同的音（如 ee、ea，ai、ay、ey，ou、ow，oi、oy 等）和一种字母组合发两个或多个音（如 oo、ou、ow 等），能拼读含有上述元音字母组合的单音节单词。 知道双音节词或多音节词中有重读音节和非重读音节，能区分音节。 学习非重读音节元音（schwa）的音形对应规则，如 salad、pencil 等，能初步拼读出双音节单词。 能用基本正确的语音、语调朗读学过的对话和短文。 • 五年级下学期： 能借助拼读规则拼读符合发音规律的单词。 能使用比较正确的语音、语调朗读学过的对话和短文，能结合语义比较到位地读出句子中的重读单词。 能关注意群、停顿与节奏。 • 六年级上学期： 能借助拼读规则拼读符合发音规律的单词，听到符合发音规律的单词，能尝试拼写出来。 能使用正确的语音、语调朗读学过的对话和短文，能结合语义读出句子中的重读单词。 能判断句子中的意群，朗读和说英语时能适当停顿，节奏把握较到位。 • 六年级上学期： 借助拼读规则基本上能见词读音和听音写词。 能使用正确的语音、语调朗读学过的对话和短文，停顿适当，节奏到位。 借助句子中单词的重读表达自己的态度与情感。 在口头表达中做到语音基本正确，语调自然、流畅

上述年级教学目标仅供教师参考，若教材有语音板块，亦可根据教材语音教学内容推进语音教学。

当然，在具体的教学进程中，须根据实际情况确定并分解教学目标。例如，一、二年级开设了英语课程的学校，可加强儿歌、韵律诗的视听输入（俗称磨耳朵），同时三年级字母名、字母音的学习可整体或部分前移至二年级。为避免与汉语拼音互为干扰，建议一年级暂不学习字母名和字母音。再比如，要将学年的语音教学目标分解到各单元教学中，做到集中学习与分散学习相结合。一个单元中，可安排一节长课（40 分钟）或短课（20 分钟）作为语音课，集中学习字母名、字母音或自然拼读知识，组织学生进行认读、拼读练习。同时，每节课都是分散学习语音的机会，要引导、鼓励学生关注和感知语音，逐步习得正确的语音语调，适时学习意群、停顿、连读与节奏等语音知识。

（二）组织教学内容的策略与技巧

受版面限制，当前小学英语教材中的语音板块往往无法满足学生的语音学习需要，这就要求教师开阔视野，适时补充经典、地道且富有趣味性的视听素材性课程资源，如童谣、小诗、歌曲、绕口令、故事等视频、音频材料。

需要注意的是，教学内容要为教学目标服务。教师要根据学段或课时语音教学目标，选择和确定课程补充资源的内容与形式，让内容服务于目标。童谣和小诗具有押韵、节奏感强和结构重复等特点，朗朗上口，学生可边听边打节拍，听多了还可边朗诵。在学生学习字母名与字母音之前，可选用歌谣让学生反复听，等正式学习时，自然就能轻松上口了。

为进一步提升学生的音素意识，教师可补充选用经国内权威出版社引进或改编的经典儿歌、童谣或绘本故事等视频音频素材，例如自然拼读经典动画片 *Alpha blocks*（“积木字母”）等。学生学习自然拼读的同时，要及时阅读专门针对目标字母与字母组合的形（grapheme）与音（phoneme）的解码绘本，用以巩固学生的拼读能力以及对音形对应规则的应用。

（三）设计教学过程的策略与技巧

1. 启蒙阶段注重泛听，提升学生音素意识

学生音素意识的形成起源于启蒙阶段，主要通过大量的视听儿歌、小诗、韵律诗、故事、卡通等渠道获得，也就是俗称的“磨耳朵”。“磨耳朵”在正式学习自然拼读前或学习自然拼读期间进行，遵循“高频次、短时间”的原则，建议学生每天都有机会听英语或看英语，可利用早上刷牙、晚上洗澡、坐车上学等碎片时间“磨耳朵”。

2. 系统教学自然拼读，提高学生拼读能力

目前小学英语教材的语音板块内容偏少且分散，时间跨度大，音形对应规则学习较为零散，学生难以形成全面的拼读能力，且往往伴随着阅读障碍与词汇学习困难等问题。因此，建议教师系统地开展自然拼读教学，引导学生关注字母音形的联系，并系统学习音形的对应规则，这样才能帮助学生逐渐建立起拼读、见词读音和听音写词的能力。

3. 精听模仿朗读课文，促进学生形成语感

教师应将隐性学习与显性学习相结合，帮助学生感知并模仿说英语，体会单词的重音、句子的意群、语调与节奏。在语音教学中，教师既要关注学生以有意注意为主的分析性与模仿性学习（显性学习），更要关注以无意注意为主，以多听多感知为特征的隐性学习，做到“精听标记”与模仿训练相结合。学生在听课文时，可边听边标记单词的重音、句子的意群与语调，例如：'After 'breakfast ↗/ 'Mrs Chen usually 'goes to the 'market / with 'Mr Chen. ↘标记之后模仿朗读时学生要有意识地把重音、意群停顿与升降调读出来。精听标记与模仿训练并非若干次即能见成效，而是需要长期的坚持才能形成良好的语感。

4. 重示范与适度纠错，促使学生准确发音

教师的示范对促使学生准确发音起到举足轻重的作用。除课堂教学目标语言以外，教师的课堂组织语言、指令语言、师生沟通语言都要注意发音准确，示范清晰。对于学生的发音错误，若能达意的话，教师不能有错必纠，否则会打击学生的自信心。对于学生某些明显的发音错误，当他们讲完后，教师无须指出其发音是错误的，而是把正确的重复一次即可。对学生当中比较普遍的共性发音错误，要考虑是否受乡音或其他因素影响，有必要组织专门的示范与操练活动正音。

5. 突显语音语义关系，发展学生交流能力

语音和语义密不可分，语言依靠语音实现其社会交际功能。语音的学习，往往是伴随着词汇、句子与语篇学习进行的。教学过程中，教师应尽量减少无意义的机械训练，哪怕是练习单词拼读，也要图文结合，让学生在认读单词音形的同时，也能关注到词汇的意义。

二、词汇教学的策略与技巧

词汇指语言中所有单词和固定短语的总和，是语言知识的重点内容。若教与学不得法，学生仅依赖机械记忆的方式去学习，词汇就会成为学生语言学习的难点与障碍。因此，我们必须根据儿童学习语言的规律特点去探讨如何设计教学目标、组织教学内容和设计教学过程。

（一）设置教学目标的策略与技巧

1. 基本目标与课型针对性目标

词汇教学的基本目标，需考虑“音、形、义、用”四个要素（见图5－1）。其中，“音”是指能正确读和说出单词或词组；“形”指能拼写单词或词组，知道其词形变化，如复数、过去式等；“义”指能在语境中知道单词或词组的意思；“用”指能了解一定的构词法知识，了解单词的近义词、反义词及固定搭配等，知道单词的

语法规则，在语篇中能通过听、说、读、看、写等活动，理解和表达与各种主题相关的信息和观点。

词汇教学需要解决词汇的“音、形、义”三者互相对应的关系，即“形—音”（见词读音）、“义—音”（看图说词）、“义—形”（看图配词）、“形—义”（看词配图）、“音—形”（听音写词）、“音—义”（听音选图），当学生能熟练转换“音形义”时，词汇学习就指向基于情境与语篇的“用”了。因而，词汇教学不是孤立的，它必须跟语法、句型、语篇等知识相互依存。

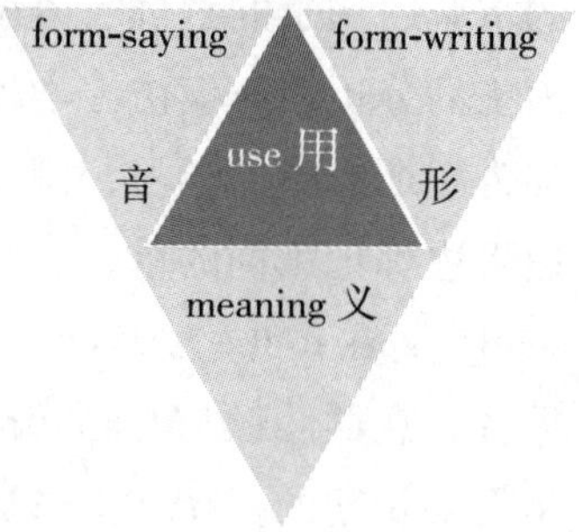

图 5－1　词汇四要素“音、形、义、用”

词汇学习需要经过感知、理解、记忆与运用的过程，很难呈现一次即完全掌握。在单元（模块）整体教学设计的理念下，学生在教师的引领下，在不同的课时和课型中进行着不同层次的词汇学习。单元整体教学设计往往包括词汇课、听说课和读写课等不同课型，教师应针对性地确定不同课型的词汇教学目标。

对于词汇课，词汇教学是其主要目标，可以表述为：（1）能理解新词词义，读准单词或词组，尝试拼写单词或词组；（2）能听、说、读（写）含有该词（词组）的句子；（3）在简单情境中，能初步用相关单词（词组）进行对话（2 ～ 5 个话轮）或连贯表达（2 ～ 5 个句子）。

对于听说课，词汇教学并非重点，因此词汇教学的目标可以表述为：（1）能听懂语篇中新词（词组）的意思；（2）能在说的活动中尝试运用相关单词（词组）。

同样，读写课中的词汇教学目标可确定为：（1）能读懂语篇中新词（词组）的意思；（2）能在写的活动中尝试运用相关单词（词组）。

2. 分层分类设置词汇教学目标

不同学段（年级）对词汇学习有不同的要求，根据《义务教育英语课程标准（2022 年版）》，小学阶段能初步运用 500 个左右单词（二级词汇），接触并学习三级词汇和相关主题范围内 100 ～ 300 个单词，可以理解为 500 个左右的单词属于理解性和表达性词汇，另加的 100 ～ 300 个单词为理解性词汇。

一级（三、四年级）的词汇学习要求符合学生的思维发展特征，强调借助图片、实物、动画、动作、声音等直观手段学习词汇的音、形、义，并体会词汇在语境中表达的意思。二级（五、六年级）的词汇学习更强调在语境中理解、运用与积累词汇，并学习一定数量的习惯用语或固定搭配。

设置词汇教学目标既要考虑“音形义用”四要素的完整性，又要考虑学生学段要求的阶段性、单元整体教学的过程性以及不同类型词汇的独特性。教学目标的设置要多考虑学生的实际水平，不断加大重现率，激活旧词汇。

（二）组织教学内容的策略与技巧

1. 主题引领，适度拓展，立足语用需要

新课程标准提出，教学内容的组织应以主题为引领，以不同类型的语篇为依托，以单元的形式呈现。小学阶段的词汇以与单元主题相吻合的实义词为主，同一单元会出现若干个同主题的词（词组）。课堂教学应立足于教材，把这些主题词作为教学重点。在相应语境中，为满足表达的需要，教师可适当补充一些教材内没出现过的同主题词汇。

2. 对比课标词汇，强化高频词认读训练

新课程标准的二级词汇有约500个，这些词汇覆盖了小学阶段主题相关的实义词，其中包含了165个视觉词。视觉词是一些没有实际意思的功能词，但是能认读视觉词对学生在启蒙阶段的流利阅读起到至关重要的作用。这些词在儿童读物里出现的频率很高，若学生能认读出来，可有效促进其早期阅读。教师可结合实际教学进度与内容，每节课教授若干个视觉词，然后让学生制作成卡片，利用课余时间用游戏的方式强化认读。其中，对于符合发音规律的视觉词，可鼓励学生运用自然拼读法拼读出来。当然，为避免纯机械的训练，教师可用这些视觉词组成有意义的词组或句子并配图帮助学生认读。

3. 重视词块，语篇依托，突显语境关联

词块（chunk）是指相对稳定的词组。为减轻学生记忆负担与提升语言表达的准确性及连贯性，教学过程中要重视词块的整体学习，不切分相对固定的词块，例如 do the long jump、sing a song、do some reading 等。

在组织词汇教学内容时，要遵循词不离句、句不离篇的原则，让学生在句子中感受语义，把语篇关联语境，这样更能真实地体验词汇的用法，在遇到类似的情景时，即能迁移运用。

4. 重组内容，集中学习，形成知识结构

教材中的词汇表往往是按单词在教材中出现的先后顺序排列，同主题的词汇比较分散。在实际教学过程中，教师可以按主题或类别适当重组一下教学内容，指导学生构建词网，有利于学生形成知识结构。

以教科版小学英语四年级上册 Module 5 Clothes 为例，词汇表共有13个表示衣物的单词（词组）分散在两个单元中（见图5－2）。教师在进行模块整体设计时，可把这13个词集中于第一课时词汇课中学习，并以词组的形式出现，让学生对与之相搭配的冠词有整体的认识。在构建词网时，还可挖掘出词汇中具有共性的元素，例如同样含有 ir 的单词有 skirt、shirt、T-shirt，需以 a pair of 表示数量的有 socks、shoes、shorts、jeans、trousers 等（见图5－3）。这样学生就能发现词汇间的联系或规律，有利于提升他们的学习能力、观察与分析能力等思维品质。

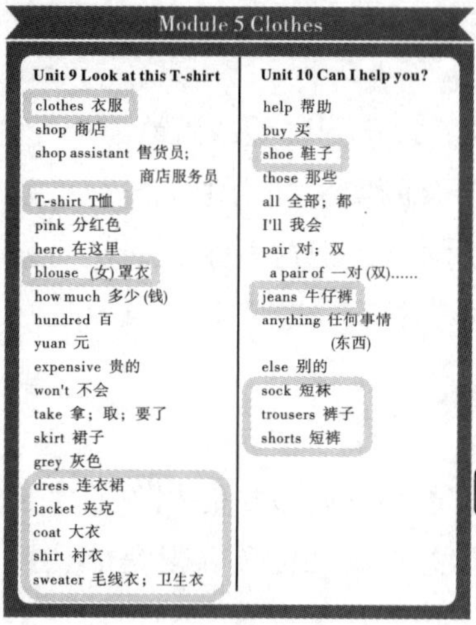
Module 5 Clothes

Unit 9 Look at this T-shirt
clothes 衣服
shop 商店
shop assistant 售货员；商店服务员
T-shirt T恤
pink 分红色
here 在这里
blouse （女）罩衣
how much 多少（钱）
hundred 百
yuan 元
expensive 贵的
won't 不会
take 拿；取；要了
skirt 裙子
grey 灰色
dress 连衣裙
jacket 夹克
coat 大衣
shirt 衬衣
sweater 毛线衣；卫生衣

Unit 10 Can I help you?
help 帮助
buy 买
shoe 鞋子
those 那些
all 全部；都
I'll 我会
pair 对；双
a pair of 一对（双）……
jeans 牛仔裤
anything 任何事情（东西）
else 别的
sock 短袜
trousers 裤子
shorts 短裤

图 5－2　Module 5 词汇表

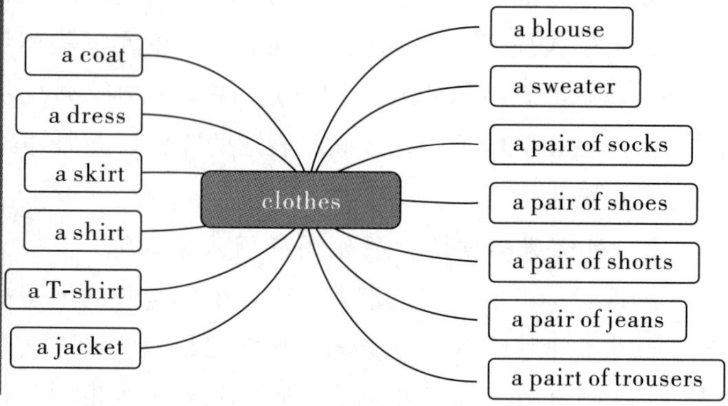

图 5－3　有关 clothes 的词网

5．分散遇见，滚动复现，遵循学伴用随原则

学伴用随原则也被称为“学相伴，用相随”，由王初明教授提出，强调外语学习过程中相关变量之间的关联与整合，进而为启动语言使用创造条件。这里提到的相关变量指的是：交际意图、互动协同、语境相伴、理解与产出相结合。词汇学习过一次后，学生大多只是对音形义有感性的认识，还需要在不同语境中进一步体验、理解、互动与输出语言。

对于一个模块（单元）的重点词汇，宜采用“分散遇见，滚动复现，突出学伴用随”策略，即在词汇课集中学习之后，设计多个课时，用不同的语篇载体，滚动复现词汇，让学生体验词汇在不同语境中的用法，再以五维语言技能（听说读写看）去理解词汇和运用词汇表达，边学边用，在不知不觉中学得与习得词汇。

（三）设计教学过程的策略与技巧

1．创设情境，趣味练习，激发学习动机

语言存在于特定的情境中，需要学生在情境中体验语言的意义与用法，以及在情境中运用语言。情境创设是词汇教学的起点，情境可分为生活情境、游戏情境、学习情境与问题情境。

生活情境指的是主题内容与所学词汇与真实生活有紧密联系，可以在课堂上创设模拟生活的情境让学生体验与运用语言。

游戏情境指的是教师设计一些具有信息差（information gap）或学生能互动参与游戏的活动，让学生通过游戏去理解与运用词汇。

学习情境指的是教师开门见山地提出一个学习任务，然后带着学生共同探究学习。

问题情境指的是给学生创设一个需要学生去解决的生活问题，在解决问题的过程中不知不觉学习词汇。

词汇学习过程中，如果情境与学生生活实际贴近，且能在玩中学、游唱中学，就能很好地激发学生的学习动机与兴趣。为帮助学生内化新单词的“音形义”，可组织有趣好玩的游戏活动，让学生在玩中学、做中学。除游戏以外，教师还可以把目标词汇编成小诗，让学生吟诵，从而促进语言内化与增加学习兴趣。

2. 见词读音、听音写词，提升学习能力

词汇教学与前面提到的自然拼读密切相关，若学生自然拼读学得扎实，词汇学习会起到事半功倍的效果。一方面，学生可借助旧单词，根据音形对应规则拼读新单词。另一方面，学生一听到单词的读音，就能根据音形联系进行单词的拼写，轻松高效，无须机械记忆，提升学生的学习能力与效率。更多具体策略与技巧详见语音教学中的自然拼读部分。

3. 观察对比、总结规律，促进语言内化

语言当中蕴含着很多规律性的表达，小学中年段学生从具体形象思维逐步过渡到抽象逻辑思维，具有一定的观察与分析能力。所以在词汇教学过程中，需引导学生观察、对比语言现象，分析、总结语言规律。

词汇的规律可从“音、形、义、用”四个方面去发现。音方面，主要是总结同形字母或字母组合的发音规律；形方面，主要是找出词型的变化规律，把有规律的词汇摆在一起引导学生观察、分析与总结；义方面，主要是对意思进行分类整理，让学生充分理解词义并做适当分类，从而更深层地加工词义；用方面，更多是涉及词法、语法，例如，在学习名词复数时，教师可分类列出单词，让学生总结名词复数词型变化规律。

4. 任务驱动，突出语用，发展交际能力

在语言输出阶段，学生通过说和写的形式产出语言，在真实或模拟真实的情境中运用语言去做任务。英国语言学家威利斯（Jane Willis）把任务分成六种类型——listing、ordering and sorting、comparing、problem solving、sharing personal experience、creative tasks。主要通过应用词汇去完成的任务多为较为低阶的前三种，即listing、ordering and sorting、comparing，以下将以三个例子介绍如何利用某一主题的词汇组织真实的任务。

当学生学习 clothes 词汇时，教师可设计 listing 的任务：你和朋友计划开一家时装店，请小组讨论一下，你们计划要在商店里陈列什么商品呢？请用海报以图文结合的形式陈列出来。教师再提供一两个例子，如 a red sweater、two pairs of blue jeans 等。学生小组合作完成海报后，在班上做陈述介绍。各组进行陈述时，其他学生认真倾听，找出与自己小组有相同商品的小组。

当学生学习 months & festivals 词汇时，教师可设计 ordering and sorting 的任务：一个台历（共 12 张）散架了，请学生帮忙按月份的顺序重新整理台历。整理好之后，研究每个月有哪些节日，把教师提供的节日标签贴到相应的月份页中去，然后再介绍一年中各个月份的节日。

当学生学习 animals 主题时，教师可设计 comparing 的任务让学生综合复习与运用与动物相关的词汇：小组讨论某两种动物（如熊猫与孩子）的外形、居住的环境、爱吃的食物、生活习性等，列表写出关键词，然后去比较这两种动物的异同点，再结合图表，口头陈述介绍。

上面三个案例均为侧重词汇的真实语用任务，具有情境真实性、语言针对性、活动层次性、任务交际性、完成合作性、成果外显性等特点。

三、语法教学的策略与技巧

英语语法知识包括词法知识和句法知识。词法关注词的形态变化，如名词的数、格，动词的时、态（体）等；句法关注句子结构，如句子的种类、成分、语序等。词法和句法之间的关系非常紧密。在语言使用中，语法知识是“形式—意义—使用”的统一体，与语音、词汇、语篇和语用知识紧密相连，直接影响语言理解与表达的准确性和得体性。下面将从教学内容组织、教学目标设置、教学过程设计三方面去探讨具体的策略与技巧。

（一）组织教学内容的策略与技巧

1. 关注三维语法图，诠释语法教学内涵

语法包括意义（meaning）、形式（form）和用法（use）三个维度（见图 5－4）。其中，形式是指语法结构是怎样构成的；意义是指语法形式的表意功能，指向语言的准确性；用法是指某个语法形式在什么情况下使用。英语教师只有理解语法的三维内涵，才能帮助学生学会用语法进行正确、得体与到位的表达。

2. 对照新课程标准要求，把握小学语法内容

《义务教育英语课程标准（2022 年版）》对小学阶段的语法内容进行了详细规定，强调“在语境中感知、体会、理解与运用所学语法知识”。

小学阶段重点语法项目包括：（1）简单句的基本句型（主谓、主谓宾、主系表、存现句 There be... 等）以及句子的种类（包括陈述句、疑问句、祈使句和感叹句）；（2）四种时态：一般现在时，现在进行时，一般过去时和一般将来时；（3）表示时间、地点和位置的常用介词；（4）名词：可数名词及其单复数、不可数名词、专有名词和名词所有格；（5）代词、形容词、系动词、助动词、情态动词、基数词与序数词、连词、冠词等。

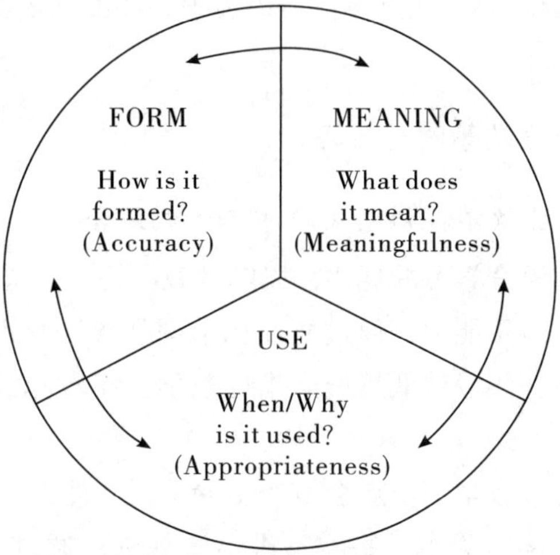

图 5-4　三维语法图

小学阶段与初中阶段的语法学习内容没有绝对的界限，除教材单元重点学习的语法内容外，学生亦可从视听、阅读的角度接触不同的有表达需要的语法内容。对此，程晓堂教授指出，英语语法系统非常庞大，义务教育阶段的学生既不需要也不可能完全掌握英语语法系统，所以对于单元的语法重点项目，无需进行过于详细和系统的讲解，更不要节外生枝地拓展和提高。

（二）设置教学目标的策略与技巧

一般意义上的语法教学目标为三维目标，即“意义（meaning）—形式（form）—使用（use）”。其中，“意义”指的是：（1）能在语境、语篇中理解语言形式的表意功能；（2）能在具体语境中理解常见语法项目的意义。“形式”指的是：（1）能在语境、语篇中感知和识别语言形式的基本结构；（2）能尝试总结并识记基本的语法规则。“使用”指的是能在语境中运用语法知识进行表达与交流，语法运用正确、得体。

在单元（模块）整体教学中，语法学习分散于词汇课、听说课和读写课等课型中，或在语法课中进行系统学习。不同课型对语法教学有不同的目标要求：

词汇课：能在情境、语境中体验词组与句子意思和语法功能（meaning）；感知其结构（form）；在具体情境语境中能初步运用核心词句表达（use）。

听说课：能在情境、语境、语篇中理解语法意思和体验语法功能（meaning）；识别语法形式的结构（form）；在具体情境语境中，能运用语法项目口头表达与交流（use）。

语法课：能在情境、语境、语篇中理解语法意思和表意功能（meaning）；能观察总结语法规律，能利用规律发现语法错误（form）；在具体情境语境中，能较准确地运用语法项目进行口头与书面表达、交流（use）。

读写课：能在情境、语境、语篇中准确理解语法意思和表意功能（meaning）；

能识记所学语法规律（form）；在具体情境语境中，能准确运用语法项目进行口头与书面表达、交流（use）。

（三）设计教学过程的策略与技巧

1. 隐性教学与显性教学、归纳法与演绎法相结合

语法教学必须遵循语言学习的规律，以隐性教学为主，适当采用显性教学方式，通过隐性教学培养语言运用能力，通过显性教学增强语法意识。根据学生的年龄认知特点，在实际教学中，年段越低越偏向隐性教学，年段越高显性教学的比重可逐步增加。

小学不同年段的语法教学侧重点会有所不同。低年段（一、二年级）强调在情境语境中体验，以隐性学习为主，基本不讲语法规则；通过大量的语言实践活动，学生逐步形成语感，强调语言的流利性。中年段（三、四年级）强调在情境语境中体验理解，以隐性学习为主，辅以显性学习；通过大量语言实践活动，学生初步形成语法意识，兼顾语言的流利性与准确性。高年段（五、六年级）强调在情境语境中体验理解，隐性学习与显性学习相结合；通过大量语言实践活动，学生进一步增强语法意识，语言的流利性与准确性并重。

语法教学应采用归纳法与演绎法相结合的方法。归纳法即教师首先通过在特定的语境中，以视听或阅读的方式呈现某一语法项目的多个句子或语篇，让学生有大量的语言体验；然后引导学生观察语言现象，通过对比分析，总结出语言意思、形式或用法方面的共同点；再总结出语法规则。演绎法则是教师先直接讲授语法规则；然后根据规则呈现例句，让学生通过例句验证规则；再进行语法练习活动。演绎法的优点是省时直接，缺点是学生被动接受、体验不足。两种方法适用于不同风格的学习，无所谓谁优谁劣。对于思维方式偏向形象直观的学生来说，更适合用归纳法；对于思维方式偏向抽象理性的学生，更适合用演绎法。低、中年段学生以归纳法为主；高年段学生可归纳法、演绎法相结合，亦可先归纳再演绎。

2. 语篇依托，理解表意功能和感知语法形式

语篇承载着表达主题的语言知识和文化知识的任务，为学生提供多样化的文体素材；语言知识（包括词汇、语法等）为语篇的构成和意义的表达提供语言要素。语法隐藏在语篇当中，语篇中语法无处不在，这种存在不仅仅是形式上的，更体现了在具体语境中的语言运用。因而，在进行语法教学的过程中，无论在输入、内化还是输出阶段，建议都以语篇为依托，这样能让学生更好地在情境与语境中感知语法的形式与理解其表意功能。

3. 观察分析，总结语法规则和丰富练习形式

仅靠大量输入和隐性学习不足以帮助学生掌握语法项目。学生体验和感知语言

意义和语言现象后，需要有意识地观察对比，分析并总结语法规律，才能让语言学习更高效和更精准。

促进语法内化的游戏活动形式有多种，游戏自身无好坏之分，教师必须根据教学目标、教学内容的性质和特点等，合理选择游戏活动的形式，并根据课堂和学生的实际情况，综合运用多种游戏活动，创设良好的学习氛围，提高语法学习的效率。以下列举一些可采用的语法练习形式，供教师在语法教学过程中参考。

（1）读故事。读那些含有重点语法且结构重复的故事，有利于学生进一步体验语法，交流或复述故事能促进学生内化语法知识。

（2）编小诗（歌曲）。替换词汇用相同的语法结构，仿照例子创编小诗或歌曲。

（3）玩游戏。棋盘游戏（board game）、扔骰子游戏（dice game）、卡片游戏（card game）、猜测游戏（guessing game）等都是语法练习中经常用到的游戏，寓枯燥的语法学习于有趣的游戏中，有利于激发学生的学习兴趣。

（4）开盲盒。在盒子里随机抽取一个或若干单词，然后用这些单词造句并做出相应动作。

（5）连句子。根据教师提供的若干单词，学生尽快连成一个句子，组内合作，组间比正确率和比速度。这项活动更适宜训练的是句型的结构。

（6）考眼力。阅读一篇有语法错误的语篇，找出错误并一一改正，改得又多又快的同学胜出。

4. 创设情境，设计任务，让学生迁移、运用语法

语法教学的目标不在于教给学生多少语法知识，而是强调要让学生懂得正确地使用语言。在语法课堂上，教师的重要任务之一就是创设情境，设计任务，帮助学生通过说和写的形式产出语言，在真实或模拟真实的情境中运用语言。

英国语言学家威利斯在他的研究中，提出了列举（listing）、排序及分类（ordering and sorting）、比较（comparing）、问题解决（problem solving）、个人经验分享（sharing personal experience）和创新性任务（creative tasks）等六种不同类型的语言运用任务。在教学中，教师通常采取后四种任务类型（比较、问题解决、个人经验分享和创新性任务）去设计语法任务，帮助学生在情境中学习运用语法，运用语言。为便于理解，以下将以四个例子介绍如何利用某一语法项目组织真实的任务。

学习介绍物品方位介词时，教师可设计“比较”的任务：出示两幅房间的图片，两个房间里物品基本相同，但是所放置的位置部分相同，部分不同；然后让学生观察对比，找出图片中的异同点。

学习情态动词和祈使句时，教师可结合话题设计“问题解决”的任务。例如，关于 Safety 的话题，先让学生观看一段视频，视频中某小朋友的交通安全意识淡薄，做出冲红灯、不在斑马线上过马路、乘坐小汽车时把头和手伸出车外、在马路上踢

足球等危险行为。看完视频后，教师让学生用“You should / shouldn't...” “You mustn't...”“Don't...”等句子对视频中的小朋友进行安全教育。

学习过去式时，教师可设计“经验分享”的任务：让学生找一些自己和家庭的老照片，介绍自己小时候的外形、性格、兴趣爱好等；同时介绍家庭的变化，包括人的变化、居住环境与生活方式的变化。

学习一般将来时，教师可设计“创新性”的任务：想象自己 20 年后的生活，以图文的形式呈现出来，然后在小组内或全班面前展示出来。再如，当学习完用现在进行时描述公园里的活动场景后，可想象一下在太空某星球上，外星人正在做什么娱乐活动，以图文的形式呈现出来，然后在小组内或全班面前展示出来。

5. 遵循规律，辩证看待和适时纠正语法错误

语言学习过程中，犯错误是无可避免的，因而教师不必在语言正确性方面太过苛求，只需通过提升学生的语法意识，尽量减少语法错误。

教师需要遵循语言规律，辩证看待和适时纠正语法错误，口语与书面语因其交际形式不同，对语言的准确性和流畅性的要求也应有所不同。具体而言，口语表达除语言本身外，还有表情、动作、语气等辅助传递意思，因而只达意即可达到交际的需求。当学生还没很好地建立语法意识或对语法知识内化仍不足时，出现口头错误是很普遍的事情。此时教师若过于注重语言的准确性，一味去纠错，势必影响学生表达的流畅性，甚至会令学生信心受损，产生焦虑。因此，口语教学中，我们应该鼓励学生大胆表达，不要害怕出现语法错误；对于学生反复出现的错误，教师用正确的语言重复一次即可。程晓堂教授指出，就书面表达而言，首先关注的是学生思想和观点的表达，其次是结构和取材的合理性，最后才是语法和拼写的准确性。因而，对英语书面表达的评分标准亦可做相应调整，对语法错误、拼写错误尽量少扣分或不扣分。为减少学生的语法错误，教师在教学中应尽量加大含目标语法的语篇输入，在阅读过程中多关注语法的形式，让学生在不知不觉中形成语法意识。

◆第二节◆

小学英语听说教学的策略与技巧

对小学英语教学而言，发展学生的听、说能力，是培养学生交际能力、国际视野的重要一环，听说技能的训练是小学英语课堂教学的重要组成部分。在听说读写四项语言技能当中，“听”作为理解性技能，“说”作为表达性技能，通常被教师分开进行教授和训练。实际上，听和说的技能在课堂教学和技能培养过程中，是相辅相成、相互促进的，只有把听说教学看成一个有机整体，才更有利于优化课堂教学，语言教学也才更具语用意义。

聚焦英语学科核心素养的培养，《义务教育英语课程标准（2022 年版）》也对小学阶段提出了新的听说技能学段要求，概括起来主要包括以下几个方面：

第一，通过感知和模仿对话、访谈、动画、故事、歌曲、歌谣、韵文等视频、音频材料，习得日常交际所需的语言表达。

第二，围绕相关主题和目的，养成善于倾听、学习的习惯，并能礼貌、得体、友善地表达交际意图、观点、经历和情感。

第三，通过对视听材料的识别、理解、提炼、归纳、概括、判断、分析等，发展学生辩证的思维能力。

第四，在不同语篇的观察、理解、辨识、比较过程中，体验文化多样性，树立正确的价值观和文化自信。

第五，通过参加语言实践，在听说学习中提高参与、合作能力，并运用所学知识探究和解决问题。

本节拟从目标、内容、过程及评价等方面，讨论小学英语听说教学开展的策略与技巧。

一、确定听说教学目标的策略与技巧

《义务教育英语课程标准（2022 年版）》明确指出，英语课程学习的总目标为发展语言能力、培养文化意识、提升思维品质和提高学习能力。对于英语听说课堂教学而言，合理而清晰的教学目标，决定了教学内容的选择和教学环节的设计；科学合理的教学评价，是课堂教学的蓝图及指引；而对学情的认识与分析，则是教师进行教学设计并实施教学的前提和基础。

（一）前置学情分析，明确听说教学目标

教师在制定听说教学目标前，必须深入了解学生的学习环境，知晓学生的认知水平和知识水平。我们发现，即便使用相同教材，不同地区、不同学校的听说课教学方式和效果也各不相同，这反映了学生英语学习水平和听说能力的差异，这种差异主要受地域、校园环境、软硬设施、师资力量等因素的影响。离开前置的学情分析而制定的教学目标，必然是盲目的，也是难以实现的。

除了分析学习环境，学情分析也需要分析学生的认识水平和知识水平。学生已有的与主题内容相关的实际生活经验、知识储备，将决定学生语言实践交流的广度和深度，也体现在语言表达的流畅性和连贯性上。为了让学生在轻松愉悦的氛围下获得良好的学习体验，体会学习的成功感，教师应该充分尊重学生的“最近发展区”，把听说学习目标细分到倾听、了解、感知、观察、识别、模仿、理解、习得、

辨识、比较、提炼、归纳、概括、判断、分析、表达、交流、参与、合作、实践等多个层次和维度，制定切合学生学业水平和能力发展的教学目标。

（二）遵循教学需求，确立听说技能目标

在英语课堂中，学生的语言技能主要包括理解性技能与表达性技能两种。而在基于听说教学的课堂上，我们可以把听和说的技能细分为更多微技能。了解特定学段特征下的教学需求，教师就能在一系列的听说微技能中，准确定位课堂教学中听说技能的培养目标。

《义务教育英语课程标准（2022 年版）》列举了小学阶段英语学习的综合特征及需求，具体为：3 ～4 年级“能理解日常生活中熟悉的简单语言材料，开始产生语感；能用基本的、简短的语言与他人交流，描述身边熟悉的事物”；5 ～6 年级“能理解日常生活中常见的简单语言材料，初步形成语感；能围绕相关主题，用所学语言进行交流，表达自己的想法，实现基本的沟通与交流”。以此为基础，我们根据一些学者的研究，对小学听力微技能与口语微技能的具体内容和形式做了归纳，具体见表 5 –2、表 5 –3：

表 5 –2 小学听力微技能

理解性微技能	表达性微技能
语音解码：包括辨别音素、语音语调、重弱读、意群等； 识别交际信息：包括会话的起始结束、停顿、转折、功能、话轮交替等； 把握具体信息：包括理解主题、大意、场合、角色、要点，获取交际目的等； 获取特定信息：提取关键，捕捉细节； 解析词义：对新词汇、难点词汇的意义进行猜测，区分相似词汇； 推理推论：辨别对话中的人物关系，听懂深层含义，理解说话人的意图、情感和态度，理清事件发生的时间顺序、逻辑关系和因果关系； 选择注意力：根据听力目的把注意力集中于每种信息，选择重点关注的信息点； 建立记忆：激活脑海图像，对关键信息建立短时记忆，并尝试对相关的主题信息建立长时记忆	回复对话中的说话者，或与说话人进行交流； 用肢体语言向说话者进行回应； 预测所听内容的后续发展； 评价听到的内容或说话人的观点； 做笔记，根据某个听力目的记下准确的信息，留下书面记录

表 5－3　小学口语微技能

理解性微技能	表达性微技能
英语发音：包括清晰、可理解的语音语调、停顿、重弱读等； 获取会话技巧：包括如何获得、保持、插话、放弃和转移话轮； 理解情感信息：包括如何尊重他人，如何选择礼貌、得体的说话方式，并体会对话中的文化情感	词汇句法：运用所学的词汇、句型、语法等组织口语材料，完成表达输出； 模仿扮演：包括模仿录音或与他人说英语，进行角色扮演等； 口语交际：包括用得体的方式引出话题，引起注意，发起会话，澄清意思，表达倾听与理解，回应他人，预示或结束谈话等； 陈述事实：包括准确描述时间、空间、计量单位、事物特征、个人信息等； 日常会话：包括表达问候、对话、交流、介绍、感谢、致歉、请求、咨询、劝告、建议等； 表达态度：包括表达肯定、否定、偏好、意愿、责备、抱怨、观点等； 抒发情感：包括传达高兴、忧伤、惊喜、遗憾、恐惧等； 个人独白：包括发表观点、解释缘由等； 推测推论：包括对事物进行比较，梳理逻辑、因果关系等

教师在制定听说技能目标时，应根据学生的需求和教学阶段，选取并结合多种听或说的微技能，对学生进行听说技能训练，从而有目的性、有针对性地完善学生的听说技能。同时，教师应有意识地对照听说技能的学习要求，在不同课堂针对学生的弱项微技能进行训练，并注意从单一的技能训练逐渐过渡到综合性、多样化的技能训练，有计划地提升学生的听说技能。

（三）围绕核心素养，制定听说能力目标

修订后的课程标准提出，英语课程要以立德树人为根本任务，体现课程性质，反映课程理念，并以培养和发展学生的核心素养为宗旨。因而，在核心素养背景下的英语听说教学，不仅要考虑学生的实际需求，兼顾技能训练，更要围绕核心素养，制定切实可行的能力发展目标。

首先，教师在重视语言知识学习的同时，应把语言运用能力作为语言学习的培养目标。教师为课堂教学确立真实的语用环境，通过语言实践活动，让学生在互动交流、任务驱动下获取信息、交流观点、传达情感、解决问题。

其次，基于不同的教学主题，教师在制定目标时应多挖掘教学主题的文化内涵，着力建立课堂教学与学生的经验、情感的纽带，激发学生的理想信念与文化自信，

并激励学生进行文化沟通与交流。

再次，合理制定思维能力目标，使听说教学与思考类活动紧密结合起来。在教学过程中，教师应根据教学内容和思维训练的目标，设置主题探究、思考讨论等任务，触发不同学段的学生进行观察、比较、思考、分析、归纳、评价等不同维度的思维活动，提升学生的认知、逻辑、辩证等思维能力。

最后，教师应把听说技能学习与学习策略结合起来，制定复合型的学习能力目标，实现授之以鱼并授之以渔。在听说课堂中，教师要帮助学生主动建立新知与旧知的联系；引导学生通过手势、交际用语等方式促进及辅助表达交流；帮助学生借助图表、工具等优化学习效率；引导学生及时对学习过程和学习效果进行自我评价；让学生在学习交流中树立自信心并获得愉悦的学习体验。

二、组织听说教学内容的策略与技巧

听说教学中，语言材料是课堂的依托。教学内容的选取和组织，直接决定了教学重难点的确立，并极大地影响教学的过程和效果。明确教学内容的来源，挖掘教学内容的特征，把握教学内容的难度，整合课内外的语料和资源，都是优化听说教学内容、提高教学成效的有效方式。

（一）基于听说主题，深化教学内涵

在小学英语听说课堂教学中，教师应立足教学文本，根据主题内容，深度分析和解读教学内容。这包括对教学内容中的知识架构、知识要点进行细致的解析；对教学内容中的听说技能训练做好预设；对教学内容中的文化内涵与价值意义进行挖掘，引导学生体会听说文本中蕴含的思想或哲理；对教学内容中值得思考和讨论的问题及观点进行提炼。教师基于主题的深入分析，能理清教学内容中关于知识、技能、文化、思维等方面的思路和内涵，为设计多维度的语言活动定下基础和线索。

（二）基于语篇体裁，挖掘语言特征

语言学习中的听说体验存在于社会生活的方方面面，而语篇的载体本身就是丰富多样的，包括日常对话交流、电视访谈、人物独白、电影对白、广告宣传等形式。在各式各类的语篇中，又会涉及不同的交际目的、场合（正式与非正式）、人物、角色等。基于不同的语篇体裁，听说语言会根据交际的需求发生改变，包括语篇结构、用词遣句、语音语调、语气口吻、先后顺序、逻辑层次等。教师在对听说教学内容进行分析时，应根据不同语篇的体裁，指导学生关注语言特征，并有意识地归纳不同场景、需求、角色中的语言表达，在语言学习的过程中，为语言实践运用打下基础。

（三）基于教材内容，整合教学资源

教材内容具有权威性、示范性和教学性，应作为教师组织听说教学首选的语言输入材料。但是，我们也必须认识到，教材内容往往指向于特定的语言知识，而且篇幅有限，教材的编纂者需要考虑多方面的因素，致使教材内容往往存在一定的局限性，不够真实化和生活化。因此，教师基于教材内容的主题和话题，主动拓展和整合课外教学资源，增加语料输入，是非常有必要的。

教师基于教材内容整合课外教学资源时，需要注意以下几点：

第一，教师要确保视听材料形式和内容上的多样性和丰富性，这些材料应该都源自生活，可以是电视节目、广告宣传片、纪录片、电影片段、名人讲座、新闻广播等影音材料，以及相关的图片、音乐等素材。课外教学资源的语言表达往往更加丰富自然，视频画面更加传神逼真，能传递出更多文化内容和思想内涵，具有生活化与实践化的特点，对学生具有更大的吸引力。

第二，教师在选取课外教学资源时，要对其来源进行谨慎的筛选，在正规渠道获取有益于学生身心健康的素材，并确保课外资源传达正确有效的知识和积极的价值观。同时，精选的补充资源应该语言难度适中，篇幅合理，与教材主题高度契合，能起到抛砖引玉或补充学习的作用。

第三，教师在使用各种资源时不能“拿来主义”，应对各式各样的素材进行分类筛选，使课堂学习中所用到的图片、音频、视频等材料形成一个有机的、连贯的整体，使课堂教学更加丰富、流畅，必要时可通过视频、音频剪辑保留有应用价值的部分。

第四，教师要谨记适应学生的“最近发展区”，把握学习内容的难度和深度，既能满足丰富学生的视野、增大语言输入的需求，又要让学生感到学有余力，能在轻松的心情下，接受教材以外的课外资源。

（四）基于课堂交流，活用师生对话

在英语课堂教学中，尤其是小学英语教学，课堂上的学习者处在学习外语的初级阶段，非常容易受语言环境的感染和影响。我们不能忽视的是，师生之间的对话、同伴之间的交流，对善于模仿的语言初学者来说都是天然的语言学习材料。

教师通过可理解性的语言向学生传达意义，传授新知，会使学生的理解与记忆和目标语产生连接，并发生储存。同时，教师的课堂用语、教学指令也会潜移默化地成为学生听说学习的输入性语料。我们可以发现，能坚持使用全英教学的课堂，学生会在潜移默化中通过解析教师呈现的图像、肢体语言，听懂教师传达的意思，并模仿教师的语音语调和课堂用语，甚至会在自己的口头表达中，借用教师曾讲过

的话语，组织自己的语言。因此，师生之间的互动交际，实际上也是听说课堂中值得关注的语言材料。教师更应该在课堂交流的过程中，力求做到使用准确、贴切的语言；在倾听学生的表达时，适时、合理地进行纠错；不拘泥于特定文本，在课堂上自然地生成真实的交际语言。

再有，学生同伴之间的对话交流也为听说课堂贡献出大量的语言素材。由学生完成的小组讨论、合作探究、独白演讲、角色扮演、配音等都为课堂提供了重要的语言材料。尽管大部分的学生活动都在教师的指引或指导下完成，但实际上学生对于倾听同伴抱有极大的兴趣。笔者在课堂实践中发现，当教师把评论同伴口语表现的话语权让给学生时，他们对于同伴优异的语言表现会心生赞叹，对于同伴语言表达中的口误或不足尤为敏感，也非常乐于在同伴交流中碰撞出更丰富的语言输出。因此，教师重视学生话语在课堂教学中的作用，为学生创设充足的展示机会，并激励他们互评互助，激发学生参与学习和倾听他人的热情，提高语言学习的专注度和参与度。

三、设计听说教学过程的策略与技巧

在确立听说教学目标和教学内容后，教师通过设计教学活动，帮助学生理解与感知语言知识，让学生在情境中习得与交流，并通过创新迁移类活动激发、拓展学生思维，实现发展学生核心素养的目标。设计听说课堂的教学过程，主要把握几个原则：（1）围绕主题，创设话题情境；（2）开展交际，注重实践运用；（3）适时引导，促进构建生成；（4）迁移创新，激发思维升级。

（一）促进感知与积累的策略与技巧

1. 重视视听输入，感知理解听说文本

学生的语言学习过程，离不开大量的语言输入。学生只有充分暴露在语言环境中，储备了视听的语言输出，才能自如地应用语言进行表达。

处理视听输入材料，应注意把“精听”与“泛听”结合起来。对某些重要的语言材料，如教材内容、局部重点材料等，应采取“精听”教学，培养学生以线性的方式接受和解码语言元素，培养学生自下而上地理解语言的能力。教师可以通过设计选择题、填空题等练习，要求学生准确地把语言点、语法点、语块等选择或填写出来，使学生在认知的过程中对某个精听的元素形成特别关注，从而增强理解和记忆；也可以要求学生模仿某个人物的语音语调、说话方式，或者大声跟读、重复，在感知中体会语言的美感和流畅性，形成良好的语感。“泛听”的学习一般要求学生对听说文本进行宏观的理解，包括对视听主题、应用场所、人物角色、中心大意、文本大致框架、文化背景等进行感知。教师通常会完整地播放影音，让学生理解关

于所听材料的宏观问题，如文章的中心思想、作者态度等，或者为故事、某个时间排序等，从宏观上检查学生对文章的理解程度。

2. 建立信息关联，整合构建知识架构

（1）获取关键信息，理清文本脉络。教师应引导学生对关键信息进行提取与梳理，帮助学生构建文本的脉络，包括有意识地概括文本的大意、对材料中的细节信息进行获取与梳理、逐步建立信息点逻辑脉络、利用工具（如思维可视图、图片排列、关键词、板书等）对信息点进行重组串联等多种形式。这个过程能帮助学生理清视听材料中的文本脉络，养成在人际交流、视听感知的过程中，快速捕捉有价值的信息的能力和习惯。

（2）串联听说语言，构建知识框架。在理解与感知语言材料的基础上，教师在听说课堂上应安排相应的环节对关键语言进行“精学”，以便学生提取材料中的语言知识、文化知识，把新知与旧知串联起来，形成知识框架。教师可以引导学生在文本分析的过程中，对语言中的语音知识、词汇知识、语法知识、文化知识等进行梳理，并构建出某个主题（如情境对话、人物介绍、交际对话等）的语言框架，或归纳出某个场景下的交际礼仪、通用话术等。

3. 丰富视听活动，促进感知与积累

真实的听说课堂，需要有丰富的视听活动，其中理解类活动能促进学生感知与积累所学的语言知识及技能。表5－4是对感知与积累类视听活动及其内容的归纳，供教师在开展视听活动时参考。

表5－4　感知与积累类视听活动

活动名称	活动主要内容
选取听到的信息	教师把某类单词的实物、图片或单词呈现在讲台或课件中，要求学生根据听到的文本内容，选取听到的信息
听后排序	教师给出不同事件、事物的图片，或者列出杂乱的时间线索，要求学生根据听到的内容，把杂乱的图片或线索，依据正确的逻辑顺序重新排列
模仿跟读	模仿跟读文本
完成填空	根据所听到的文本内容，填写空缺的名词、形容词、语块等
匹配相关信息	在板书、课件或学案中，把关联的信息匹配起来
绘画或涂色	把听到的人物形象、物品外观，通过画图的方式呈现出来
粘贴信息	教师准备可张贴的板书或学案，让学生根据听到的内容，把图片或单词贴到相关的信息附近

续上表

活动名称	活动主要内容
记笔记	用记笔记的方式，把所听到的重点信息记录下来
完成思维导图	教师就某一听说主题设计思维导图，由学生补充完成特定主题内容的语言、知识框架
行为反应	要求学生能对教师或同伴的指示语做出相应的行为反应

（二）促进习得与建构的策略与技巧

1. 创设语言情境，开展听说实践

听说交际离不开语境，所以听说活动与实践要充分发挥语言情境的作用。而教师在创设语言情境时，需考虑两个方面。第一是实施主题教学，以单元主题为切入点，搭建相对真实的情境。比如使用背景音乐、气味、图片、板书装饰、实物陈设等，为学生营造真实的语言环境。学生在真实的语言环境下，会迸发出更大的学习热情和表达欲望。第二是巧用多媒体教学。随着时代的发展，新技术融入课堂无疑为听说教学提供了很大的助力。投屏技术、电子交互系统、动画制作、智能白板等技术，都能为创设更真实自然的语言情境提供帮助。这些外部的设备可直观地、有组织地呈现大量的音频、视频、图像、文本等，提供有意义的信息合集，极大地提高课堂效率。它们甚至可以通过视频动画等演示技术“有声有色”地向学生展示所学的内容和所在的情境，激发学生自然而然地产生互动交际。

2. 适时指引点拨，巩固知识架构

在“确定听说教学目标的策略与技巧”这一部分我们提到，听说课堂教学必须兼顾听说技能与策略的培养。在具体的教学环节设计中，教师应该有意识地设计培养学生听说微技能的活动，要求学生除了关注听说内容本身，还要训练学生的听说技能。通过对语言知识、语言技能的阐释、分析、归纳、总结，让学生总结出一定的听说技巧，并进行分享应用。教师的引导点拨，能使学生在技能训练的过程中逐步完善知识框架，比如学会问路的技巧、恰如其分地提出要求、接电话的礼貌用语、提出建议或要求的话术、在特定场景中描述事物等。

3. 丰富视听实践，促进习得与构建

丰富的视听实践，能帮助学生习得与内化语言、文化知识，构建与巩固知识结构，促进知识向能力的转化。表 5 - 5 是对习得与建构类听说实践活动及其内容的归纳，供教师在开展听说实践活动时参考。

表 5－5　习得与建构类听说实践活动

活动名称	活动主要内容
角色扮演	学生充当某个角色，进行扮演
文本配音	给视频（动画或电影等）配音
小组讨论	学习小组就每个话题或问题进行讨论交流，表达观点
自由交流	学习同伴围绕话题进行自由交流，运用所学知识进行话轮转换
回答问题	学生就教师或同伴提出的问题进行口语回答
复述/转述	学生对听到的内容进行口头复述，或者转述听到的内容，进行信息传达
调研调查	在小组或班级范围内，对某一主题进行相互调研，在交流中进行信息交互
你说我猜	两组合作游戏，一组负责口头表述事物特征，另一组猜其所表达的意思
替换练习	固定某个问答目标句型，学生替换不同的内容进行听说训练
归纳总结	引导对某项听说微技能或知识架构进行归纳总结，完善学生的知识结构

（三）促进表达与交流的策略与技巧

1. 巧设问题链，激发学生的思维能力

师生交流对推进课堂进程有着非常重要的作用。而教师的提问，除了针对语言知识的讲授、材料大意的解析、技能训练的点拨外，设置有层次、有深度的问题链，是引导学生进行推理、论证、批判、建议、评价等深入思考的关键指引。

巧设问题链，教师可以基于视听线索，要求学生对材料中的弦外之音、后续发展进行猜测推断；可以基于听力材料中的现有事实依据，让学生对某个观点进行论证论述；可以让学生根据人物对话的内容，对角色进行批判评价；可以让学生就某个问题讨论解决方式；可以让学生对材料中的事物或观点做出评价；等等。教师在课堂教学过程中应注意引导学生先观察、理解，再过渡到推理、论证，逐步发展到批判、评价，最后达到迁移、创新。

2. 设置主题任务，发展学生的创造能力

设置与主题相关的听说任务，是培养学生解决问题、迁移创新的重要环节。设置主题任务有两个基本要求：

一是紧扣教学主题，设置任务情境。学生要了解任务的场所、意义、角色、要求、目标等要素，按要求独立或者合作完成相应的听说任务。

二是细分任务步骤，体现逻辑层次。主题任务通常不是单一的听说训练，而是要求学生分步骤完成的综合性听说任务。在设置听说任务时，教师必须把有逻辑、有层次、有关联性的听说实践活动串联起来，由浅入深地让学生获得学习体验，引导他们运用学过的语言知识、技能知识和文化知识，发展思维能力和学习能力，最后通过丰富多样的形式，传达自己的观点，表现自身的能力，呈现自己的创造。

3. 激励迁移创新，促进交流与表达

迁移和创新类的听说活动，能促进学生的交流与表达，在综合性的实践中，学生有机会多维度地认识和理解世界，表达观点，碰撞出火花，促使能力向素养转化。表5-6是对迁移与创新类听说活动及其内容的归纳，供教师在开展听说活动时参考。

表5-6　迁移与创新类听说活动

活动名称	活动主要内容
回答链式问题	教师根据听说主题设置层层递进的问题链，学生在思考的过程中发展深度思维能力
辩论	学生分成不同阵营，持有不同观点与立场，呈现论点与论据，并尝试批驳对方
采访	学生就某个主题设计访谈实践活动，包括实地走访、人物采风等，采集与学习主题相关的信息与观点
解决问题	综合运用所学知识与技能，解决听说文本中主人公的问题，或者就某一问题提出解决方法并交流
创造作品	学生就某个学习主题，设计创造出相应的文化物件或创意作品，并进行介绍，如制作传统节日手作、创意设计图、时间管理方案等

四、优化听说教学评价的策略与技巧

（一）听说教学评价应遵循的原则

听说教学评价指的是检测学生听说学习的效果，并借助反馈结果及时调整教学。听说教学评价应遵循以下几个原则：

第一，注重评价的功能性，要有针对性地选择适当的评价方式和评价手段，做到有的放矢。

第二，注重评价的产出性，要借助课堂任务和活动，尽量在真实情境中采用多样化的形式进行评价，达到“教—学—评”一体化的效果。

第三，注重评价的反拨效应，教师应针对评价所反映的问题和不足，及时调整教学，使听说评价达到查缺补漏的效果。

第四，注重评价的发展性，即要以能力发展为评价目标，以学生为主体开展评价活动，在评价过程中发展学生的英语核心素养及能力。

（二）关注课堂生成，重视教师反馈

真实且有效的听说课堂，必然是生成性的，是以师生交流、生生交流作为课堂主旋律的。关注课堂的即时生成，适时对语言交际做出反馈，给学生提供具体意见或建议，可以使学生在语用过程中获得来自教师或同伴的评价和点评，优化交际表达，提高学习效率。教师给予反馈评价时，要注意把握准确的时机；在提供肯定和否定反馈时，要注意语言技巧；课堂反馈要做到简短明确。

（三）评价活动多元化，检测听说技能

教师应设计多元化的评价活动，检测学生的听说微技能，在活动中检测学生的听说能力。表 5－7 列举了进行听说技能评价时可使用的一些评价活动。

表 5－7　听说技能评价活动

技能	评价活动
语音解码	模仿朗读，标识节奏、重弱读等
识别、获取信息大意	概括大意，信息匹配，选择标题，排列顺序
理解、捕捉关键信息和细节	完成填空，回答问题，做笔记，填充思维导图，理清逻辑顺序，表演呈现
推测推理	猜测词义，猜测故事走向，根据上下文逻辑推理，根据现有信息判断正误，讨论研讨
迁移创新	解决问题，完成任务，产出作品

（四）丰富评价方式，落实“教—学—评”一体化

鉴于听说教学具有独特的交际性，在评价方式的应用上，更应兼顾形成性评价与终结性评价。

1．形成性评价

形成性评价是教师对学生进行评价的一种重要手段。教师应有意识地把形成性评价分解成不同的阶段和目的，并针对不同阶段的检测目的和检测内容，设计不同的评价任务；同时要注意及时诊断，及时反馈，及时根据效果调整学习方式和策略。

表现性评价能极大地促进边教、边学、边实践，强调在任务实践中完成即时评价，检测学生解决问题、完成任务、技能发展、思维发展等能力。在日常的学习过程中，学生可以通过个人档案记录、听说实践活动报告、听说活动反馈、前置后置研学案等方式，把听说活动及评价渗透于日常学习中，促进学生养成自我评价、同伴评价的习惯。

2. 终结性评价

终结性评价包括期末听说测试、纸笔测试或者随堂检测等多种方式，其目的是直观清晰地通过指定的听说任务或内容，对学生的听说知识、技能等进行检测。教师必须基于不同的考查目的，设计有梯度、有层次的听说试题或任务，并适当结合书面表达，对学生进行全面的终结性评价。

第三节

小学英语读写教学的策略与技巧

一、确定读写教学目标的策略与技巧

（一）明确读写关系

阅读和写作在语言习得过程、认知机制、知识共享和知识传递等维度，都存在诸多联系和共性，两者是紧密联系、互相促进的。研究表明，同时开展阅读与写作教学能够促使学生学习效率的最大化，只教授阅读或写作并不能自动带来另一项技能的增长。大量有意义的阅读能丰富学生的语言储备，拓宽学生的国际视野，为发展学生的写作能力积蓄能量。阅读后有意义的续写、仿写、创编，能让学生在思考与表达的过程中，深入理解文本意义和单元主题，深化学生对语言知识的吸收，内化语言技能，实现深度阅读，提升学生的阅读理解能力。概而言之，阅读是写作的基础与源泉，读写结合是促进学生写作能力发展的重要途径。

（二）明晰读写结合教学的意义

读写结合的能力是保证学生英语学业成功的关键能力。近年来，读写多维度关联的教学活动已经引起广大一线英语教师的关注。但是很多教师对读与写的关系、读写结合教学意识的建立、读写结合实施策略与技巧还缺乏深入的认识，在实践层面也存在不少困惑。明晰读写结合教学的意义，在模块整体设计理念下，通过有意义的读写结合教学，提升学生的读写能力，发展学生的高阶思维，促进学生英语核心素养的发展，这是当下我国小学英语教师的重要职责。

（三）设置单元读写教学目标

开展读写教学，必须基于单元整体设计的思路进行。教师应以主题为引领，以语篇为依托，以意义探究为目的，整合和重组单元各板块的知识内容和资源，精准把握各个教材板块之间的关联，遵循统一性、系统性、连续性、递进性、反复性和巩固性等原则，有序开展单元读写教学，促进学生读写知识与读写技能整合发展，提升学生语言表达的系统性和完整性，提升思维品质，形成读写策略。

1. 基于读写主题，设置单元总目标和课时分目标

单元读写教学目标包括总目标、课时教学目标、语篇读写教学目标三个部分。在这个目标体系中，总目标起统领作用，并成为确定各级读写教学目标的依据。各层级目标的设置应体现统一性、系统性、连贯性和递进性。单元目标体系的构建，能够使小学英语的教学进程变得更加清晰，便于教师更深入地理解每一课时和每个语篇需具备的教学能力，便于学生建立对单元主题的整体认知，从而实现语用任务层层递进，语言知识滚动积累，语言能力螺旋上升。

2. 基于读写内容，设置读写活动微技能教学目标

读写教学目标体系建立后，教师可以将每课时的读写内容进一步分解细化为若干个阅读和写作微技能目标，渗透如猜词、预测、略读、查读、提取关键信息等阅读微技能，帮助学生对获取的信息进行分析、推理和判断；学会归纳、总结和联想，便于培养学生在写作前整理思路、写作中组织语言、写作后修改文章等写作微技能。这些细项的目标实施，一方面便于教师选择对应的读写策略开展教学，点拨学生，使读写教学定位更清晰；另一方面便于教师逐步了解自己教学目标的达成度，得到更精准的反馈，及时调整自己的教学。

3. 基于学段要求，设置有层次性的读写教学目标

读写目标的设置要有层次性，必须以不同年龄阶段学生读写能力的发展情况为依据，体现不同学段读写教学的特征。不同学段学生的认知层次不同，读写技能水平不同，读写内容的深度广度不同，读写目标的设置也自然不同。在小学三、四年级，读写教学的重点在于培养学生的解码能力；而到了五、六年级，重点则应放在阅读理解与运用、读后运用以及对阅读内容的思辨上。

4. 基于读写体裁，设置有侧重点的读写教学目标

小学英语阅读教学的内容与体裁非常丰富，应针对不同的读写体裁，设置有侧重点的读写教学目标。对于教材文本的教学目标，应侧重让学生掌握核心语言，理解和内化语言结构，在情境中运用语言；对于绘本分级阅读的教学目标，应侧重增加阅读体验，培养阅读兴趣，养成阅读习惯，习得好词好句；而对基于主题的补充

性文本阅读教学目标，则应侧重复现语言旧知，掌握核心语言，了解文本结构，能在情境中仿说、仿写等。

二、组织读写教学内容的策略与技巧

（一）组织读写教学内容的原则

对于基于模块整体设计的读写教学，教师要围绕单元主题，以读写总目标为统领，组织教学内容，设计教学活动，高效完成教学目标。教师组织教学内容时，应该遵循以下几条原则。

1. 系统性原则

教师基于单元整体教学理念，围绕单元主题设计，将读写链贯穿模块教学始终，并依据读写链对读写技能发展的要求，适当补充多模态语篇，让学生进行系统的读写训练，加深对语篇结构和主题意义的深层理解，形成正确的价值判断。

2. 递进性原则

教师秉承“基于文本，拓展文本，超越文本”的思路组织安排每课时的读写教学内容。语料的输入由易到难，篇幅从短到长，读写能力要求从低到高，突出语境关联，让学生从课内走向课外，从课外到真实运用，发展学生交际能力。各个课时读写知识内容既有联系又有递进，核心语言不断反复、巩固。通过各课时学习，学生的知识和技能螺旋上升，层层递进。

3. 适切性原则

教师可围绕主题，从不同版本的教材或分级绘本故事中，精心选择难易适中、形式多样、促进思维与推理且巧妙地贴合教学内容的语料，安排在每个课时中，再组织思维、内容和语言三者统一的读写活动，帮助学生积累该话题的阅读素材，拓宽阅读思路，培养阅读策略，激发写作动机，建立写作的自信。

（二）组织读写教学内容的途径与方法

英语课程内容由主题、语篇、语言知识、文化知识、语言技能和学习策略六要素构成，是核心素养发展的内容和基础。组织读写教学内容时，教师需要深入理解教材的整体设计思路、教学理念以及具体的语篇和阅读活动，并在此基础上实施有效的读写教学，实现教学目标。以下介绍几种组织读写教学内容的方式方法。

1. 基于读写主题，拓宽主题广度

要善于拓展符合学生认知水平，与单元教学主题吻合的阅读内容，以原汁原味的英语表达影响学生，从而使学生的英语表达更地道、更流畅、更自信。群文阅读是拓宽读写主题广度的很好的方式，具体做法是：教师根据读写主题，在每一个课时增加与主题紧密相关的输入文本。这些文本形式是多样化的，如影像类型的、书面类型的、对话式的、文本式的、非连续性文本式的。要注意文本的难度要适中，既与主题密切相关，也与学生现实生活紧密联系，适切性强，符合学生现有的学习水平，这样才能引发学生对主题进一步的深入思考和讨论。

2. 基于语篇内涵，加深主题深度

要深挖语篇主题意义，补充加深主题理解性文本，引导学生通过参与学习理解、实践应用和迁移创新的读写活动，在语言学习与意义探究中深刻理解语篇的主题意义，从而实现育人目标。要通过扩大语言输入量，在课堂中输入适切性强、与主题息息相关的绘本故事和长篇故事，加深学生对主题的深度理解，提高学生的英语学习效果。

3. 基于教材实际，整合教学内容

从教材入手，理解教材，整体把握。关注模块整体教学，合理整合单元各板块的教学内容，通过运用教材配套练习册、进行文本重构、增加其他版本教材文本等多重整合的方式组织读写教学内容。这些教学内容紧扣主题，承载着表达主题的语言知识和文化知识，更密集突出核心语言，更系统地覆盖教学内容。学生通过对这些读写内容的学习，可在有限的时间内不断巩固单元话题中的重点句型、短语和词汇，合理均衡地掌握基本的语言知识和发展基本的语言技能，理解语言背后的文化涵养和价值取向，加深对语篇结构和主题意义的深层理解，实现发展语言能力、提升思维品质、形成读写学习策略的目标，也为后续顺利开展写作提供语言范本。

三、设计读写教学过程的策略与技巧

教师应围绕主题意义，依据英语学习活动观的基本理念，开展读写结合的多种活动，做到读为写引路、写为读护航，以读促写、以写促读、读写结合，帮助学生提升思维品质，形成读写策略，实现英语学科育人目标。

（一）促进感知与积累的策略与技巧

1. 创设语境，激发读写动机

核心素养理念下的教学要求教师改变脱离语境的知识学习，将知识学习与技能发展融入主题、语境、语篇和语用之中。读写教学的过程中，尤其是在导入环节，教师应着力创设接地气、有感染力的“真语境”，联系学生的生活实际，引入与阅读主题相关的内容，增强学生阅读和写作教学中的体验感，提高学生的阅读兴趣，明确写作方向，激发学生的读写动机。

2. 激活图式，助力篇章理解

阅读前阶段激活恰当的图式，包括学生生活经验、语言知识、文化知识、话题背景知识等，有助于学生建立语篇意识，勾勒语篇轮廓，预测篇章内容，加深对篇章的理解。在阅读前阶段，教师可引导学生通过观看视频、解读标题、感知篇章布局等活动，激活学生图式，引导学生在已有的知识经验的基础上去发现问题，并通过小组活动，提出解决问题的建议。

3．预测构建，提升思维品质

教师引导学生围绕关键问题的解决，展开意义探究和知识的构建，是提升思维品质的重要方式。教师应遵循单元整体设计的理念，紧扣主题，依据语料，联系学生生活实际，设计具有思维创新性的问题链，对学生进行设问追问。在此过程中，教师应激励并帮助学生结合自身经历进行预测、推测和判断，以更好地感知文本主题内容，提升思维能力。

（二）促进习得与建构的策略与技巧

1．分析语篇，梳理篇章架构

精准解读和分析语篇，引导学生使用分析结构图，分析梳理出文本的主要信息逻辑和结构，能够快速帮助学生从阅读过渡到写作，从而搭建起阅读和写作之间的桥梁，也为学生提供写作输出的支架。在阅读教学中，教师应首先引导学生快速浏览文章，通过中心句、关键词，概括文章要点，补充标题，培养学生概括信息的阅读技能，然后再指导学生抓住关键词，提取文本内容要点，初步梳理文本的架构，为后续写作做准备。

2．巧设任务，内化目标语言

适当的读写任务，可以帮助学生积累语言，提升信心，为写作能力的提升创造条件。教师应围绕语篇，巧设任务，帮助学生全面掌握语篇的单词、词组和句子，实现目标语言的内化，从而激活学生的语言应用能力，丰富语言表达形式，搭建起写作脚手架。

3．分析总结，形成知识结构

读写教学应注重分析总结，帮助学生形成知识结构。在阅读中，教师应基于语篇内容，引导学生清晰地把握文本信息、主旨大意，梳理文本内容和文本内在的逻辑结构，找到阅读和写作的联结点，掌握写作的思路，激活分析、比较、归纳的思维能力，形成写作知识结构，促进知识的内化与演绎。

4．搭建支架，演绎写作思路

写作支架的搭建，有利于帮助学生实现从读到写的过渡。教师应考虑从情境、内容、结构和语言等多个角度为学生提供写作支架支持，从而有效地帮助学生把写作任务分解成有序可行的步骤，促进学生表达性技能最大限度地发展。教师可以把构思到写作的过程演绎出来，指导他们选取角度、拟写框架、着手写作、修改完善，让学生“看到”思考的过程，帮助学生学会思考。

需要注意的是，学生根据教师提供的例文和框架进行写作，写出来的文章可能会比较统一，缺乏个性化的表达。更有甚者，有些学生形成了支架依赖，一旦没有了框架，就不会组织语言。因此，教师在搭建支架的同时，也需要逐步拆除一些支架，培养学生独立思考的能力。

（三）促进表达与交流的策略与技巧

1. 联系生活实际，设计写作任务

好的读写结合的教学活动不仅能依托阅读，还能超越阅读，引导学生将所读和所思迁移到现实生活中，运用所学去理解、认识、分析和解决真实生活中的问题。教师应基于单元主题把读写教学活动与社会实际、学生个人经历、日常生活工作、社会科学、学生创意联系起来，教会学生将所学运用到实际生活中，去发现问题、分析问题和解决问题。学生在教师的指引下进行拓展性写作，迁移运用语言知识，不断丰富读写经历，最终形成多样性的价值观。

2. 聚焦文本类型，开展多样化写作

多样化写作能够促进学生内化运用语言知识，创造性地表达自己的观点，培养学生的核心素养。教师应聚焦文本类型，指导学生借鉴阅读中的写作素材和写作特点，引导学生开展仿写、续写和改写等写作活动。例如，对于故事性文本，教师可以设计续写或改写的任务，改写故事的结局或续写故事的某个片段。对于一些非连续性文本，可以采用仿写的方式让学生更深刻地理解语篇的语言特点和风格，更好地内化和运用语篇中的语言，提高写作中语言的精准性和得体性。

3. 加强过程指导，提高写作质量

无论是阅读还是写作，都需要教师开展过程性指导。教师的指导应贯穿读写教学的全过程：学生完成写作时，教师可选取一些有代表性的习作与学生共读并修改完善；在对习作进行修改时，教师应引导学生关注文章内容是否有逻辑、内容是否合理与具体、词句是否丰富与正确等；总结分享时，教师应指导学生分析对比共同修改的习作，探讨好作文的评价标准，帮助他们形成自己的判断，提高写作质量。

4. 反复多轮写作，深化主题意义

反复多轮写作，也是提高学生写作能力的重要途径。这里需要提醒的是，多轮写作不是简单的重复，而是一个循环提升的过程。通常的做法是：完成第一轮写作后，教师引导开展新一轮的阅读，例如阅读同一主题的其他文章，阅读同一作者的其他作品，阅读同主题的跨学科作品等拓展性阅读，为学生提供更多的阅读体验，然后根据阅读内容开展项目式的综合写作。随着读写活动的不断循环，层次不断提升，写作的经历不断丰富，学生写作思路更宽阔，写作内容更丰富，语言表达更得体，写作思维更活跃。

四、优化读写教学评价的策略与技巧

义务教育英语课程标准强调，要注重“教—学—评”一体化设计，坚持以评促学、以评促教，逐步建立主体多元、方式多样、素养导向的英语课程评价体系。构建“教—学—评”一体化的读写教学评价体系，要优化读写教学评价，并将其贯穿于读写教学的全过程。

（一）准备阶段

第一步，基于课标精神，精准解读文本。教师从学生的角度出发，分析教材中的学习内容，梳理出本单元读写教学的核心学习内容和要求，搞清楚教师教什么、学生学什么的问题。

第二步，基于学生基础，合理定位目标。解读文本后，教师要根据学生的能力水平、情感态度，关注其原有的生活经验和语言知识基础，掌握其读写学习的潜在困难和现实需要，找出学生学习的起点和基点，围绕主题，基于语篇，预设学生的语言、文化、思维、学习能力等能达到的水平层次，设置贴合学情的教学目标、学习目标与评价目标，更好地组织读写内容，选择教学方法，实施教学策略。

第三步，基于读写内容，设计任务清单。要推进读写“教—学—评”的一体化，需要读写任务清单这个“抓手”，以引导学生参与各个读写教学活动，并对各项活动进行评价。任务清单的设计以主题为引领，以英语学习活动观为导向，根据不同的读写内容，设计有梯度的综合性、关联性和实践性的读写任务。学生在做任务的过程中清晰知道“学什么”“怎么学”“学到什么程度”，帮助学生高质量地完成学习任务。

（二）实施阶段

第四步，基于学习清单，积极参与活动。开展读写评价活动时，教师根据读写任务清单，引导学生积极参加教师组织的各项读写教学活动，学生通过参与多样化教学任务进一步发展其核心素养。

第五步，基于学习活动，确定评价标准。教师要用提问、观察、表现性任务等方式实施互动评价，实时监测学生表现，确定学生当前水平与期待或潜在水平之间的差距，向学生提供支架，及时给予学生反馈，帮助学生取得更大的进步。在实施互动评价时，教师不仅要说明活动的内容和形式，还应给出活动的要求和评价标准，使学生了解明确的学习目标，并能根据标准进行自评和互评。

此外，教师要鼓励学生参与评价标准的协商与制定，从评价的接受者转变为评价活动的主体和积极参与者，从而有效调控自己的学习进程并从中获得成就感和自信心。让学生参与评价标准的制定，实现了评价维度的改变，使学生成为评价的主体。

（三）反馈阶段

第六步，基于实施情况，给予反馈帮助。读写教学评价体系是一个动态、循环、持续的评价体系，重视学生的中心地位，贯穿在每个课堂教学活动中。“教—学—评”一体化评价体系，可引领学生探究活动，完成任务，并在每个任务实施过程中，通过自评、同伴评和教师评，使学生得到及时有效的评价反馈和支持。在此过程中，学生学会持续反思，形成元认知意识，发展自主学习能力，形成读写学习策略。

第七步，基于教学效果，调整教学策略。教师根据评价结果，及时反思并对教学做出调整，为日后教学改进或补救提供参考。学习结束后，教师要通过课堂的观察和教学效果、学生课后作业情况、单元测验结果、学生学习反思等方式考查学生知识的增长、经验的丰富、能力的提升和态度的转变等情况，全面评价学生的发展，即学生在语言能力、思维品质、文化意识和学习能力四个方面的变化。通过评价结果的反馈，教师及时反思和调整自己的教学，提高教学效能。

章后小结

1. 语言知识包括语音、词汇、语法、语篇和语用知识，是发展语言技能的重要基础。语言技能分为理解性技能和表达性技能，具体包括听、说、读、看、写等方面的技能及其综合运用。作为英语学习启蒙阶段的小学，有必要探讨语言知识和语言技能各要素的教学策略与技巧。

2. 小学英语的语音教学在不同阶段有不同的教学侧重点。语音教学建议把目标分解到单元教学中；选用体裁多样的多模态语音资源作为教学内容的补充；采用泛听、精听、系统教学自然拼读、重示范与适度纠错、突显语音语义关系等方式帮助学生形成语感，发展交流与表达能力。

3. 词汇是语篇构成指向意义的最小单位，跟语法、句型、语篇等知识相互依存。不同课型的词汇教学目标不同，需要根据“音形义用”四要素分层分类设置。组织词汇教学内容时要以主题引领，以语篇依托，以立足语用、重组内容、强化高频词认读、突显语境关联、形成知识结构、遵循学伴用随等方式帮助学生习得词汇。教学过程中，教师创设情境，引导学生见词读音、听音写词，提升学习能力；引导学生观察对比、总结规律，促进语言内化；以任务驱动，突出语用，发展学生交际能力。

4. 英语语法知识包括词法知识和句法知识。一般意义上的语法教学目标为三维目标，即“意义（meaning）—形式（form）—使用（use）”。设计语法教学过程的策略与技巧包括：隐性教学与显性教学、归纳法与演绎法相结合；语篇依托，理解表意功能和感知语法形式；观察分析，总结语法规则和丰富练习形式；创设情境，设计任务，让学生迁移、运用语法；遵循规律，辩证看待和适时纠正语法错误。

5. 听和说的技能在课堂教学和技能培养过程中是相辅相成、相互促进的。教师围绕核心素养、遵循教学需求、前置学情分析来制定听说能力目标；基于听说主题、语篇体裁、教材内容、课堂交流深挖教学内涵，整合课内外的语料资源来优化听说教学内容。听说教学过程中，教师通过重视视听输入、建立信息关联、丰富视听活动促进学生感知与积累；通过创设语言情境、适时指引点拨、丰富视听实践促进学生习得与建构；通过巧设问题链、设置主题任务、激励迁移创新发展学生的思维能力和创造能力，提升学生的表达与交流能力。

6. 阅读和写作紧密联系、互相促进。基于单元整体设计的思路开展读写教学，能促进学生读写知识与读写技能的整合发展。基于读写主题、读写内容、学段要求、读写体裁构建整个单元的目标体系，有利于有序开展单元读写教学。基于读写主题、语篇内涵、教材实际组织读写教学内容，拓展教学主题的深度和广度，有利于读写教学内容的优化。围绕主题意义，依据英语学习活动观理念，开展读写结合的多种活动，能实现以读促写、以写促读，帮助学生形成读写策略。把明确理念、把握内容、分析学情、确定目标、设计任务、制定标准、评价反馈等要素串联起来，建立读写“教—学—评”一体化的评价体系，能有效地促进学生核心素养的发展。

案例分析

五年级下册 Module 5 Safety 第五课时
Safety Rules Around Us 读写课教学设计

执教老师：广州市番禺区市桥先锋小学　何惠杭

一、教学内容分析

本课是教科版小学英语教材五年级下册 Module 5 Safety 的第五课时，读写课。学习的主要内容选自《新编拓展读与写》（五年级下册）P64 Level 3 的短文“Road safety rules”，其主题和内容与本模块主题相符。阅读材料通过“总—分—总”的结构，列点科普了道路安全的三条规则，结构清晰，主题明确。本课以“复习旧知—阅读、理解输入文本—梳理写作框架—仿写好词好句—拓展写作词汇—学生自主写作”的读写教学模式进行，逐步为学生搭建写作脚手架，给予他们细致的写作指导，最后以“Safety tips”为输出写作任务，让学生综合运用所学的语言知识，围绕某一安全主题，写出相关的安全提示。在阅读文本的过程中，培养学生归纳主要内容、扫读、细节阅读等阅读技能，同时，引导学生解构文本，学习有条理表述的思维方式。

二、教学对象分析

五年级学生具有一定的英语语言基础，可以独立阅读文本；其思维方式以具体形象思维为主，有一定的判断能力和推理能力，逻辑思维能力也在逐渐发展中，对于文本中的关键信息可以通过阅读较容易地提取。本节课是关于儿童安全及交通安全的讨论，学生在本课时前已学习有关家居安全、校园安全、防拐骗等词汇和短语，能描述做某事的可能后果，用祈使句进行劝诫。这些语言和知识为本课的拓展学习奠定了基础。

三、教学目标

通过本课时学习，学生能够：

(1) 在教师的引导下，抓取文章中心句、关键词，获取和归纳文本主要信息，理解文本内容。(学习理解)

(2) 能提取文本结构，仿写好词好句，并迁移使用到写作中。(应用实践)

(3) 能借助语言框架、内容支架，综合运用语言，围绕某一安全主题有条理地写出安全小贴士。(迁移创新)

(4) 在同伴评价活动中，能对照评价表互相修改习作。(应用实践、迁移创新)

四、教学重难点

(1) 教学重点：阅读理解，提取文章信息，分析写作框架，并迁移到写作中。

(2) 教学难点：运用“总—分—总”的框架，分类详细表述安全提示。

五、教学理念及策略

(1) 本课一是以广州市番禺区“融乐课堂”的理念为指导，采用番禺区自主构建的“小学英语IIO课堂教学模式”，以读写任务为驱动，以安全教育日学习安全知识为背景，采用skimming、scanning的阅读策略，带领学生在情境中学习阅读文本，培养学生泛读、提取重要信息、看图猜词义等阅读技能；二是以为居民制作安全规则小贴士为写作输出任务，逆向设计教学活动，帮助学生解构文本，梳理文本架构，发展学生的逻辑思维。

(2) 在写作教学中采用过程写作法，指导学生利用思维导图构思写作梗概，引导他们通过补充说明的why、how的方式把内容写丰富，学生初步写作后引导他们通过checklist去修改作文。

(3) 以支架式理论为基础，在读写教学过程中为学生搭建任务情境支架、内容支架、结构支架和语言支架。这些支架为学生从读到写的过渡架起一座“桥梁”。

六、教学媒体

PPT课件、阅读文本、研学案。

七、教学过程

(此处略，可参见教学流程图)

八、作业布置

(1) 修改完善习作。

(2) 阅读绘本故事 Look Out。

九、教学流程图

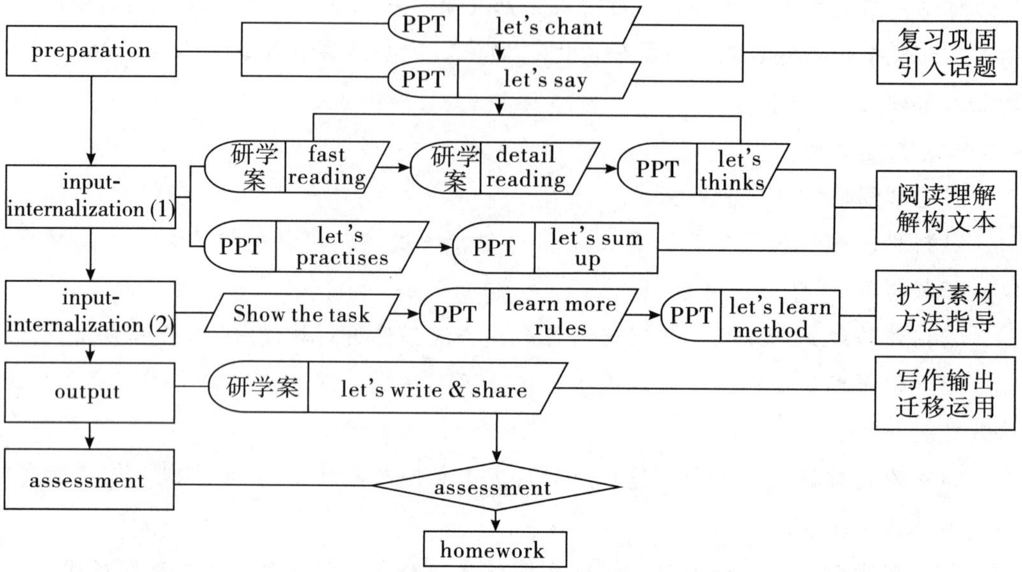

图 5－5　教学流程图

十、板书设计

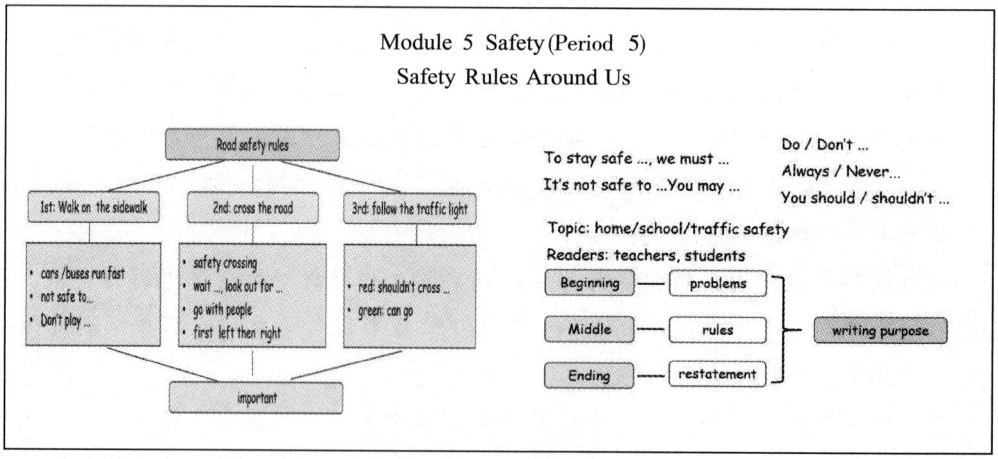

图 5－6　板书设计图

十一、附录：阅读材料（略）

【问题讨论】

1. 本案例在目标设定、内容组织、教学实施、教学评价方面分别应用了哪些策略与技巧？

2. 对照本节小学英语读写教学的策略与技巧，你认为还有什么地方可以继续完善？

【参考点评】

本案例在目标设定、内容组织、教学实施、教学评价方面运用了很多合理的策略与技巧，具体分析如下：

本节课是该模块整体设计下的第五课时，教师能基于模块整体设计、确定本课时的教学目标，教学目标中的阅读、写作技能目标明确，能体现读写结合。

在内容组织上，符合适切性原则，教师能围绕主题选择适合学生仿写的文本作为阅读材料，并通过视频的方式补充语料，帮助学生扩充写作素材。

在读写教学实施过程中，教师能创设语境，激发学生的读写动机。

在读写的习得与构建阶段，教师运用了以下三个策略：第一，帮助学生分析、梳理篇章框架。让学生快速浏览文章，通过中心句、关键词，概括文章要点，补充标题，培养学生概括信息的阅读技能；让学生抓住 first、second、third 三个关键词，提取文本内容要点，初步梳理文本的架构，为后续写作做准备；让学生再次阅读短文，通过思维导图梳理文本信息，进一步理解文本内容。第二，设计相应的任务，帮助学生内化语言，包括让学生从阅读文本中学习一些新的句式表达，丰富语言表达形式。第三，搭建支架，演绎写作思路。本节课主要帮助学生搭建了内容支架、结构支架和语言支架。内容支架可帮助学生明晰写作内容。

在阅读篇章后，学生观看了一个介绍各个场景规则的视频，并让他们根据场所对相关的规则进行分类。这个任务既拓展了一些相关短语，又帮助学生对知识进行归类，为接下来写作选材做准备。

在帮助学生解构阅读文本和构思写作的过程中，教师都是利用同一个思维导图。这个思维导图结构清晰，令学生能较容易理解“总—分—总”的架构和“主题—内容”的关系，有助于学生逻辑思维的培养。

在写作指导过程中，教师通过范例，引导学生通过补充细节信息、变换句式等方式，使语言表达更丰富，为学生写作提供语言支架。

在教学评价方面，教师也遵循了“教—学—评”一体化的原则。在同伴互评阶段，教师给学生提供了一个 writing checklist，引导学生逐项对照、检查和修改。此外，在各个教学环节，教师都能通过学生的学习表现评估教学实施的效果与目标的达成情况。

思考与练习

1. 语音教学在不同阶段各有哪些教学侧重点?
2. 简述如何分层分类设置词汇教学目标。
3. 简述语法教学过程设计的策略与技巧。
4. 简述组织听说教学内容的策略与技巧。
5. 如何基于模块整体教学思路开展读写教学?
6. 简述读写“教—学—评”一体化的设计与实施策略。

主要参考文献

[1] 文秋芳. 二语习得重点问题研究 [M]. 北京：外语教学与研究出版社，2010.

[2] 刘宝胤. 英语，爱“拼”才会赢：聊聊自然拼读那些事儿 [M]. 北京：外语教学与研究出版社，2015.

[3] 程晓堂. 改什么? 如何教? 怎样考? ——义务教育英语课程标准（2022 年版）解析 [M]. 北京：外语教学与研究出版社，2022.

[4] 鲁子问，王笃勤. 新编英语教学论 [M]. 2 版. 上海：华东师范大学出版社，2010.

[5] 鲁子问. English Pedagogy 英语教学论：英文版 [M]. 上海：华东师范大学出版社，2012.

[6] 朱晓燕. 英语课堂教学策略：如何有效选择和运用 [M]. 上海：上海外语出版社，2011.

[7] 王笃勤. 小学英语教学策略 [M]. 北京：北京师范大学出版社，2010.

[8] 鲁子问，康淑敏. 英语教学方法与策略 [M]. 上海：华东师范大学出版社，2008.

[9] 傅瑞屏. 英语课程与教学论 [M]. 广州：广东高等教育出版社，2014.

[10] 范文芳，庞建荣. 英语听说教学论 [M]. 南宁：广西教育出版社，2018.

[11] 凌顺诗. 小学英语 IIO 课堂教学模式 [J]. 中小学英语教学与研究，2015 (11).

[12] 凌倩华，凌顺诗. 开展基于教材的模块整体教学，培养小学生的英语写作能力 [J]. 英语学习，2021 (8).

[13] 王蔷. 在英语教学中开展读写结合教学的意义及实施途径 [J]. 英语学习（教师版），2020 (5).

[14] 余优美. 基于读写结合的小学英语教学研究 [J]. 江西教育，2021（41）.

[15] 王蔷. 连接拼读、阅读与写作教学：均衡的英语读写素养发展模式探析 [J]. 英语学习，2021（6）.

[16] 王蔷，李亮. 推动核心素养背景下英语课堂教—学—评一体化：意义、理论与方法 [J]. 课程·教材·教法，2019（5）.

[17] 王蔷. 从综合语言运用能力到英语学科核心素养：高中英语课程改革的新挑战 [J]. 英语教师，2015，15（16）.

[18] 梅德明，王蔷. 新时代义务教育英语课程新发展：义务教育英语课程标准（2022 年版）解读 [J]. 基础教育课程，2022（10）.

[19] 中华人民共和国教育部. 普通高中英语课程标准（2017 年版 2020 年修订）[S]. 北京：人民教育出版社，2020.

[20] 中华人民共和国教育部. 义务教育英语课程标准（2022 年版）[S]. 北京：北京师范大学出版社，2022.

第六章
小学英语课型分析

学习目标

1. 了解课型与模式的关系、“小学英语 IIO 课堂教学模式”的基本理念。

2. 了解小学英语课型的划分方法。

3. 掌握“小学英语 IIO 课堂教学模式”在各种课型中的应用方法，特别是输入（input）、内化（internalization）与输出（output）核心环节的操作。

4. 熟悉课堂教学中几种常见课型（对话课、短文课、故事类绘本课、非故事类绘本课和综合拓展课）的特征及教学策略。

第一节
小学英语课型分类和依据

一、课型与小学英语 IIO 课堂教学模式概述

（一）课型的含义与划分

课型是课的类型、模型的简称。它有两层含义：一是指课的类型，是在按某种分类基准（或方法）对各种课进行分类的基础上产生的，主要研究课型的概念、分类、结构和特征。二是指课的模型，它是在对各种类型课的教学任务、教学内容、教学策略、师生活动方式、需用时间等方面的共同特征进行抽象和概括的基础上形成的模型、模式。

我国一般从语言知识、语言技能、语篇体裁、学习过程四个维度对小学英语课型进行划分。从语言知识维度划分，可分为语音课、词汇课和语法课；从语言技能

维度划分，可分为听说课和读写课；从语篇体裁维度划分，可分为对话课、短文课、歌曲与小诗课、绘本课；从学习过程维度划分，可分为新授课、巩固课、复习课和综合拓展课（见图6－1）。

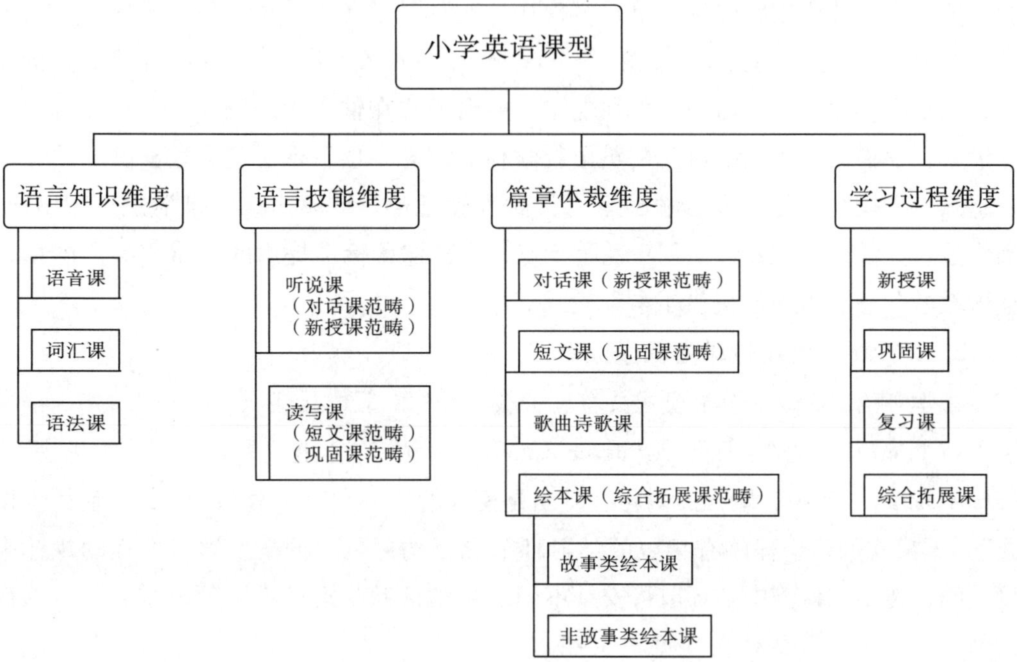

图6－1　小学英语课型

这里需要注意两点：

第一，从不同维度划分的课型是有交叉重合的，其中语言知识维度与学习过程维度的课型交叉点最多。在具体某一单元里，语音、词汇和语法课通常以新授课形式出现，在若干节语音、词汇和语法的新授课后，可考虑安排巩固课。在期末复习阶段，可设置复习课对一学期的语言知识进行归类梳理。听说课的篇章体裁多数为对话，与对话课重合，且一般属新授课范畴。读写课的篇章体裁多数为短文，与短文课重合，且一般属巩固课范畴。绘本课通常用于主话题拓展，属综合拓展课范畴，绘本课有故事类绘本课和非故事类绘本课两个分支。

第二，每种课型都有其对应的课堂教学模式，就是指依据教学思想和教学规律而形成的在课堂教学过程中必须遵循的比较稳固的教学程序及其方法的策略体系，包括教学过程中诸要素的组合方式、教学程序及其相应的策略。

（二）小学英语 IIO 课堂教学模式

对广大教师而言，掌握一套适合小学英语学科多种课型的教学模式，对提高教学水平和保障教学质量是十分有帮助的。由广州市番禺区小学英语教研员凌顺诗老师引领区内教师自主构建的“小学英语 IIO 课堂教学模式”就是一个不错的选择。

1. IIO 教学模式的内涵与特点

“小学英语 IIO 课堂教学模式”是依据二语习得理论并在实践中不断提炼和构建的、适合小学英语主题引领下单元（模块）整体教学各种课型的教学程序与方法体系。“IIO”为英文单词 input（输入）、internalization（内化）和 output（输出）的缩写，揭示了学生语言学习的过程和规律，突出了“在输入中理解语言，在操练中内化语言，在输出中运用语言”的英语教学核心理念，也呈现了英语教学模式“先输入感知，再操练内化，最后输出运用”的程序逻辑。该模式具有科学性、适用性、操作性、灵活性、有效性、创新性等特点，为新课程标准提出的“素养导向的单元整体教学”各课型教学提供了参考模式。

2. IIO 教学模式的课堂教学流程

小学英语 IIO 课堂教学模式共有五个教学程序：教学准备（preparation）—语言输入（input）—语言内化（internalization）—语言输出（output）—学习评价（assessment）。其中，输入、内化、输出是模式的核心程序，故名“IIO 课堂教学模式”。该模式的各个程序有相应的学习环节和目的，是根据学生学习过程的规律来设定的，在不同课型中各环节可安排不同的教学活动与运用不同的教学方法，从而达到“一模多式”的效果（见图 6-2）。

3. IIO 教学模式与单元整体教学

新课程标准提出要推动实施单元整体教学。现结合“小学英语 IIO 课堂教学模式”谈谈不同课型在单元整体教学中的课时顺序、内容选择与教学程序。

一般来说，各课型在单元中没有绝对固定的先后顺序，但会有相对稳定的排序，听说课、读写课与综合拓展课体现学生技能与能力的螺旋上升，其顺序不可调换。语音课一个单元可安排一节，主要进行 phonics 的学习和朗读训练，以发展学生拼读和记忆单词的能力，形成语感。词汇课不是每个单元的必要课型，主要用来学习批量的同话题实义词（词组）。若单元中的新单词以功能词为主或者话题比较分散，则可以把新单词穿插在听说课或读写课中去学习，不必安排专门的词汇课。语法课也无须在每个单元中安排，亦不宜在语法项目初学阶段安排。一般通过充分的语言体验后，才设置语法课总结语法规律和运用。

需要注意的是，无论何种课型，均要重视语言情境创设，特别在输入（input）和输出（output）环节。语言材料选用应尽可能坚持教材“对半原则”，因为教材提供的语言材料多是经过人工化处理以更有效地针对学生水平，有必要引入真实、地道、自然的语篇材料，让学生更自然地习得语言并学习语言中所承载的文化知识，实现课程提出的工具性与人文性的统一。

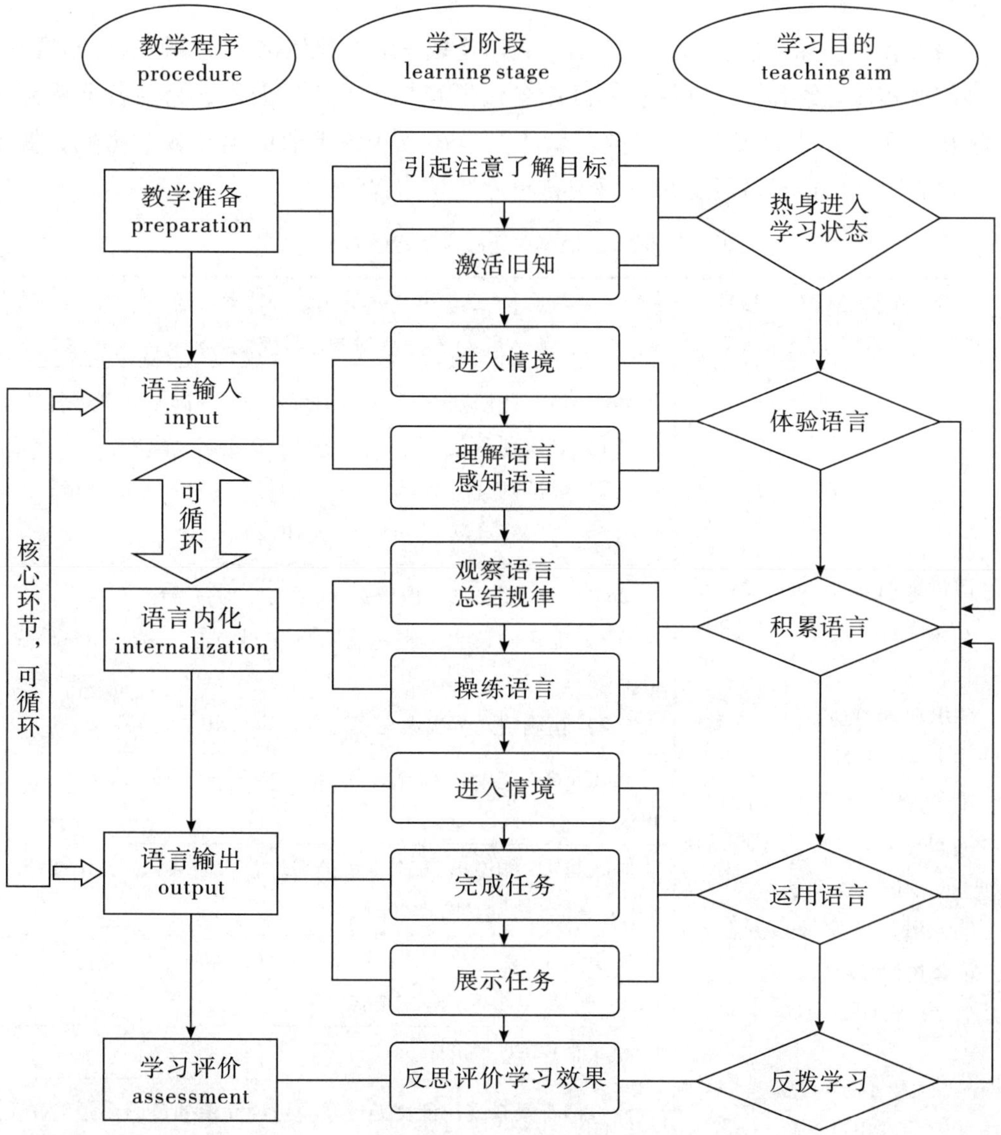

图 6－2 小学英语 IIO 课堂教学模式教学流程图

二、根据语言知识划分课型

根据语言知识维度，可以把小学英语课划分为语音课、词汇课和语法课。教师通过这三种课型，组织学生系统学习语言知识，为后续的听说课、读写课、绘本课、综合拓展课等扫清语言障碍，让学生在语境中更流畅地开展语言交际和语用活动。

（一）语音课

语音课不仅要系统学习语音知识，还要培养语音意识和自然拼读等能力，一般安排在单元各课时之首。

语音教学目标和语音知识内容是实施语音教学的重要依据。在实际教学过程中，教师需要整体理解和把握新课程标准中各级语音知识的内容要求，将目标分解到各个模块（单元）中。表6－1以教科版小学英语三年级上册的语音教学为例，展示了如何将整体的语音教学目标分解到各单元的具体教学中。

表6－1　语音单元教学目标的确定

三年级上册语音教学目标 （三年级起点）	三年级上册单元语音教学目标 （目标分解到单元，仅供参考）
初步能听辨单词中的音素（包括首音、尾音、中间音等）。 能识别26个大、小写字母，并读出其字母名。 能吟唱字母音韵律诗：A for apple，/æ/，/æ/，/æ/. B for boy，/b/，/b/，/b/... 能说出26个字母的字母音。 能模仿说简单的英语	Module 1　能识别26个大、小写字母，并读出其字母名： （1）能识别26个大、小写字母，并正确读出来； （2）能准确背诵字母表，能说出每个字母相邻的字母； （3）能唱字母歌 I can say my ABC
	Module 2　能更熟练地识别26个大、小写字母： （1）能正确读出单词里含有的字母，如 a－p－p－l－e，apple。 （2）正确快速读出大写字母组，如：NBA
	Module 3　能吟唱字母音韵律诗：A for apple，/æ/，/æ/，/æ/. B for boy，/b/，/b/，/b/...
	Module 4　能说出26个字母的字母音，如 A /æ/，B /b/...（先元音字母，后辅音字母）
	Module 5　能初步听辨单词中的音素，如听 cat，能拆分说出 cat 含有/k/－/æ/－/t/三个音
	Module 6　复习巩固
	注：把听录音模仿课文朗读及模仿说简单的英语渗透到单元每课时

当然，若教材有语音板块，亦可根据教材语音教学内容推进语音教学，如教科版小学英语教材的 Sound family 就是语音板块，此时可以选择直接利用教材教学，无须再进行专门的单元目标和材料补充。不过，现实中小学英语教材语音板块受版面限制，往往不能满足学生的语音学习需要。教师需要补充经典、地道且富有趣味性的视听素材性课程资源进行理解输入、巩固内化和输出运用。

（二）词汇课

在词汇课中，词汇教学的目标大致如下：（1）能理解新词词义，读准单词或词组，尝试拼写单词或词组；（2）能听、说、读（写）含有该词（词组）的句子；（3）在简单情境中，能初步用相关单词（词组）进行对话（2～5个话轮）或连贯表达（2～5个句子）。

基于IIO教学模式的词汇课教学包括三个基本环节。第一个是输入环节（input），教师通常会以图片、照片、图表、实物、视频等媒介，结合师生语言互动创设情境，集中呈现同类实义词。第二个是内化环节（internalization），重点在于通过一系列活动，操练巩固词汇的音、形、义、用。第三个是输出环节（output），需要教师创设情境，让学生初步用相关单词（词组）进行对话或连贯表达。此环节应尤为关注如何引导学生用单元主题相关的词汇和句型，在真实语境下进行初步的语言运用和交际。

（三）语法课

语法知识是“形式—意义—使用”的统一体。语法教学应尽可能使用学生有机会在语境和语篇中感知语法形式和语法的表意功能，然后在关注意义的基础上，教师结合具体的语境呈现语法结构，引导学生观察语法形式，分析、归纳语法规则，之后教师做必要的讲解和总结。

基于IIO教学模式的语法课教学，在输入环节的目标应是结合语篇创设情境，引起学生对语法知识“形式—意义—使用”的立体关注，提炼语法规律。到了内化环节，可设计丰富多样的语法练习形式，将语法练习融入听、说、读、看、写等语言实践活动中，使语法规则内化为语法意识。而到输出环节，教师则应尽可能设计真实和贴近生活的任务，让学生在语境中正确得体运用语言，实现表意功能。

三、根据语言技能划分课型

根据语言技能维度，可以把小学英语课划分为听说课和读写课。听说课和读写课旨在帮助学生在语言学习中通过获取信息、建构知识、表达思想、交流情感，提高理解性技能和表达性技能，促进语言的综合运用。

（一）听说课

听说课是以理解性技能和表达性技能为培养目标的课型，侧重听说交际能力的培养。语言学习最有效的途径是在真实的语境下进行交际，因此听说课应选用真实、地道、相对完整的语言材料。人教版和教科版小学英语教材中“Let’s talk”栏目的对话是听说课首选语篇。

基于IIO教学模式的听说课教学，在输入环节，教师可利用课文插图创设情境，导入对话，呈现主题及语篇中的语言知识；在内化环节，教师可通过系列的听说活动，培养学生听说的微技能；在输出环节，教师则应关注如何创设与课文相近的情境，让学生运用所学语言模仿交际。

（二）读写课

读写课是以培养理解性技能和表达性技能为目标的课型，侧重培养学生的书面理解与表达能力。小学英语读写课的语篇选择以短文类或绘本类语篇为主。人教版教材的“Read and write”栏目和教科版教材的“Let’s read”栏目的材料均是读写课的首选语篇。与教材话题同步的配套阅读材料及与学生英语水平相当的分级阅读读物可作为读写课的拓展性语篇。

基于 IIO 教学模式的读写课教学，在输入环节，教师可利用图片、视频、小语段创设情境，导入语篇主题；在内化环节，教师应更多地通过提问、设疑，采取填写表格、绘制思维导图等方式，让学生围绕阅读任务进行阅读，获取及梳理信息，进行推理、猜测、比较、归纳、概括等，以此提高学生的理解性技能；到了输出环节，教师可以通过续写、仿写、改写等多种形式，引导学生复述、表达个人情感、态度和观点。

四、根据语篇体裁划分课型

根据语篇体裁维度，可以把小学英语课划分为对话课、短文课、歌曲与小诗课、绘本课。这些课型选用的教学语篇与其名称一致，可表达主题语言知识和文化知识，为学生提供多样化的文体素材。

（一）对话课

对话课以对话为教学语篇，包括课内语篇和课外语篇。课外语篇的选择应基于教材内容主题和话题，可以源于网络或其他版本的教材。对话课所选用的语篇多承载着语言新知，教学中以听说训练为主，突显语言交际，与听说课、新授课存在高度的交叉重合，目标要求、活动设计和操作模式相近，此处不再赘述。

（二）短文课

短文课以短文为教学语篇，除教材相关栏目所提供的课内语篇外，教师应从网络或其他版本的教材中选用适当的课外语篇，为学生提供更多的学习素材。短文课注重读写知识与读写技能整合发展，提升学生语言表达的系统性和完整性，提升思维品质，形成读写策略。在单元教学中，短文课通常安排在对话课之后进行，主要任务是对新语言点的巩固拓展。因此，短文课与读写课、巩固课也存在高度的交叉重合，此处也不赘述。

（三）歌曲与小诗课

歌曲与小诗课是较特殊的课型，它以歌曲和小诗作为教学语篇，多数小学英语教材中都有相关栏目，主要用于巩固语言知识，开展语音、节奏与韵律等的训练。该课型常见于一、二年级，三年级或以上则少有专门设置此课型，通常将其融合到语音课、词汇课或听说课等课型中作为一个教学环节处理。

（四）绘本课

目前在小学使用的绘本主要分为两类，一类是有主要人物，故事情节发展、高潮以及结尾的故事类（fiction）绘本，另一类是没有连续性故事发展的科普类（non-fiction）绘本。在小学英语课堂中，两类绘本有不同的教学途径。

1. 故事类绘本课

故事类绘本课一般采取“图片环游”的方式进行，其流程大致包括六个基本步骤：

热身引入：教师通过歌曲、图片、视频等媒介引出文本主题，激活学生已有的知识和阅读兴趣。

文本概念：教师通过引导学生识别标题、文本作者、插图作者等培养文本概念的意识，增强学生对绘本结构的理解。本环节教师可与学生谈论封面信息，也可以等待学生讲完后再进行补充或追问。

图片环游：教师引导学生从个人经验出发，根据图片信息，进行观察、分析和预测，不断提出问题，使学生在分析问题和解决问题的过程中开展阅读，令学生的阅读能力在“遇到问题—思考解决方案—阅读验证”中不断提高。在这一过程中，学生不但能学习语言知识，体验阅读过程；还能构建意义，运用阅读技巧和策略提升判断性思维和预测想象能力。

总结评论：教师通过流程图等支架，协助学生总结大意，加深理解，并通过讨论学生喜欢的角色、图片、情节等让学生对绘本形成自己的理解和判断。在课堂上，教师可以在图片环游时与学生共同构建流程图等支架，以板书的形式生成。

默读与朗读：教师可让学生把绘本默读一遍、朗读一遍，以小组为单位分角色朗读故事，加上恰当的语气选读最喜欢的故事情节等。这有利于为学生提供一个完整、充足、丰富的阅读体验。

交流与表达：在语境下，教师组织读后写、读后演、读后画等活动，促进学生语言能力协同发展。

2. 非故事类绘本课

非故事类绘本是指科普类的绘本。此类绘本涉及的科普类专业词汇较多，蕴含丰富的科学知识，有一定的教学难度。但从另一方面讲，这些科普知识也容易引起学生的学习兴趣。

科普类绘本的内容经常是平行结构的，因而适合采用拼图教学，其流程一般包括以下四个基本步骤：

（1）教师根据绘本的内容结构，把教学划分为若干部分，再将学生划分成对应数量的组（一般不超过 6 人）。

（2）教师把一个大学习任务分割成几个部分或片段，小组内每个学生负责掌握其中的一个部分或片段，教师确保每个学生都理解自己的任务和每个小组的大任务。

（3）教师把分在不同小组中学习同一部分任务的学生集中起来，组成“专家组”，共同学习和研究所承担的任务或片段。

（4）全部学生都回到自己原来的小组去，分别就自己掌握的内容教给同组其他同学，小组合作完成教师的大任务。

在进行拼图教学时，教师设计好任务单是教学成功的关键。恰当地使用拼图教学，能够有效地补充其他绘本教学方式的局限，更好地培养孩子的自主学习能力、信息提取能力和逻辑思维能力，同时能够让孩子在学习中相互合作，共同完成阅读任务。

五、 根据学习过程划分课型

根据学习过程维度，可以把小学英语课划分为新授课、巩固课、复习课和综合拓展课。如前所述，新授课与对话课、听说课存在高度的交叉重合，巩固课则与读写课、短文课存在高度的交叉重合，综合拓展课则与绘本课有较多重合，其目标要求、活动设计和操作模式均较为一致，此处均不赘述。以下将重点介绍复习课。

复习课可以基于语音、词汇、语法等语言知识进行阶段复习，也可以就语言技能的听、说、读、写开展专项复习，更可以基于单元主题进行复习。在复习的过程中，需要教师重构文本，避免单纯使用教材中原有的语篇进行“炒冷饭”式的复习。教师可以从其他版本教材相同话题的语篇中选择或改编文本，以保障输入材料的规范性和准确性。

◆第二节◆

小学英语常见课型的特点分析

“课型”是由“课”的教学内容、教学目标、教学方式、师生双方在教学中的地位所决定的一种课堂教学结构。一节课中，主要的教学活动方式是什么，这节课就可以被称为是什么课型。由此推断，课型特点也是由教学任务、教学内容和活动方式决定的。鉴于第五章对语音、词汇、语法教学已有详尽介绍，本节将重点分析对话课、短文课、故事类绘本课和综合拓展课的课型特点。

一、对话课

教材中的对话课常以“Let’s talk”栏目出现，涉及两个或多个角色的交流互动。小学英语对话教学的重点是培养学生结合话题，运用单元的核心句型进行口头表达的能力，教学的重点是“说”，是在对话交际中提升学生英语语言语用能力和交际能力，发展学生思维品质的重要课型。对话课有如下特征及教学要求：

（一）创设合理的情境

对话都是在某个情境下发生的，因此，对话课首先要尽量创设跟对话内容契合的真实情境，让学生融入语言学习的氛围。情境的创设对教师来说都不陌生，但情境创设需注意以下两点：一是因地制宜采用最经济、最有效的方式创设情境，毕竟一节课时间有限，不能在一开始就耗费师生过多精力；二是情境创设要自然，不能为了情境而情境，更不能乱设情境，影响学生对语言运用语境的理解。

教师要反思我们习以为常的“便捷式”情境创设是否真正走心。在很多课堂上，当教师问学生是否想去商店、电影院、公园、动物园等场所时，或询问学生是否喜欢某首歌曲、某种水果、某个活动时，学生都会配合地回答教师想去、喜欢，但事实上他们清楚教师在说假话，因此学生说的也不是真话。即使是课堂上的学习情境创建，也要尽量地真实和符合认知逻辑，真诚的对话情境即使仅是模拟场景学习，也会让学生从内心接受它。

（二）在互动中学习、运用核心语言

对话课的学习尤其重视“互动”，是说话者之间的有效话轮交替。在情境中呈现对话后，师生之间、生生之间还需要经过多次层层递进的互动活动进行应用实践，让语言学习逐渐从机械性问答到真实表达。英语学习活动观提倡在学习理解活动中理解语言、整合话题、体验学习，在应用实践中内化语言、语境带动、实践运用，在迁移创新活动中输出语言、任务驱动、迁移创新。

（三）关注语言的得体表达

对话课是学习语用知识的好时机。语言的得体表达是指在特定语境中准确理解他人和得体表达自己的知识，根据交际目的、交际场合的正式程度、参与人的身份和角色，选择正式或非正式、直接或委婉、口语或书面语等语言形式，得体且恰当

地与他人沟通和交流。

语用知识的运用效果以得体性作为主要指标，语言运用得体与否直接影响交际效果的好坏。得体性涉及“什么时候该说话，什么时候不该说；说的时候说什么，对谁说；在什么时候、什么场合以什么方式说”。

语言的得体表达不仅是学生普遍欠缺的，教师也如此。当前一个比较突出的问题是，教师对语言的得体性表达理解普遍狭窄化，我国学者刘建达和吴莎在其研究中，对语言的得体性分九级进行了描述，表6－2展示了语言得体性的一至五级的具体表现，可帮助英语教师更好地理解语言的得体性原则，期望教师能将其用于指导和评价对话教学实践的过程与效果。

表6－2　语言得体性（一至五级）的具体表现

等级	语言得体性的具体表现
五级	能在日常交流中注意到文化习俗的差异，表达恰当。能根据交际意图选用恰当的体裁。能根据交际场合和交际意图进行交流，话语符合身份。能在特定的场合恰当地使用礼貌用语
四级	能在日常交流中简单地表达情感，用语妥当。能在一般社交场合表达要求或建议，用语委婉。能根据语境选择不同感情色彩的词语，运用恰当。能回避日常交流中的禁忌语。能针对不同的交际对象，选用正式程度不同的话语
三级	能直接地表达观点或情感，用语基本恰当。能在日常交流中根据场合使用礼貌用语，选择恰当。能在日常交流中运用习惯用语，表达恰当、自然
二级	能在日常交流中使用常见的礼貌用语，运用恰当。能用简单的话语做出回应，表达恰当
一级	能在日常生活中使用简短的礼貌用语，运用恰当。能在日常生活中根据交际对象选择恰当的称谓

二、短文课

短文课在小学中、高年段的比例逐渐增加，是学生进入篇章阅读和模仿写作的起点。教材中的短文都是编写者精心编写的微调输入文本，有机糅合了单元核心词汇、语法和句型等知识要点，是学生学习语言知识、提高语言技能、培养学习策略的依托。短文课教学具有以下特点：

（一）借助支架，理解文本内容

短文课的语篇都有一定的篇幅，内容也更为丰富，对内容的理解是开启语篇阅读的第一步。在短文教学中，教师应先通过搭建合适的语言支架、图表支架、问题支架等，尽量让文字阅读变得简洁、可视化，引导学生把一段段语篇读薄，在理解文本内容后，再深入语篇探究结构特点和句式表达。

（二）关注篇章结构，提高语篇分析能力

语篇分析是指从整体理解语篇内容入手，分析句子与句子之间、段落与段落之间的衔接方式、逻辑思维的连贯方式以及语言形式方面的内在联系。表6-3是关于篇章知识运用能力的要求（共九级，以下是一至五级），可作为教师短文教学的参考。

表6-3 篇章知识运用能力的要求（一至五级）

级别	篇章知识运用能力要求
五级	能使用衔接手段表示对比、因果、递进或转折，使表达具有连贯性和逻辑性
四级	能使用简单的衔接手段，连贯有逻辑地表达意义
三级	能理解上下文的逻辑关系，并能使用简单的衔接手段表达承转、因果等关系
二级	能使用简单连接词建立语义联系
一级	能识别简短文本中图文间的关系

语篇分析包括宏观分析和微观分析，其中，宏观分析指分析语篇的体裁结构及其表现特征，微观分析主要关注语篇的衔接（cohesion）和连贯（coherence）。衔接和连贯密不可分。衔接是具有外在表现形式的，可以通过语法、词汇、逻辑等手段来实现，表现的是语篇的表层结构；而连贯是保证语篇交际功能的条件，是无形的，需要通过逻辑推理来达到，表现的是深层结构。

常见的衔接知识运用能力包括：①能识别故事的语篇特征，如开头、结尾等；②能关注和使用简单的连接词和短语表达连接信息、附加、对比、先后顺序或其他逻辑关系的词汇，如 and、so、for example、then、however 等；③能根据文中的连接词理解上下文的逻辑关系；④能使用指代手段和连接词等，形成寓意连贯的文本；⑤能通过变换词语、句型或调整文章结构的方法建立语句间、段落间的联系等。

（三）以读促写，提高学生的语言输出能力

教材中的短文是综合主题内容、篇章结构和语言运用的仿写范本。教师应紧扣课堂内容，采取多种形式，通过显性的读写结合教学，以读促写，提升学生的写作能力。例如，在短文教学过程中，可开展与阅读相关的“十分钟写作活动”，引导学生读写结合，营造良好的写作氛围，帮助学生养成阅读与写作的习惯。

三、故事类绘本课

随着我国中小学生英语阅读素养发展目标理论框架的建构，培养学生良好的阅读素养已经成为共识，绘本阅读课也逐渐成为英语教学的重要教学内容和教学形式。近年来大家感受尤其深刻的两点是：一是适合我国学生学情的配套英语分级绘本书目越来越丰富多样；二是绘本阅读教学研究不断深入，关于绘本阅读的论文呈指数上升，英语阅读教学的内涵和外延不断得到丰富，图片环游、拼图阅读、持续默读、阅读圈等更多英语阅读教学途径进入了我们的课堂。

尤其需要指出的是，绘本阅读是“整本书阅读”，强调书籍的完整性和整体性，这是绘本阅读与教材阅读语篇的最大不同。故事类绘本课具有以下特点：

（一）语篇研读注重 what、why 和 how

绘本故事教学前的语篇研读非常重要。语篇研读是读者对语篇的主题、内容、文体结构、语言特点、作者观点等做深入的解读和分析，是教师在教学中落实立德树人和学科核心素养目标的重要起点，教师对文本的解读深度直接决定了学生文本学习的深度。

在故事类绘本课上进行英语文本解读时，应主要回答 what、why 和 how 这三个问题。其中，what 主要解答语篇的主题和内容“是什么”的问题；why 关注语篇传递的意义是什么，语篇所承载的价值取向是什么，作者传递了什么样的意图、情感态度或价值取向；how 则重在分析语篇的文体特征、内容结构和语言特点，讨论语篇的编排、段落之间有什么关联，具有什么样的语言特点，进而分析语篇是如何为主题服务的。

因此，在进行绘本阅读教学时，教师应重点把握三个方面：一是内容领先，先让学生读懂故事；二是在深入阅读中发展学生思维；三是关注语篇知识。

（二）图文结合，问题导读导思

英语绘本，特别是低、中年段的分级绘本，往往都是图文并茂的。低年段的功能性绘本（解码读本、视觉词读本）为了弱化词汇，甚至会直接用图片代替单词，让学生把更多关注力放在单词解码或视觉词认读上。中、高年级使用的分级绘本中文字有所增加，但图片比例仍占很大比重，这也符合小学生视觉认知占主导的认知特点。

加拿大学者培利·诺德曼（Perry Nordlman）在谈到图画书中的“图”与“文”的关系时说，“图”绝非文字的附属品，而是与文字相辅相成，共同阐述书本内容的另一种“语言”。日本“绘本之父”松居直先生指出，与插画书不同，绘本中的图画是主体，不仅具备解释文字的叙述性，更作为故事情节主要载体而独立存在，对于故事叙述的完整性起到不可或缺的作用。教师在绘本教学中对图、文的处理必须以这样的认识作为前提。

跟教材的一般语篇教学不同，绘本教学应注重在真实的书本阅读过程中拓宽学生视野、培养阅读兴趣，同时加深对教材某个主题的认识。绘本阅读教学不是“教”绘本，而是通过问题“引导”学生更好地读懂绘本，因此问题链的设计以及如何在适当时候进行提问、引导的时机要把握得当。

图6－3是广州市番禺区周燕沂老师在全国第四届中小学英语阅读教学学术研讨会发言中分享的一个绘本课例中的一张图片。该绘本选自《大猫英语分级阅读》七级，授课年级是六年级学生。在pre-reading、while-reading、post-reading过程中，周老师共设置了11个层层递进、环环相扣的问题链，有效引导学生进行预测、阅读、反思，了解了小狗喜欢咬东西背后的原因，以及养宠物应有的责任感。

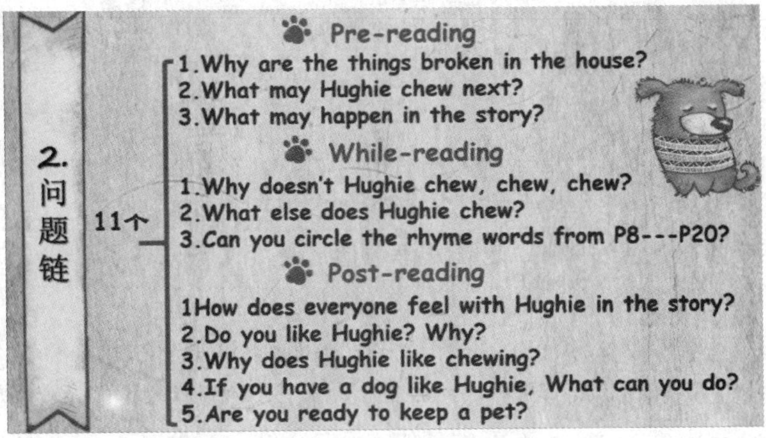

图6－3　绘本教学中的问题链设置

（三）挖掘绘本育人因素，巧妙融入教学过程

当前我国英语教学中存在的一个普遍问题是，情感态度与价值观的落实普遍生硬，很少水到渠成地生成，达到内化于心的境界。开展绘本教学可以在一定程度上解决这个问题。我们知道，英语绘本最大的特点是人文性色彩浓厚，题材普遍带有育人因素，其丰富的语言、情节或图片很容易触动孩子的心弦。图画与文字相结合的故事讲述模式，有利于激活学生头脑中的相关语言图式和内容图式，使其能轻松地学习语言，并深化其对中西文化的理解。英语教师应善于挖掘绘本的育人因素，在语言教学中巧妙地融入价值观的教育，做到润物细无声。

例如，广州的蔡菁菁老师在一节绘本公开课 *A Squash and a Squeeze* 的post-reading

环节中，带领学生重点分析了老太太这一角色。她先提出问题："Look at the little old lady's facial expression. What was her mood in each picture?" 引导学生通过对比图片（见图 6－4）感受老太太 "unhappy → curious → crazy → curious → happy" 的心理变化过程，并在故事地图相应阶段补充板书；随后引导学生对比老太太在开篇与结尾截然不同的想法与做法，进一步提问："How did she change her feeling?" 让学生借助故事地图复述故事，从中感悟"快乐与否很大程度上取决于个人心态"，学会以积极心态面对生活，常怀感恩惜福之心，同时学会辩证地思考问题。

图 6－4　绘本公开课"A Squash and a Squeeze"插图

四、综合拓展课

综合拓展课要求教师对整个单元内容有全局观，然后基于单元内容选择合适的拓展资源进行全面盘活，是一种非常有挑战性的课型。这种课型一般放在单元学习的最后，需要前面课型的铺垫，是英语学习活动观中迁移创新类活动运用得最多的课型。

综合拓展课有两个关键词："综合"和"拓展"。这跟复习课是有所区别的：复习课强调的是在"温故"的基础上"知新"，重在"温故"；而综合拓展课是在综合运用前面所学内容的基础上有新的延伸，而且这个"延伸"不是"综合"的附属物，是一节课的重点。综合拓展课具有以下特点：

（一）基于主题选择与串联拓展语篇

综合拓展课不能局限于某一个知识点，而要基于单元主题，纵向、横向梳理单元所涉及的核心知识点，整合关联，形成知识网络，并在新情境中进行综合运用。

（二）在完成任务中培养学生的高阶思维能力

由于是完成一个单元后的综合拓展，此时学生已经具备一定的语言和能力基础，因而教师设计的任务不能停留在低层次，而要有意识地设计更多需要高阶思维的活动，引导学生在语言实践中深度内化知识的同时不断提高发散性思维和聚合性思维能力。

（三）合作探究，提高综合语言运用能力

综合实践活动课可视为类似于项目式的学习活动，学生在模拟的语境中综合运用单元所学合作完成任务，合作探究，并进行成果展示，实现综合语言运用能力的提升。

章后小结

1. 课型是课的类型、模型的简称，有两层含义：一是课的类型，二是课的模型。小学英语课型一般可以从语言知识、语言技能、语篇体裁、学习过程四个维度进行划分。根据语言知识维度一般可以划分为语音课、词汇课和语法课，根据语言技能维度可分为听说课和读写课，根据语篇体裁维度可分为对话课、短文课、歌曲与小诗课、绘本课，根据学习过程维度可分为新授课、巩固课、复习课和综合拓展课。

2. 课的模型指的是依据教学思想和教学规律而形成的在课堂教学过程中必须遵循的比较稳固的教学程序及其方法的策略体系，包括教学过程中诸要素的组合方式、教学程序及其相应的策略。“小学英语 IIO 课堂教学模式”由广州市番禺区小学英语教研员凌顺诗老师引领区内教师自主构建而成，“IIO”为英文单词 input（输入）、internalization（内化）和 output（输出）的缩写，揭示了学生语言学习的过程和规律，既突出学科核心理念“在输入中理解语言；在操练中内化语言；在输出中运用语言”，也呈现了模式的程序逻辑，即先输入感知，再操练内化，最后输出运用。该模式可应用于不同课型当中，具有一模多式的特点。

3. 小学英语课堂中，常见的课型有对话课、短文课、故事类绘本课和综合拓展课等。不同课型有不同的课型特征及教学要求。例如：对话课重视情境的创设，在互动中学习与运用核心语言，关注语言表达的得体性；短文课注重搭建支架，帮助学生理解文本内容，关注语篇结构，提升学生语篇分析能力，以读促写发展学生的语言表达能力；故事类绘本课重视语篇研读，图文结合，问题导读导思，挖掘绘本的育人因素并巧妙融入教学过程；综合拓展课要基于主题选择与串联拓展语篇，在完成任务的过程中培养学生的高阶思维能力，重视培养学生合作探究、综合语言运用的能力。

案例分析

故事类文本的解读案例：*Puppy in a Box*

广州市番禺区洛溪新城小学　李楚华

What

Puppy in a Box 是《丽声北极星分级绘本·第二级上》中的一本故事类读物。绘本中介绍了这样的一个故事：农场主有两只小狗，Jack 把其中一只带回家，可是这只小狗一直在不停地吠叫，给 Jack 的父母、朋友带来困扰。一天，Jack 放学回到家，发现家里静悄悄的，原来 Jack 的父母把另外的一只小狗也接回家，小狗有了朋友，再也不吵闹了。

Why

绘本故事为读者展示了 Jack 有爱的一家，他们不仅爱小狗，更懂得聆听小狗的需求，体会小狗的感受，从而突出“人与自然”的主题，传达出“爱宠物，懂宠物”的主题意义。

How

本文采用第三人称视角，使用一般现在时讲述故事。在故事的开端、发展、结局隐含两条主线。第一条主线是小狗行为的变化：不吠叫—吠叫—不吠叫；第二条主线是 Jack 一家人情绪的变化：开心—不开心—开心。随着这两条矛盾的主线的开展，绘本故事为读者展示了 Jack 有爱的一家。

[问题讨论]

对故事类绘本课进行文本解读时，应从哪些方面着手？为什么？

[参考点评]

对故事类绘本进行文本解读，应借助 what、why 和 how 三个问题，对文本的主题、内容、文体结构、语言特点和作者观点等做深入的解读和分析。

思考与练习

1. 简述如何划分小学英语课型。
2. 简述常见课型的特征及相应的教学策略。
3. 介绍“小学英语 IIO 课堂教学模式”教学过程的核心环节。
4. 单元整体设计与教学的难点是什么？应如何克服难点？
5. 简述语篇研读、目标设置与过程设计的主要策略。

主要参考文献

[1] 王蔷，敖娜仁图雅，罗少茜，等. 小学英语分级阅读教学：意义、内涵与

途径［M］．北京：外语教学与研究出版社，2017.

［2］郑文．“浙江省中小学学科教学建议”案例解读：小学英语［M］．杭州：浙江教育出版社，2015.

［3］刘建达，吴莎．中国英语能力等级量表研究［M］．北京：高等教育出版社，2019.

［4］梅德明，王蔷．改什么？如何教？怎样考？——高中英语新课标解析［M］．北京：外语教学与研究出版社，2018.

［5］凌顺诗．小学英语 IIO 课堂教学模式［J］．中小学英语教学与研究，2015（11）.

［6］张献臣．加强英语语篇教学　提高英语阅读效率［J］．课程·教材·教法，2009，29（6）.

［7］林小芳．整体语言教学在小学英语绘本教学中的应用［J］．教育实践与研究，2012（5）.

［8］凌顺诗．在阅读教学中运用“比较”发展小学生思维能力：以故事类和非故事类英语绘本阅读教学为例［J］．英语学习，2020（6）.

［9］王蔷．非故事类英语读物教学的意义与有效途径［J］．英语学习（教师版），2018（2）.

［10］李静，张金秀．借助英文非虚构类绘本教学中国文化的策略探析［J］．中小学外语教学（小学篇），2020（11）.

［11］孙思静．一次非虚构类绘本教学的设计与改进思考［J］．中小学外语教学（小学篇），2020，43（11）.

［12］张佳佳．小学英语科普类绘本教学的实践探索［J］．中小学外语教学（小学篇），2021，44（8）.

［13］李静．例谈小学英语整本书阅读教学的设计与实践［J］．中小学外语教学（小学篇），2019，42（8）.

［14］中华人民共和国教育部．义务教育英语课程标准（2022 年版）［S］．北京：北京师范大学出版社，2022.

第七章 小学英语单元整体设计与教学

学习目标

1. 了解小学英语单元整体教学的目的和意义。

2. 理解小学英语单元整体教学设计中开展教学内容分析、确定单元教学目标的依据与原则。

3. 掌握单元整体教学实施、单元整体作业设计等具体方法与策略。

随着新课程改革向纵深推进，如何依托课程内容与教学活动发展学生的核心素养成为英语教育最重要的目标。我们需要找到衔接课程内容与核心素养的“融合剂”，融通课程内容形态转化为核心素养形态的内在逻辑链。以英语学科大观念建构为路径的单元整体教学恰恰是衔接课程内容和核心素养的中介与桥梁，是落实核心素养的重要抓手和有效工具。

以大观念建构为路径的单元整体教学，为解决教学设计缺乏纲领性统领、内容碎片化、过程表面化和评价形式化等问题提供了重要思路和方案，使课程内容呈现出情景化、结构化、序列化的特征，能够避免知识和能力碎片化的学习模式，在整合课程内容、教学目标、学习情境、学习活动和课程资源的基础上，促进学生课程核心素养的形成和发展。

第一节 单元教学内容分析

由主题、语篇、语言知识、文化知识、语言技能和学习策略六要素构成的英语课程内容是一个相互关联的有机整体。英语课堂教学就是围绕这些要素，通过学习理解、应用实践、迁移创新等活动，推动学生核心素养的可持续发展。

从形式看，单元教学内容以主题和语篇形式加以呈现，主题为语言学习和课程育人提供语境范畴，主题意义是关于主题的陈述性表达；语篇承载表达主题的语言知识和文化知识，为学生提供多样化的文体素材。

一、分析单元教学内容，梳理各语篇的主题意义

实施单元整体设计与教学，要求教师对教材单元的教学资源进行深入的解读和分析，挖掘各主题的内容，提炼其所承载的意义，以学科育人，结合学生的认知逻辑、生活经验和思维发展三个维度挖掘单元的教学价值。从这一点上来说，英语课程应该把对主题意义的探究视为教与学的核心任务之一。

小学英语课程的单元主题包含主题范畴、主题群和子主题三个层级，教材一般是在“人与自我”“人与社会”“人与自然”三大主题范畴下，分别从“我”“社会”“自然”三个视角，设置单元主题群及下一级的子主题内容。例如，在教科版英语教材的一级主题内容中，教材先是基于“人与自我”的范畴，设置“生活与学习，做人与做事”等主题群，然后在该主题群下又设置了若干相互关联的子主题，包括“身边的人和事”“时间管理”“生活自理与卫生习惯”“家庭与家庭生活”等。教师实施单元整体设计与教学，就需要整体把握教材的主题范畴、主题群和子主题，认真分析各单元的教学内容，梳理各语篇的主题意义，理清其与子主题、主题群和主题范畴之间的关系，将各课时、各语篇的教学置于整个单元、整个学期甚至整个学年的教学中综合考虑，关注学生英语核心素养的培养。

二、探究语篇主题意义，建构单元主题大观念

单元内容一般由多个不同模态的语篇组成，教师应在深入研读单元内容的基础上提炼出各语篇的主题意义，从主题意义、内容逻辑、文体特征以及语言形式四个层面分析单个语篇，然后厘清单元各语篇在上述四个层面的相关性。依托单元大主题下多个语篇的协同，教师可以帮助学生学习并运用语言知识与技能策略，从多角度分析问题和解决问题，建构围绕单元主题相对稳定的语言和文化知识的认知结构，形成概念、情感态度和价值判断力，为在真实情境中运用所学解决问题创造条件。

我们以教科版小学英语三年级上册“Enjoy our toys”为例，谈谈单元整体设计中如何基于语篇主题意义，深挖语篇背后的价值观念和文化知识，提炼其主题大、小观念。该单元以七个语篇（四个教材语篇、三个增加语篇），从不同角度、不同程度谈论学生们的日常玩具，单元内各语篇与单元主题之间，以及各语篇之间相互关联，构成三个子主题，即“认识我们生活中的玩具”“懂得爱护玩具，乐于分享、学会感恩”“联系地方传统文化节日创作玩具，体验动手劳作的乐趣”。学习活动按照学习理解、应用实践和迁移创新三个层次逐步展开，循序渐进，螺旋上升。学生

将零散的知识内容有意义地联系起来，建构基于主题的结构化知识，形成主题大观念“用所学语言介绍、描述玩具，分享自己与玩具的‘日常互动’，表达热爱玩具、乐于分享、乐于创作的情感”，发展语言运用能力，形成热爱生活、乐于分享、乐于动手的正确观念和价值判断（见图 7 – 1）。

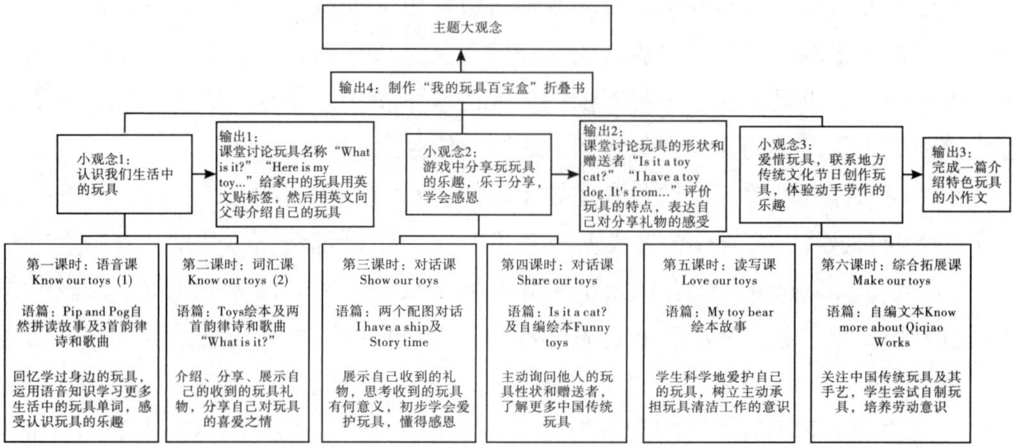

图 7 – 1　“Enjoy our toys”单元主题大观念

三、梳理单元结构化语言，提炼单元语言大观念

语言大观念指学生在学习和使用语言的过程中，感知与体悟的关于语言是如何理解和表达意义的知识结构、方法策略和学习观念，是辅助主题大观念建构的重要中介工具和过程载体。为了提炼单元语言大观念，教师需要分析、概括、归纳语篇内的语言知识与技能、策略与方法。

就语言知识与技能而言，“Toys”单元主要涉及以下三类词汇和表达方式的理解与运用：一是描述玩具的外形；二是描述玩玩具的乐趣；三是描述对玩具的管理，包括不爱惜玩具和不乐意跟他人分享玩具等问题。

就语法而言，该单元主要是在游戏中猜玩具和描述玩具的性状、拥有者或赠与者。因此，本单元的第一个语言小观念可以提炼为“围绕语义，观察图片、视频，阅读语篇，朗读韵文，咏唱歌曲，获取玩具信息，整合性学习词汇和表达方式”，即从“观察发现—描述现象—提出问题”三个方面，结合图像观察，将单元的词汇和表达方式建立关联，形成新的结构化知识体系。

就学习策略与方法而言，学生需基于已有语言积累和生活经验，借助地方传统文化乞巧节的传统手工艺玩具制作的介绍，将此单元的第二个语言小观念提炼为“介绍如何爱护玩具，根据对传统玩具手艺的学习，设计并介绍自己喜欢的玩具”（语言大、小观念的建构流程如图 7 – 2 所示）。

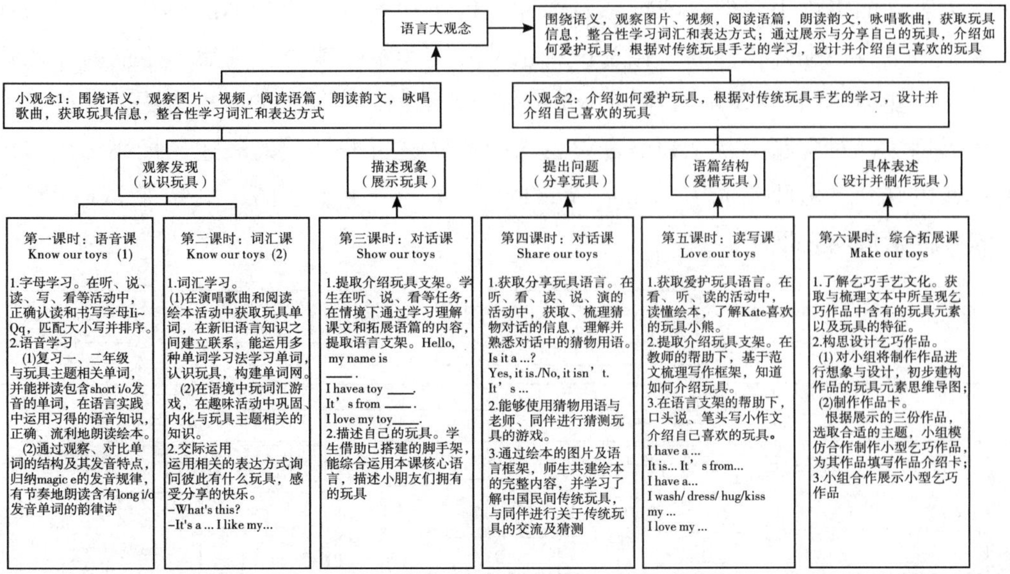

图 7－2 “Enjoy our toys” 单元语言大、小观念的建构流程

四、融合主题和语言大观念，协同建构单元大观念

教师梳理和整合课程内容，融合主题大观念和语言大观念的协同建构，立足立德树人本质，为建构单元育人蓝图提供了新思路。当前英语课程由聚焦语言知识点转向关注语言所承载的文化内容，由碎片化学习转向整合关联的结构化学习。一方面，英语学科大观念以主题大观念为引领，以语言大观念为动力和手段，不仅实现对主题内容的价值提炼和语言技能和策略的实践，为课程内容的整合组织提供有序框架，而且帮助学生在碎片化的知识点之间建立合理关联，形成结构化、系统性的核心观念，为思维的迁移和创造奠定基础。另一方面，英语学科大观念是通向核心素养的桥梁，是核心素养内隐在课程内容中的衔接点，为运用英语解决问题提供知识基础、认知方式和迁移框架，培养学生在问题情境中运用所学语言和技能、方法和策略及思想观念等分析问题和解决问题的能力。

虽然语言大观念和主题大观念本质上都是“可迁移的概念性理解”，但二者的侧重点有所不同。语言大观念致力于通过提升学生的语言意识来促进学生语言能力的发展；主题大观念则把课程育人作为英语教育的主要目标，致力于在促进学生成长与发展的主题意义的建构过程中，促进学生语言知识与语言技能的整合发展，最终服务于指向立德树人的英语教育目的。

单元大观念本质上是在单元层面围绕多个语篇的子主题建构和生成结构化知识。主题大观念承载育人价值，是通过英语发展学生核心素养的大观念，是指向英语学科本体的语言大观念，它是辅助跨学科主题大观念建构的重要中介工具和过程载体。

单元大观念的提炼不仅应反映情感、态度、价值观等方面所传达的概念，还要关注语言学习本身，提升学生的文化意识、思维品质和学习能力，发展学生的跨文化沟通与交流能力。图 7－3 是“Enjoy our toys”单元大、小观念的建构流程，教师运用层级提炼法，对主题大观念和语言大观念的关联进行概括化的表述，最终形成上位的单元大观念，由此完成了“Enjoy our toys”单元的育人蓝图，服务于学生学科核心素养的形成与发展。

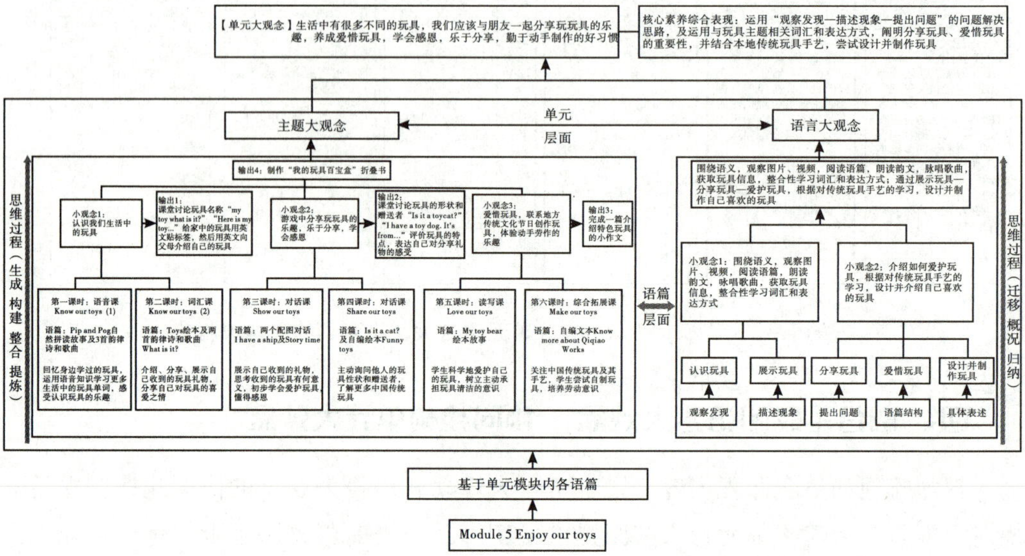

图 7－3　“Enjoy our toys”单元大、小观念的建构流程

◆第二节◆

单元教学目标确定

一、单元教学目标与课时教学目标

目标是学生在完成整个单元学习后的综合素养表现，单元和课时教学目标的制订在很大程度上影响英语教学的整体效果。最新的英语课程标准强调单元整体教学，教师要在单元大、小观念的基础上，结合单元教学内容与具体学情，制订单元教学目标。课时教学目标应在单元教学目标的基础上，依据各课时的主题、语篇及教学内容来制订。整体梳理单元的教学内容是制订单元和课时教学目标的前提，并基于学情调整难度。

单元和课时教学目标的制订要与单元大、小观念相融合，从认知、情感和态度三个层面实现学科的育人价值。需要注意的是，单元教学目标不是各个课时教学目标的简单叠加，各个课时教学目标虽然可以独立存在，但它们不是分离和割裂的，而是从不同维度来达成单元教学目标。

二、基于学习层级确定单元教学目标

以“Enjoy our toys”单元教学目标设计为例，基于学习活动观的学习层次将教学目标分为习得、理解和迁移三种类型。具体而言，习得就是帮助学生获得关于某一话题/主题的事实信息和基本技能，理解就是帮助学生建构大、小观念和理解探究文本过程的意义，迁移则是帮助学生独立自主运用知识和技能，并将知识和技能迁移到其他环境、情境或关键学习领域中。表 7－1 展示了单元教学目标的制定框架。

表 7－1　教学目标制订框架

习得目标 （列出相关知识和技能）	理解目标 （列出需要理解的大、小观念，主题内容的原则和策略）	迁移目标 （列出理想的迁移运用情境）
•围绕主题，回顾旧知，运用语音知识学习玩具词汇，认识更多生活中的玩具； •围绕语义，观察图片和视频信息，整合性学习词汇和表达方式； •介绍并展示自己拥有的玩具，介绍玩具的赠与者	能理解以下观念： •感受与同伴一起玩玩具的乐趣，感受分享的快乐； •懂得爱护自己的玩具，养成日常清洁与整理的好习惯； •知道玩具制作的不易，珍惜、珍爱玩具，尊重劳动和热爱劳动	•写一篇小作文介绍自己喜爱的玩具，从玩具的外形特点、材质、赠予者、自己怎么玩、怎么照料自己的玩具，说明自己对玩具的喜爱。 •在乞巧节的中华文化主题情境下，尝试自己制作玩具，通过小组合作，把玩具整合在同一主题情境中合作介绍，养成尊重和热爱劳动的良好品质

三、基于单元大、小观念确定单元教学目标

依据单元育人蓝图实施教学，建构单元目标、课时目标和语篇目标，把预期的核心素养综合表现融入其中，体现层级间的逻辑关联，做到表述清晰、具体，遵循可操作、可检测、可评价的原则，体现学生学习后形成的新的认知、态度、价值判断和行为选择。

教师可以基于小观念，描述建构这些小观念之后可以达成的目标。如运用“阐释、描述、解释”等来描述关于“认知”方面的目标，用“论述、评价、谈论”等来描述关于“态度和价值判断”方面的目标，用“完成调查、制作海报、折叠书”

等来描述关于“行为选择”方面的目标。表 7－2 以 Enjoy our toys 为例，展示了单元教学目标、课时教学目标、课时安排和单元大、小观念。

表 7－2　Enjoy our toys 单元和课时教学目标

单元教学目标（学生完成学习后的核心素养综合表现）	课时安排	课时教学目标（学生完成课时学习后的预期表现）	单元大、小观念
1. 在语境中学习玩具词汇并与同伴交流玩具的特点，思考如何介绍自己的玩具	第 1 课时 语音课	①正确认读和书写字母 Ii ～ Qq，匹配大小写并排序； ②获取和梳理口语阶段已学的玩具词汇，感知其发音，在语言实践中运用习得的关于i/o开闭音节的语音知识，认识更多玩具单词； ③为词汇课学习做准备	认识生活中的玩具
	第 2 课时 词汇课	①获取和梳理玩具单词，认识玩具，建构单词网； ②梳理绘本的故事情节，讨论生日会中赠送和收到的礼物； ③谈论彼此的玩具，感受分享的快乐	
2. 在语境中与同伴介绍自己的玩具，如特征、赠送者等，学会分享和感恩	第 3 课时 对话课	①获取和梳理课文的人物各自有什么玩具，讨论玩具的赠送者； ②分析和讨论玩具的赠与者，表达感恩之情； ③描述与阐释自己最喜欢的玩具，表达对玩具的热爱	游戏中分享玩具乐趣，乐于分享，学会感恩
	第 4 课时 对话课	①获取和梳理 Xiaoling 手中的玩具是什么以及是谁的等信息，理解并熟悉对话中的猜物用语； ②观察图片、视频和绘本信息，与教师、同伴进行猜测玩具的游戏； ③共建绘本的完整内容，并能够结合对玩具的描述，与同伴进行玩具的交流及猜测	

续上表

单元教学目标（学生完成学习后的核心素养综合表现）	课时安排	课时教学目标（学生完成课时学习后的预期表现）	单元大、小观念
3. 综合运用已学语言介绍喜欢的玩具，懂得欣赏与评价他人的玩具，养成爱劳作的好习惯	第 5 课时 绘本 阅读课	①获取和梳理 Kate 喜欢玩具小熊的原因； ②分析与评价 Kate 在玩具保管上的问题并提出解决方法； ③描述和阐释 Kate 玩玩具的习惯，总结优化玩具保管方法； ④完成玩具介绍小作文，分享在优化、保管玩具上的行动与习惯	懂得爱护玩具，联系地方传统文化（乞巧节），拼制玩具，体验劳作的快乐
	第 6 课时 综合 拓展课	①获取与梳理乞巧节作品制作的语篇信息，发动学生模拟各种生活场景制作乞巧节作品； ②分析乞巧作品创作的技巧，谈论如何设计玩具作品展示场景； ③小组合作拼制玩具作品并做分享介绍，课后完成作品展示卡，合并成为我的“玩具百宝盒”折叠书	

第三节

单元整体教学设计

《义务教育英语课程标准（2022 年版）》明确指出，教师要秉持英语学习活动观组织和实施教学，准确把握教、学、评在育人过程中的不同功能，树立“教—学—评”一体化的整体育人观念。教师应以主题为引领，践行英语学习活动观，设计学习理解、应用实践和迁移创新等活动，整合知识、目标、情境、活动、问题、学习方式，建构语言整合性学习的连贯整体，使课程内容情境化、结构化，引导学生获取解决问题的思想、方法以及正确的价值观念。同时，教师应将评价活动镶嵌在教与学的过程中，成为教与学的有机组成部分，实现“教—学—评”一体化。

一、践行英语学习活动观，推进“教—学—评”一体化设计

基于具体语言的教学，教师要以帮助学生建构语篇小观念以服务于单元大观念

的建构为目标，从学生已有的主题知识和经验出发，基于活动观主题意义探究活动，引导学生梳理结构化知识，以问题为纽带，逐步生成语篇小观念并整合到单元大观念的体系中，力求体现有层次、有逻辑和有内在关联的学习活动和评价活动。下面仍以教科版小学英语三年级教材“Enjoy our toys”单元中的词汇课教学过程设计为例，展现如何开展“教—学—评”一体化的设计，见表7－3。

表7－3　“Enjoy our toys”单元中词汇课“教—学—评”一体化设计

单元教学目标（学生完成学习后的综合素养表现）	学习活动	效果评价	主题大、小观念
1. 在演唱歌曲和阅读绘本活动中获取玩具单词，在新旧语言知识之间建立联系，能运用多种单词学习法学习单词，认识玩具，建构单词网（学习理解，应用实践）	Ⅰ. Preparation 1. Ps play a sight word game. 学生在游戏中复习高频词。 2. Ps sing a song “Here is my toy”. 学生跟着音乐旋律，学唱由英语口语第三册 Unit 3 Let’s sing 改编的歌曲，激活已有玩具知识。 3. Ps tick out the toys in the song. 学生勾选出歌曲中所含有的玩具单词，并说出自己认识的玩具单词，进入玩具主题学习	教师观察学生是否能唱含有玩具、颜色等口语已经学习的词汇的歌曲，识别出玩具词汇，并读出来，新旧语言知识之间建立联系	我已会说一些玩具，我想认识更多的玩具
	Ⅱ. Input－Internalization（round 1） 4. Ps read the picture book *Toys* with the teacher. 学生尝试跟老师一起共读绘本 Toys，在语境中体验理解词义，然后在读中提取绘本中的玩具单词，尝试运用 phonics 拼读绘本中的新单词。 5. Ps read correctly. 学生尝试自主朗读和小组共读原绘本，试着把绘本读准确、读流畅。 6. Ps learn the words. 在生日会情境中，学生运用单词拼读法学习本课剩余的玩具单词，建立词汇音、形联系。同时，学生不断扩充玩具词汇库，通过猜测游戏，从熟知的动物词汇到交通工具词汇，再到其他玩具词汇，运用 phonics 拼读法学习更多玩具的新词。 7. Ps write down the words to expand the picture book. 学生根据配图故事，写出玩具单词，扩充故事内容	教师观察学生朗读绘本、理解绘本内容、拼读新词的情况，过程中评估学生的学习能力，并根据学生的表现给予指导、反馈和帮助； 观察学生是否能拼读新单词，是否具备见词读音的能力； 了解学生对单词音、形、意的学习情况，根据学生的表现给予指导和反馈； 观察学生是否能根据已有信息写出玩具单词	我能在语篇情境中找出、说出、写出更多玩具单词

续上表

<table>
<tr><th>单元教学目标（学生完成学习后的综合素养表现）</th><th>学习活动</th><th>效果评价</th><th>主题大、小观念</th></tr>
<tr><td colspan="4">设计意图：导入主题，创设情境，通过歌曲中熟悉的旋律、热情的节奏，让学生快速进入课堂学习，激发学生参与的兴趣，激活学生已有关于玩具、颜色等词汇的旧知；使学生在已有知识经验和学习主题之间建立关联，进入生日会送玩具的绘本主题语境中，通过师生共读绘本，情境体验，输入新知建构玩具词库。通过猜测游戏，从学生熟知的动物词汇到交通工具词汇，再到其他玩具词汇，让学生在情境中运用 phonics 学习新词，建立语义网。结合多种趣味拼读、拼写记忆等小游戏，突破词汇音形意。通过有趣的多模态歌曲、语篇，感知、理解更多玩具词汇，拓展词汇库</td></tr>
<tr><td>2. 在语境中玩词汇游戏，在趣味活动中巩固、内化与玩具主题相关的知识（应用实践）</td><td>Ⅲ. Input – Internalization (round 2)
8. Ps sing a funny song: Fun Kids English – Toys. 学生跟着视频唱歌曲“What is it?”学生在唱的过程中，需根据遮盖的图片猜玩具，在愉快的活动中学习询问玩具的核心句型，记忆单词的读音和意义。
9. Ps play some word games together. 学生与教师、同学一起通过单词对对碰、翻牌游戏、字谜游戏，在拼一拼、连一连、猜一猜、写一写的游戏中记忆单词的音、形、义。
10. Ps read the chant. 学生有节奏地朗读小诗，关注单词和词块构成的短句，尝试有节奏地朗读。
11. Ps sum up the language structure with the teacher. 学生与教师一起根据小诗的内容，提炼语言框架，并迁移运用到生日会、分享会的情境中</td><td>观察学生是否能有节奏地跟唱，并根据图片猜出玩具单词，同时操练并应用核心句型进行问答。教师根据学生反馈给予指导和反馈。
观察学生能否与同伴一起合作学习，互相帮助，记忆单词的发音、意思和拼写。
观察学生能否准确、流畅地朗读小诗，并且注意其韵律和结构。
学生能在教师的指引下提炼语言框架进行语言交流，谈谈自己的玩具</td><td>我能与同伴一起玩玩具</td></tr>
<tr><td colspan="4">设计意图：本阶段活动引导学生归纳和整理核心语言，学生在玩趣味单词游戏的过程中，巩固与内化单词的音、形、义、用。同时，通过朗读小诗，引导学生形成良好的语音语感。把小诗融入句型操练活动中，使学生在交际中运用习得的语言知识及技能进行操练，促进语言的内化，从学习理解过渡到应用实践，提升有效运用语言的能力和灵活应变的能力</td></tr>
</table>

续上表

单元教学目标（学生完成学习后的综合素养表现）	学习活动	效果评价	主题大、小观念
3. 运用相关的语言表达方式询问彼此有什么玩具，感受分享的快乐（迁移创新）	Ⅳ. Output 12. Ps talk about their toys in group. 在模拟生日会情境中，学生借助玩具图片和实物，询问彼此有什么玩具，尝试分享玩具，感受分享玩具的快乐。 13. Ps talk about the toys in class. 小组成员向全班介绍本组同学在生日会中获得的玩具。 14. Ps sum up with the teacher. 学习小结	观察学生在小组内运用所学语言分享、交换玩具的情况，教师给予鼓励或帮助，评价教与学的成效	分享玩具真有趣
设计意图：本阶段的活动旨在帮助学生在迁移的语境中，创造性地运用所学的语言进行交际，讨论生日会中的礼物。学生在建构新词库、扩充词库、拓展运用词汇进行交际的过程中，发展了语言运用能力，初步形成了对表达自己喜欢的玩具的认识和理解。在实际教学中，教师根据不同水平学生的需求，将最后的教学活动与第三课时的听说课的内容进行整合，为下一课时的学习提供语言和技能基础			

单元教学可以由多个语篇、多个课时组成。表 7－3 中教师就开展了共 6 课时不同课型的课堂教学。不同的课时可以从不同的维度，采用不同的教学方式，围绕同一主题进行探究式学习，使教师在规定的时间内尽可能省时且高效地达到最佳的效果，实现重点突出、安排合理、逻辑严谨、生成自然的学习过程。多层次的持续性评价活动贯穿整个单元的学习过程，监控和反馈学生的学习进程，评价教与学的效果，推进“教—学—评”一体化落地课堂。

二、 以单元目标为统领，设计和实施单元教学活动

教师应以单元目标为统领，组织各语篇教学内容，规划系列教学活动，实施单元持续性评价，引导学生在学习过程中逐步建构对单元主题的认知，发展能力，形成素养。在单元学习过程中，教师在课前设计研学任务，学生先自主探究子主题内容。课堂上教师设计课堂研学任务，学生通过听、说、读、写、看、唱、玩、演等多元活动，在同伴交流、小组讨论、师生问答等方式中开展课堂教学活动，学生在交流与倾听中内化所学，在思维碰撞中生成个性化表达，体现学生对主题的理解。课后学生通过单元整体作业，巩固所学，对单元主题继续延伸探究。

在目标实施的过程中，要注意以下几点：其一，围绕单元教学目标设计教学活动，教学活动指向单元教学目标；其二，以英语学习活动观为引领，从学习理解、

应用实践、迁移创新等方面设计教学活动；其三，提炼单元各课时核心关键问题，在活动中培养学生的问题意识；其四，注重效果评价，通过课堂观察、评价量表等方式对学生的学习效果进行反馈，体现“教—学—评”一体化，实现以评促教、以评促学的目的。

◆第四节◆

单元整体教学实施

一、大观念导向单元整体学习，促进学生核心素养发展

单元主题是大观念得以建构和生成的物质基础，单元大观念本质上是在单元层面围绕多个语篇的子主题建构和生成的结构化知识，具有中心性、网状性、抽象性、持久性和迁移性的特征。在单元主题探究的过程中，学生通过学习单元内各语篇，理解语言内容和语篇传达的文化意涵，进而运用已有的语言知识和在语篇学习过程中获得的新语言表达对某一现象、问题的个人见解，并将习得的语言迁移至更广阔的现实生活中解决新问题。学生解决现实问题的过程及所运用的方法、策略，体现出学生的价值观念。这种融合语言运用、过程方法、行为选择和价值信念的综合表现是学生通过单元学习形成的核心素养，也是单元大观念建构的结果。

二、大观念导向单元整体设计，提升教师教学统整能力

大观念的建构贯穿于单元教学的全过程。大观念的形成并不是一蹴而就的，需要从多个语篇中提炼而成。有时候单元内容编排的顺序不利于学生大观念的形成，这就要求教师在研读教材的基础上，围绕选定主题和单元大观念对单元内容进行调整、筛选、补充、替换、扩展、整合、重组，进而形成逻辑关联紧密的系列语篇，帮助学生将凌乱的知识点串成线、连成片、织成网，纳入自己的知识结构中，从而形成一个系统、完整的单元知识体系并进而提炼出单元大观念。

教师要结合学生现有水平和实际教学需要，创造性地使用教材，对教材加以适当的取舍和调整。能否创造性地使用教材，很大程度上体现了教师的教学统整能力。教师对教材所做的补充和删减，不应影响教材的完整性、系统性、渐进性和延续性。教师可在以下几个方面对教材及其内容进行调整：一是根据学情调整顺序，使学习内容与生活中发生的事件同步；二是增加属于相同主题且水平相当的阅读篇目，从而满足学生的需求；三是对教材单元进行必要的整合或重组，搭建起一个由单元主题统领、各语篇主题相互关联、逻辑清晰的单元育人蓝图，从而使教师能够围绕一

个完整的主题设定单元目标，学生通过对各语篇的语言学习和意义建构，在意义探究和问题解决过程中，建构起连贯的、整合性的知识结构，以实现语言学习和育人目标协同发展，推动英语学科核心素养和学科育人目标落地课堂。

三、大观念导向单元整体教学，实现“教—学—评”一体化

目标导向下的单元持续性评价就是将教学目标和学习结果整合到评价任务和学习活动中，确保教学、学习与评价的一致性。教学评价应贯穿单元教学的全过程，学习结果评价考查学生完成单元学习后，能否综合运用所学的知识技能、方法策略和价值观念，有逻辑地表达思想、观点和看法，并对事物做出正确的价值判断，重点评价学生核心素养的综合表现。

单元评价旨在考查学生完成单元学习后所达到的核心素养水平，包括单元学习过程评价和单元学习结果评价两个方面。学习过程评价考查学生参与各项具体学习活动的表现和完成系列学习任务的质量，重点评价在学生核心素养形成和发展过程中，其语言知识与技能发展、文化知识建构、核心策略与方法掌握和运用的程度，以及思维能力表现等。

单元评价应根据单元教学目标，围绕核心素养综合表现进行设计，通过多元主体参与的方式，采用多种手段和形式组织实施。例如，单元学习过程评价可重点关注学生完成作业的情况、语言表达的准确性和流畅性、对问题思考的深度和广度、围绕单元内各语篇子主题所形成的知识结构和价值判断。单元学习结果评价可重点关注学生项目学习的成果、口语和书面产出任务的整体水平、单元学习的总结归纳和反思、单元纸笔测试表现等。

第五节

单元整体作业设计

随着“双减”政策的出台和《义务教育英语课程标准（2022 年版）》的颁布，如何基于教学内容，依据具体学情，围绕教学目标，从教学单元的视域出发，将作业嵌入单元整体教学的系统中加以统筹设计和实施，优化作业设计，做到减负、提质、增效，已然成为需要持续研究的问题。

一、提升对英语作业的认识

作业评价是课堂必要的巩固、补充、延伸和提升。教师通过作业评价及时了解学生对所学知识的理解程度和语言能力的发展水平，为教师检验教学效果、发现和

诊断学生学习的问题、调整和改进教学提供依据。

基于此，教师首先要提升对作业功能的认识，深入理解作业评价的育人功能，坚持能力为重、素养导向。作业的设计既要有利于学生巩固语言知识和技能，又要有利于促进学生有效运用策略，在完成融合、贯通、迁移的任务的同时，增强学习动机，体验分析问题和解决问题的过程。其次，为了避免学生学习的浅层化、碎片化、任务割裂等问题，教师需要将作业放到主题意义引领的单元整体教学中进行有效设计。

二、以主题探究为路径开展单元作业设计与实施

基于大观念的小学英语单元作业设计是指从单元整体出发，通过设计一系列作业帮助学生巩固并掌握单元主题下的重要知识与技能，创造性地表达自己对单元知识、文化和观念的理解。作业不是碎片化的机械拼凑，而是具有完整性、趣味性和关联性的巩固课堂教学的重要保障。

教师应根据不同学段学生的认知特点和学习需求，基于单元教学目标，兼顾个体差异，整体设计单元作业和课时作业，把握好作业的内容、难度和数量，使学生形成积极的情感体验，提升自我效能感。教师应创设真实的学习情境，建立课堂所学和学生生活的关联，设计复习巩固类、拓展延伸类和综合实践类等多种类型的作业，如朗读、角色扮演、复述、书面表达、故事创编、调研采访、海报制作、戏剧表演、课外阅读等，引导学生在完成作业的过程中，提升语言和思维能力，发挥学习潜能，促进自主学习。

在布置作业的过程中，教师应注意开展过程性指导，确保学生明确作业的内容、形式、时长等基本要素，同时注重为学生提供学习的支架。例如：利用思维导图、组织结构图或信息结构图等思维可视化的工具引导学生梳理知识的内在联系，建构结构化新知，形成概念性理解。

教师要在“教—学—评”一体化的导向下设计单元整体作业，发挥作业的功能和效能。教师要面向全体，兼顾差异，通过分层、分类设计有针对性的作业，满足能力不同的学生的学习需求，探索个性化作业的设计和实施路径，通过多维度和差异化的作业引导学生作为学习主体在做中学、学中思、思中悟，体验学习的获得感，获得不同程度的进步。作业评价应根据需要采用集体讲评、个别讲解和书面评语等方式，提供有针对性的反馈，激励和指导学生不断取得进步。教师还要对学生作业进行跟踪评价，不仅关注学生是否改正了作业中的错误，还要关注学生成长进步的过程，以及良好习惯和态度的养成。

章后小结

1. 以大观念建构为路径的单元整体教学是新课程标准颁布后的教学常态。单元大观念本质上是在单元层面围绕多个语篇的子主题建构和生成的结构化知识。

2. 开展单元整体教学，必须深入解读单元教学内容，梳理单元中不同语篇的主题意义，提炼单元主题大观念和设置小观念，同时需要梳理单元结构化语言，提炼单元语言的大、小观念，然后融合主题和语言大观念，协同建构单元大观念。

3. 开展单元整体教学，必须基于学习活动观的学习层次设置习得、理解和迁移三种类型的单元教学目标、课时教学目标和语篇教学目标。

4. 单元整体设计与实施时，要践行英语学习活动观，推进“教—学—评”一体化，从而促进学生核心素养发展和教师教学统整能力提升。

5. 要在“教—学—评”一体化的导向下设计复习巩固类、拓展延伸类和综合实践类等多种类型的单元整体作业。

案例分析

教科版小学英语三年级上册 Module 5 Toys 整体设计框架图（见表 7 -4）。

表 7－4　Module 5 Toys 整体设计框架图

课时	课型	课题名称	语篇	核心语言	教学目标		单元作业与评价	
					单元教学目标	课时目标	课堂评价	作业评价
1	语音课	Konw our toys（1）	主语篇： 自然拼读故事 *Pip and Pog*； 副语篇： 两则韵律诗和一首 Bike ride 韵律歌节选	1．字母：Ii～Qq； 2．含有 short o& short i& long i& long o 的核心词：dog、doll、frog、mop、hot、orange、fish、big、rabbit、pink、skip、swim、kite、bike、time、white、rope、nose 3．本课核心词：ship	1．在语境中复习新学玩具类词汇并应用新旧词汇与同伴交流和介绍玩具的特点，如颜色和形状	1．在听、说、读、写、看等活动中，正确认读、书写和匹配字母 Ii～Qq； 2．能拼读包含 short i/o 发音的单词，正确、流利地朗读绘本； 3．通过观察、对比单词的结构及其发音特点，归纳 magic e 的发音规律，有节奏地朗读韵律诗	1．教师观察学生对字母的认读、配对的小写、书写和排序的情况，及时给予指导与反馈； 2．教师观察学生能否拼读包含 i/o 发音的词，并正确流利地朗读绘本，根据学生情况给予指导反馈； 3．教师观察学生能否通过对比、迁移性学习，发现 magic e 的语音规律，准确流利地朗读小诗，并在必要时给予指导和反馈，从而评价教与学的成效	作业 A：学生能朗读课内韵律诗和绘本故事，巩固语音知识。 作业 B（选做）：面向学有余力的学生，能唱拓展性的歌谣和进行课外阅读，增强语音意识和丰富阅读体验
2	词汇课	Know our toys（2）	主语篇： 绘本 *Toys*； 副语篇： 韵律歌“What is it?”和自编韵律诗“What is it?”	1．核心词汇（一、二年级已学）：cat、rabbit、dog、bear、plane、car、bus、bike、ball、kite 2．本课核心词汇：ship、boat 3．核心句型： —What's this? —It's a…I like my…		1．能运用多种单词学习法学习单词，认识玩具，构建单词网； 2．能在趣味活动中巩固、内化与玩具主题相关的知识； 3..运用相关的表达方式询问彼此有什么玩具，感受分享的快乐	1．教师观察学生朗读绘本、理解绘本内容、拼读新词的情况，根据学生的表现给予指导、反馈和帮助； 2．教师观察学生能否有节奏地跟唱，操练并应用核心句型进行问答，根据学生情况给予指导和反馈； 3．教师观察学生在小组内运用所学语言分享、交换玩具的情况，给予鼓励和帮助，评价教与学的成效	作业 A：学生综合运用习得语言知识，在生活中给自己的玩具贴上英文标签。 作业 B（选做）：能用所学到的语言给父母介绍玩具，表达自己对玩具的喜爱之情

续上表

课时	课型	课题名称	语篇	核心语言	教学目标：单元教学目标	教学目标：课时目标	单元作业与评价：课堂评价	单元作业与评价：作业评价
3	听说课	Show our toys	主语篇：Unit 10 I have a ship 副语篇：Module 5 Story time	1. 已学核心词汇：toy bear、toy car、doll、ball、kite、rabbit、cat、dog、bus、boat、plane 2. 拓展词汇：spaceship 3. 已学核心句型：What is it? It's a. . . 4. 拓展核心句型：Hello, my name is . . . I have a toy. . . It's from. . .（赠送者） I love my toy. . .	2. 在语境中展示自己拥有的玩具。 3. 能在同伴中通过口头描述玩具的颜色、特征和赠送者，进行猜物游戏	1. 在看、听、说等活动中，学习理解语篇1和语篇2的内容，并梳理核心语言； 2. 利用梳理后的语言框架，介绍玩具与玩具的赠送者； 3. 综合运用本课的语言框架，介绍自己最喜欢的玩具，表达对玩具的热爱	1. 教师观察学生对2个语篇的朗读和答题情况，根据学生的反应与反馈，及时追问并给予指导与反馈； 2. 教师观察学生能否根据2个语篇的语言框架与同伴交流、介绍玩具，根据学生的整体表现，及时给予提示与指导； 3. 教师观察学生能否用本课的语言框架，综合运用语言向全班介绍自己最喜欢的玩具，观察学生介绍时语言表达的准确性、严谨性以及丰富性，并在必要时给予指导和反馈，从而评价教与学的成效	作业A：学生综合运用所学语言，口头介绍自己的玩具，表达对玩具的喜爱。 作业B（选做）：学生能用富有创造性的语言口头介绍自己的玩具，表达对玩具的喜爱
4	听说课	Share our toys	主语篇：Unit 9 对话； 副语篇：自编绘本 *Share our toys*	1. 已学核心词汇：cat、rabbit、dog、bear、ball、kite、ship、plane、car、bus、bike、boat 2. 拓展词汇：hug、fly、kick、round 3. 已学核心句型：I have a toy. . . It's. . . It's from. . 4. 本课核心句型：Is it a . . . ? Yes, it is. /No, it isn't. It's ____'s. . .		1. 在听、看、读、说的活动中获取、梳理语篇信息； 2. 能使用猜物用语与教师、同伴进行猜测玩具的游戏； 3. 基于语篇2的绘本，师生共建绘本的完整内容，并能够结合对玩具的描述，与同伴进行玩具的交流及猜测	1. 教师观察学生对主语篇对话内容的理解以及在语境中使用猜物用语进行猜测问答的情况，根据学生的表现给予必要的示范和指导； 2. 教师观察学生运用所学语言共建绘本完整内容以及对绘本进行演读的情况，并根据需要给予指导和反馈； 3. 教师观察学生结合对玩具的描述，与同伴进行玩具的交流及猜测的情况，根据学生的表现给予适当的鼓励或帮助	作业A：朗读绘本 *Share our toys*，向家中长辈了解更多中国民间传统玩具。 作业B（选做）：将了解到的中国民间传统玩具信息与同伴分享，玩猜物游戏

续上表

课时	课型	课题名称	语篇	核心语言	教学目标		单元作业与评价	
					单元教学目标	课时目标	课堂评价	作业评价
5	读写课	Love our toys	主语篇：绘本 *My toy bear*	1. 已学核心词汇：toy bear、toy car、doll、ball、kite、rabbit、cat、dog、bus、boat、plane 2. 拓展词汇：wash、dress、hug、kiss 3. 已学核心句型：I have a ... It is... It's from... It's ... 's. 4. 拓展核心句型：I wash/ dress/ hug/ kiss my ... I love my ...	4. 笔头写小作文，介绍自己喜欢的小玩具	1. 在看、听、读的活动中读懂绘本，了解 Kate 喜欢的玩具小熊； 2. 在教师的帮助下，基于范文梳理写作框架，知道如何介绍玩具； 3. 在语言支架的帮助下，口头说、笔头写小作文介绍自己喜欢的玩具	1. 教师观察学生的朗读和答题情况，根据学生对问题的回应与反馈，及时进行追问、给予指导与反馈； 2. 教师观察学生能否借助板书呈现的语言支架与同伴进行交流和完成写作，根据学生的表现给予必要的提示和指导，同时关注学生的书写指导； 3. 教师观察学生向全班汇报的情况，指导学生如何对作品进行评价；再观察小组中学生分享与互评的情况，及时指导，从而评价教与学的成效	作业 A：根据教师、同学的评价和建议进行作文初稿的修改。 作业 B（选做）：用当天所梳理的语言框架，选择口头或者笔头介绍自己的 DIY 黏土玩具，可以录视频上传到群里给同学们欣赏点评，并于次日带玩具和作文回校上课展示
6	综合拓展课	Make our toys	主语篇：视频文本 "Our farm" 副语篇：自编文本 "Zixuan's dog"	1. 已学核心词汇：toy、cat、rabbit、dog、bear、ball、kite、ship、plane、car、bus、bike、boat、pink、blue、red、white、green、yellow、brown、cute、big、tall、pretty、small、nice、good、happy 2. 拓展词汇：farm、park 3. 已学核心句型：I have a ... It's a ... It's... It's ... 's. I love... 4. 拓展核心句型：This is a...	5. 小组合作拼制玩具作品，综合运用已学语言进行口头介绍作品	1. 在看、听、说、写活动中，理解语篇中所呈现的乞巧作品所属的场景和获取、梳理语篇信息； 2. 根据作品视频介绍，提取作品介绍的开头和结尾，知道如何介绍玩具作品； 3. 小组合作拼制玩具作品并做口头介绍	1. 教师根据学生的练习效果判断其是否正确理解单词意思； 2. 教师观察学生能否根据作品实物和语言框架进行作品复述； 3. 教师观察学生能否与小组成员拼制作品并根据语言框架进行作品介绍，在必要时给予指导或帮助	作业 A：学生能够为小组作品共同填写和绘制作品卡。 作业 B（选做）：能向父母完整介绍小组作品

［问题讨论］

1. 设计者是从哪几方面去分析单元教学内容的？

2. 本单元教学的大观念是什么？是怎样提炼而成的？该大观念下设置了哪些小观念呢？

3. “模块整体设计框架表”是如何体现新课程精神的，对你开展模块整体设计有何帮助呢？

4. 各课时之间有怎样的学科逻辑、内容逻辑与学习逻辑呢？不同课时可调换顺序吗？为什么？

5. 在模块（单元）整体设计中，“小学英语 IIO 课堂教学模式”是如何应用的？

6. 本模块（单元）整体设计是如何落实英语学习活动观的？是如何推进“教—学—评”一体化的？

［参考点评］

本模块（单元）整体设计具有如下亮点：（1）围绕单元主题，提炼单元教学的大、小观念，充分挖掘育人价值，教学内容紧紧围绕模块话题，在有机重整之下，落实了学生的核心素养培养，突显了英语学科的育人价值；（2）深入开展语篇研读，对语篇的主题、内容、文体结构、语言特点、作者观点等进行分析，明确主题意义，提炼语篇中的知识和语言特点，多层次、多角度分析语篇的意义，确立教学目标和教学重难点，挖掘文化内涵和育人价值；（3）本模块的教学设计与实施均以主题为引领，以语篇为依托，通过学习理解、应用实践和迁移创新等活动，引导学生整合性地学习语言知识和文化知识，同时将“教—学—评”一体化理念贯穿落实到每个课时活动中，使学生能有效运用所学知识、技能和策略，围绕主题表达自己个人的观点和态度，解决真实问题，达到在教学中培养学生核心素养的目的。

思考与练习

1. 单元整体设计与教学的难点是什么？如何克服？
2. 简述语篇研读、目标设置与过程设计的主要策略。
3. 单元整体作业设计与实施的重点与难点分别是什么？

主要参考文献

［1］埃里克森，兰宁．以概念为本的课程与教学：培养核心素养的绝佳实践［M］．鲁效孔，译．上海：华东师范大学出版社，2018．

［2］JONASSEN D，BEISSNER K，YACCI M. Structural knowledge：techniques for representing，conveying，and acquiring structural knowledge［M］. Hillsdale：Lawrence

Erlbaum Associates, Inc., 1993.

[3] 王蔷，周密，蔡铭珂. 基于大观念的高中英语单元整体教学设计 [J]. 中小学外语教学（中学），2021，4（1）.

[4] 陈则航，付绘，孙晓慧，等. 基于大观念的教学设计原则、思路与方法 [J]. 教学月刊·中学版（外语教学），2022（4）.

[5] 陈芳，蒋京丽. 基于英语学科大观念的初中英语单元整体教学设计 [J]. 教学月刊·中学版（外语教学），2022（5）.

[6] 王蔷，周密，蒋京丽，等. 基于大观念的英语学科教学设计探析 [J]. 课程·教材·教法，2020，40（11）.

[7] 崔允漷. 学科核心素养呼唤大单元教学设计 [J]. 上海教育科研，2019（4）.

[8] 王蔷，李亮. 推动核心素养背景下英语课堂教—学—评一体化：意义、理论与方法 [J]. 课程·教材·教法，2019，39（5）.

[9] 王芳，武茜. 基于单元产出大任务的小学英语作业的设计与实施 [J]. 英语学习，2022（8）.

[10] 王妍婷. 基于大观念的小学英语单元作业设计 [J]. 校园英语，2022（21）.

[11] 蒋京丽. 立足“双减”背景，以作业撬动英语课堂教学质量的提升 [J]. 英语学习，2022（8）.

[12] 王蔷，孙万磊，赵连杰，等. 大观念对英语学科落实育人导向课程目标的意义与价值 [J]. 教学月刊·中学版（外语教学），2022（4）.

[13] 中华人民共和国教育部. 义务教育英语课程标准（2022 年版）[S]. 北京：北京师范大学出版社，2022.

第八章
小学英语浸入式教学的理论与实践

学习目标

1. 了解小学英语浸入式教学的国际和国内发展历程，以及小学英语浸入式教学的学校管理、课堂组织和教师发展策略。

2. 掌握小学英语浸入式教学的基本原理和课堂教学策略。

3. 运用浸入式教学的原理和策略进行课堂教学设计。

第一节
英语浸入式教学的历史沿革

英语浸入式教学是一种卓有成效的外语和第二语言教学的创新模式。在这种模式下，教师使用英语（学生的外语或第二语言）作为教学语言，教授包括英语学科在内的所有或部分学科课程。因此，英语不仅是学习的内容，而且是学习的工具。这种模式有别于传统的外语教学的特点，它将外语学习与学科知识教学相结合，学生既学习了学科知识和技能，也习得了学科语言，提高了学习兴趣和效率，有效地发展了目标语言的听、说、读、写等方面的知识、技能与运用能力，并对目标语言的文化形成开放和积极的态度。这种教学模式源自加拿大蒙特利尔的法语浸入式实验，后传播到全世界，发展为各语种、各阶段的浸入式教学实践。中国小学的英语浸入式教学深受加拿大实践的影响，是国际外语和第二语言教学成功范式在中国的本土化和创新性发展的典型案例。

一、 加拿大法语浸入式教学的发展

浸入式外语和第二语言教学的模式源于20世纪60年代。加拿大蒙特利尔市的英裔家长，为使自己的孩子学好在社会中占优势地位的法语，组织设计了一种激进的法语教学实验模式，并获得官方支持。该教学实验模式是，在幼儿园开始阶段，对母语为英语的儿童的全部课程包括在校所有活动，都使用法语进行教学。小学二

年级开始加入英语母语的语文教学，其他部分学科到高年级才使用母语教学。到六年级时，一半课程使用母语教学，另一半课程使用法语教学。实验从 1965 年开始实施，一直进行到这些孩子高中毕业，取得了显著成效。经评估，学生所获得的第二语言能力、母语能力以及学科课程的成绩都明显高于其他外语教学模式培养出来的学生。同时，浸入式模式培养的儿童具有较强的文化敏感性，对其他文化表现出积极的态度和认识，有利于加强英裔与法裔加拿大人之间的相互理解与尊重。此外，学生的思维敏捷性、理解力和判断力都明显优于单一语言的儿童。

该教学实验模式获得了社会和学界的广泛认可，浸入式教学由此不断完善并形成多样化的发展模式。目前，加拿大学校实施的第二语言教学模式根据开始时间的早晚，分为早期浸入式、中期浸入式、晚期浸入式；根据开展学科的数量，分为半浸入式和全浸入式；根据目标语言的不同，分为法语浸入式、英语浸入式等。其规模也逐步扩大，每年约 30 万学生接受各种第二语言的浸入式教育。

在加拿大法语浸入式教育的影响下，美国、芬兰、澳大利亚、新加坡等国家也开始了外语和第二语言浸入式教学的研究与实践，开展了不同类型和不同语言的浸入式教学的实践，形成了各自的特色。

二、中国对浸入式教学模式的借鉴与本土创新实验

中国小学英语浸入式教学模式是在中国的社会文化和教育背景下，对加拿大等国家的浸入式教学模式的移植借鉴与本土化创新发展。

（一）中国浸入式教学模式引进的时代背景

浸入式实验始于 20 世纪末，当时我国的外语教学面临全球化进程的挑战。在改革开放的背景下，英语教学受到国家政策的空前重视，而英语浸入式教学为解决我国外语教学的问题提供了一种思路。

1. 全球化时代使学习和掌握英语成为广泛而迫切的社会需求

从国家发展层面而言，英语是国际社会及许多国家的通用语言，是互联网时代的主要信息语言媒介。英语是我们吸收和传播世界优秀文明成果的工具，是我们与国际最新发展接轨的语言媒介，是我们跨入国际信息高速公路的桥梁。全球化时代下，改革开放中的中国社会，迫切需要广泛深入地参与国际社会交往，这就需要提升对外语，尤其是国际通用语言——英语的重视。因此，全民普及英语，培养更多的双语人才就成为国家的一项战略任务。

对于个体发展而言，学习英语也成为许多人扩大视野、增长见闻、培养跨文化能力，从而提高社会地位、改变身份命运的重要路径。因此，探索一条符合中国国情的英语教育教学模式，培养 21 世纪社会发展需要的双语人才，是摆在外语教育工

作者面前的重大时代课题。

2. 我国英语教学长期存在费时多但成效低的问题

虽然我国已有一百多年正规英语教育的历史，但直至20世纪前后，我国英语教学仍存在着严重的问题，体现为费时较多、收效较低，绝大多数学生经过十年的英语学习，到大学毕业仍然缺乏英语综合运用能力，难以适应时代的需要。特别是在儿童英语教学上，一直没有摸索出一条既能适应儿童身心发展，又能使儿童轻松愉快地学习和掌握英语的途径。新的形势向我国教育界提出了一个时代性课题，即探索如何更加科学高效地培养更多适应现代化建设的双语人才，满足全民对英语学习的需求。

3. 全球化背景下世界外语教学改革的推动

全球化背景下，各国都开始认识到外语学习在经济和文化领域，以及超越国家边界的公民概念的培养方面所起的关键作用和实践价值。各国教育部门以制度化的方式，承认从早期开始的长期系列外语教学的重要性，并采取一系列措施，支持小学外语教学机构的发展。外语学习低龄化，外语学习与学科学习相互渗透，第二语言/外语研究与教育研究相结合，成为各国外语发展的主要特征。而英语浸入式教学集中体现了这三个发展趋势。

4. 加拿大法语浸入式教学模式在中国的成功移植

加拿大举世瞩目的法语浸入式教学模式为我们这个时代性的课题提供了可资借鉴的模式。1997年，时任陕西师范大学的强海燕教授，在一项国际合作研究项目中，受加拿大专家琳达·西格尔（Linda Siegel）教授启发，提议将浸入式模式引入中国。此后，中加研究人员共同制定实验方案、培训方案和开发教材，正式启动了中国—加拿大教育合作英语浸入式课程与教学研究项目（China – Canada Collaborative English Immersion Program，CCEI）。自2002年开始，由于美国教育语言专家黄小丹教授的加入，项目名称改为中国—加拿大—美国教育合作英语浸入式课程与教学研究项目（China – Canada – United States Collaborative English Immersion Program，CCUEI）。经过研究者的不懈努力，从最初的移植模仿，到根据本土需要的创新，项目目标、内容和具体运用策略的发展越来越成熟。此后，实验团队以陕西师范大学和华南师范大学为依托，在陕西、广东等地开展了持续20多年的研究，获得了社会的广泛关注。

（二）合作项目取得显著成效

首先是参与实验的学校和师生数量逐步扩大，实验学校英语教学质量大幅提升，大量学校和师生从中获益。据不完全统计，2020年，在西安和广州等地实施小学英语浸入式教学的中小学校有100余所、小学生有约4万，实验教师有约500人。经专家组评估，参与实验的小学生在英语语言知识、学科知识、口语交流策略和交际能力、英语思维能力以及思维的逻辑性、批判性和创新性等方面均有显著提高。

其次是以此为基础的科研立项和论文成果丰厚，课题的国内国际学术影响力日益增强。实验以教育部人文社科“九五”规划专项任务项目（1999 年）为依托，此后衍生出国家级、省市级以及各类横向课题十多项，并在国际和国内学术刊物发表了数量可观的学术论文，编写了小学英语浸入式教材（含学生用书和教学指南），截至 2019 年，共举办了 7 届浸入式教育国际年会，出版了学术论文集 7 部。可见，无论是在理论研究方面还是在推动实践发展上，实验都取得了卓越的成就。

（三）英语浸入式教学模式的本土化创新模式

英语浸入式教学模式的本土化创新，主要表现在两个方面：首先是形成了相对成熟的课程体系和教学模式；其次是形成了成熟的课堂教学策略的原则与策略，探索了稳定的浸入式教师培养模式和学校管理模式。

课题组采取英语与学科整合的思路和做法，构建了“小学英语主题统整型课程模式”（见图 8－1），编写出版和使用了《小学低年级英语浸入式教学综合课程》和《中、高年级英语浸入式品德与社会综合课程》教学指南与学生用书。

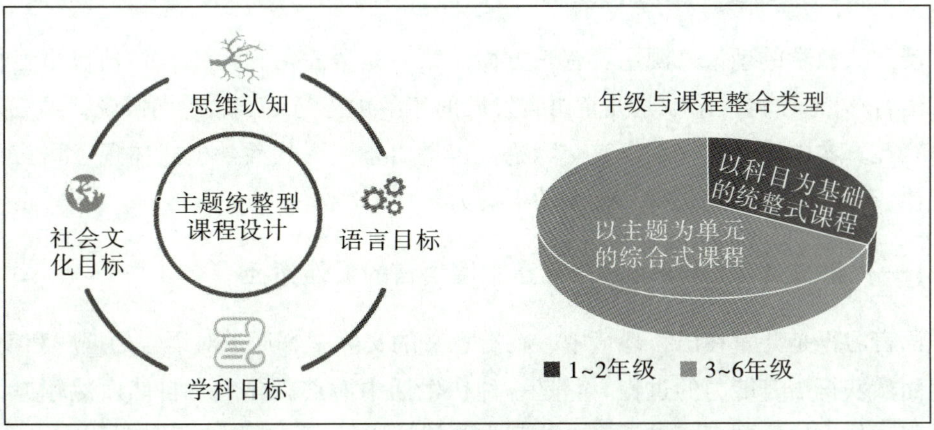

图 8－1　小学英语浸入式主题统整型课程模式

总体而言，我国的英语浸入式教学主要采用“早期部分浸入”的课程模式，主要包括典型模式和推广模式两种具体形式。

1. 典型模式

典型模式指英语总课时为每周 8 节课。小学低年级英语的浸入式教学班，除每周 4 节英语课外，另设 4 节英语浸入式综合课（含英语、品德与生活、艺术、体育等学科），用相应课程的部分课时或校本课程课时进行。中、高年级除英语课外，在科学和（或）社会课上实施英语浸入式教育。

2. 推广模式

推广模式指英语总课时为每周 5 节课。小学低年级英语浸入式教学班，除每周上 1 ～ 2 节英语课外，另设 3 ～ 4 节英语浸入式综合课（含英语、品德与生活、艺术、体育等学科），用相应课程的部分课时或校本课程课时进行。中、高年级除 1 ～ 2节英语课外，在科学和（或）社会课上实施英语浸入式教育。

实施浸入式模式实验的学校可以根据实际情况，选择典型模式或推广模式，开发不同学科的浸入式课程，但是必须保证英语课程不少于每周 5 节课。

第二节

浸入式教学的理论基础与教学原则

浸入式教学之所以在国内外的外语和第二语言教学实践中获得如此巨大的成就，其原因在于，该模式体现了儿童习得语言内在的心理规律、外语教学规律，满足了近几十年全球化、国际化的社会需求，也与当前我国外语教育政策的目标相一致。

一、浸入式教学的理论基础

浸入式教学的理论来源主要有三方面。第一是语言习得理论，包括母语习得和第二语言/外语习得；第二是儿童语言发展的年龄优势与语言敏感期假说；第三是重视语言在真实中发展的互动语言交际论。正是由于浸入式教学模式体现了语言习得的规律，才使得该模式获得了强大的生命力。

（一）第二语言/外语习得是儿童掌握语言的最佳途径

语言习得是儿童在语言环境中，在有意义的交际中，通过对语言的理解和使用，自然而然获得语言能力的过程。它是一种在生活中潜移默化地、自然而然掌握语言的过程。从出生后到正式上学前，儿童主要就是通过习得掌握自己的母语。

第二语言/外语习得指的是在自然的或有指导的情况下通过有意识学习或无意识吸收，掌握母语以外的语言的过程。著名学者克拉申对语言学概念的划分和语言输入假说与浸入式教育直接相关。

其一，区分了习得的语言系统（acquired language system）与学得的语言系统（learned language system）。语言习得是一种自然的、无意识的语言发展过程，通常是在日常生活的使用中获得的，因而，习得者对第二语言/外语有较高的语言实际应用能力。而语言学得则是受意识控制的语言发展过程，通常是在学校的正规教学中进行的，主要由教师教授第二种语言/外语的知识，学习者语言运用能力较弱。浸入式课堂强调习得的语言系统，学生是在自然的、无意识的过程中发展自己的语言能力。

其二，区分了模糊的语言知识和明晰的语言知识。模糊的语言知识多为无意识的、直觉的知识，而明晰的语言知识是精确度较高的有关字词、语法的语言知识。采用习得性语言学习方式，学习者是从无意识的、直觉的语言知识过渡到精确度较高的、比较规范的语言知识。接受浸入式教学的学生的语言知识，特别是关于语言形式（语法）的知识，是通过无意识、直觉的过程获得的，并能在这个过程中逐步增强语言知识的精确度和规范性。因此，浸入式教学过程中教师不直接教授和操练语法。

其三，区分了学术性语言和人际交往语言。传统的第二语言/外语课程教授的主要是人际交往语言或生活语言。而浸入式课程虽然也重视人际交往语言，但主要是使学生习得学术性语言，因为浸入式是将目标语作为教学语言来教授各种不同学科的模式。学术性语言的习得非常有利于学生语用能力的发展，能使学生使用目标语去深造学业和从事工作，而不仅仅是在日常生活中使用（例如谈论天气、问路等）。

其四，习得的条件是要有足够的语言输入量。克拉申认为，学会外语主要靠自然习得，其途径就是在最小或没有心理障碍的情况下，给学生提供充足的输入量。足够的输入量意味着，习得者通过听和阅读来理解比当前语言水平稍高一点的语言材料。语言输入量既不能远超习得者的现有水平，也不应低于或等于习得者的现有水平，i+1 的语言输入，才能被习得者接受，也才会收到理想的效果。这一观点与维果茨基的“最近发展区”理论相吻合。适当的难度和分量，可以激发儿童的学习潜力，同时也能提高儿童的自信心和学习能力。

（二）语言发展的关键期假说

语言发展的关键期假说认为，人的一生中有一段固定的时期比其他任何时期都更容易习得语言，过了这段时期后，一般很难习得完美的母语。许多实验证实了语言发展的关键期假说，即认为人出生后必须在特定的年龄接触语言环境。直觉和经验也告诉我们，年龄在母语习得过程中是一个十分重要的生理因素。从母语习得研究来看，小孩如果过了一定的年龄，即使有语言环境，也很难顺利地习得一种语言。

与成人相比，儿童，尤其是幼儿和小学阶段的儿童，他们的语言优势主要表现在可塑性强、模仿能力强、心理负担轻等方面。儿童容易接受新观念，容易培养浓厚的学习兴趣、良好的学习策略和习惯。儿童学习外语具有一定的优越性，虽然母语语言系统已经建立，但尚未像成人那样根深蒂固，因此母语对外语学习的负面影响相对少一些。

美国语言学家安德森的研究指出早期语言学习的特殊优点：儿童的语言成就是

条件学习（无意识）和概念学习相结合的结果。儿童早期的概念学习水平低下，因而是以无意识学习为主，只有到了10岁以后随着概念学习水平的提高，才转为以概念学习为主（如图8－2所示）。

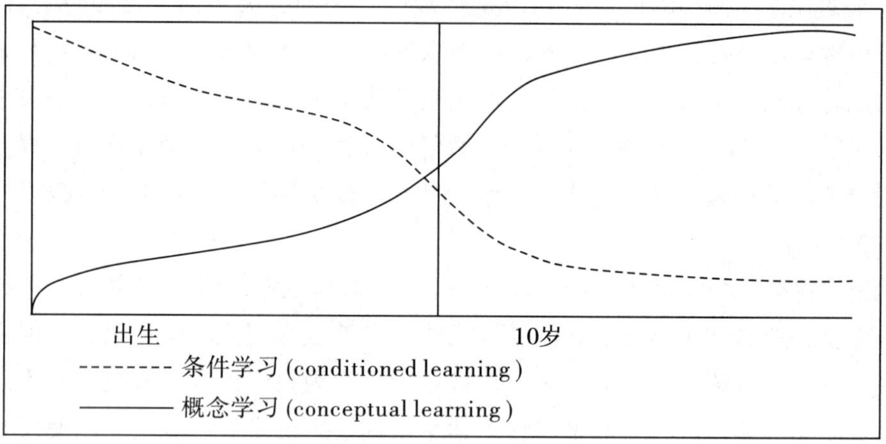

图8－2　条件学习和概念学习

因此，外语或第二语言学习得越早，就越容易像母语习得一样，在无意识学习模式下掌握语言。安德森同意4～8岁是较适合于开展外语或第二语言学习的年龄。还有学者建议应当重视神经生理学家的研究，利用大脑发育早期的可塑性（plasticity）。

虽然也有一些研究指出了年龄较大者的优势，认为年龄较大的学习者在一般学习策略、语法模式和规则、对话策略、明确学习目标方面，有更宽泛的知识基础，可以迁移到外语学习中去，但仍不能否认早期开展外语教学对孩子有积极的正面影响。因此，英语浸入式教学除了强调语用环境和习得过程之外，还强调儿童语言学习的年龄优势。这个优势主要指语言习得与语言自动化的优势，以及语音的早期敏感性优势，它们也是语言关键期或语言敏感期的主要内涵。

（三）语言学习的交际互动理论

交际互动理论是把社会语言学的理论运用于外语教学，即把语言看作是交际的工具，外语教学的内容应从交际的目的而不是从语言的结构出发。这就把语言的运用提高到一个新的高度，开阔了外语教学的视野。交际性语言教学以培养学生实际运用语言的能力为主要目的，教学过程注重师生、生生之间的交流。自20世纪70年代出现以来，交际性教学在外语教学领域已得到了广泛的应用。1993年以后，我国外语教学实现了从以“语法为纲”到“结构与功能相结合”的转变，逐渐确定了以培养交际能力为核心的外语教学目的。

根据交际性语言教学的基本特征及其理论依据，外语学习应重视语言运用而不仅仅是语法；重视语言的流利性而不仅仅是准确性；重视真实语言和背景，强调将课堂学习应用到实际社会情境中。这样，交际性语言教学可以用以下七个关键词来概括：交际能力、语用、互动、真实、意义、流利、非操练情境。

浸入式教学与交际性语言教学有很大的相似性：浸入式教学几乎没有操练情境，学生具有很强的语用能力，教学注重语言交际及其语言互动的流利性，教学过程呈现的都是真实而有意义的语言。从这个角度看，浸入式教学应该归入交际性语言教学的范畴之内，可以作为交际互动理论下面的一个支流来对待。

二、小学英语浸入式教学的原则

小学英语浸入式教学与传统的英语教学模式不同，因而，需要在原理上理解它的特殊性，它有其区别于一般的外语教学的教学原则、教学方法和教学策略。本土化的英语浸入式实验构建了小学英语浸入式教学原则体系，包括融合性、全英语教学、听领先、可理解性、活动性等五种教学原则，旨在通过全英教学和互动教学，创设类似母语习得的环境，使学生获得学科知识和英语综合素养。浸入式教学的教师如能透彻理解和全面实施这些原则，就可融会贯通地进行教学，做到“万变不离其宗”。以下对这五种原则逐项进行讨论。

（一）融合性原则

融合性原则是指英语语言学习与学科内容学习相融合，即教师将儿童的认知学习与语言学习融合在一起，由传统的“学英语”转变为“用英语学”，在充分发挥语言的工具性功能的同时，获得学科与英语同步提升的教学目的。这是浸入式教学最为本质的特征。它扩大了学生第二语言/外语的学习环境，各科课程内容为学生第二语言或外语的学习提供了自然的基础和真实可行的语言环境，学习者从中感知、理解、体验、发展个性和形成态度。

在中国的早期半浸入式英语教学实验中，小学的部分学科课程如自然、思想品德、美术、体育、音乐、劳动等是完全用英语来讲授的。这样不仅能有计划地进行学科学习，而且使英语学习的内容更广泛、充实、丰富，更容易产生交流的话题，学生获得知识的同时，也获得了语言，儿童语言的学习和知识的学习之间没有明显的界线，在认知发展的同时也就发展了语言能力。

实施融合性原则，首先要完成的是学科内容的目标，其次才是英语语言目标，要防止偏离中心。教师在做教学设计和教学准备时，既要根据儿童的语言水平给内容目标排序，又要根据内容目标来确定语言目标。教师在做教学评估时也要考虑到学科内容和语言这两个方面，并要注意浸入式教学评估的特殊性。

总之，融合性教学原则的落实应该使学生的英语语言能力在年级期望水平上，使其在英语环境中能够自如地运用英语学习学科课程，并且能使用英语展示其学习成果。

（二）全英语教学原则

全英语教学原则是指在整个教学过程中教师始终以英语面对儿童，这样有利于创设类似母语习得的语言环境，同时也使学生迅速摆脱母语依赖，形成英语语感和用英语思维的习惯。

要做到这一点，需要教师充分利用课堂时间，尽量为学生提供丰富的外语环境。因此，教师不论是在课堂上还是在课外，只要面对儿童，就只讲英语，基本不使用汉语。同时也要创设有利于复习英语的教室环境，并充分利用环境开展教学。例如：在课室张贴英语图片、单词卡、标语，结合单元的学习内容布置课室等。

全英教学的目的是尽量排除母语对外语学习的干扰。已有的理论研究和实践经验证明，学习者的母语在外语教学中容易造成干扰。儿童在语法学习上的难点和经常出现的错误通常反映了母语语法的迁移作用和母语结构与英语结构在儿童语言认知上的冲突。例如：名词复数的形式学生经常遗漏，因为汉语的名词本身没有单复数变化，只有数词的变化等。因此，在小学英语浸入式教学中，应尽量使用全英教学，使儿童摆脱对母语的依赖和翻译转换，从而避免母语对外语学习的干扰。

此外，全英语教学也是第二语言/外语习得原理的充分体现。根据乔姆斯基儿童语言的自然生成说，儿童具有获得语言的天赋能力，儿童第二语言或外语的学习可以不依赖母语而直接获得。因此儿童的英语教学可以直接以英语为教学语言，不必以母语为中介。儿童在全面、完整的语用情境中，不仅感知语言内容，而且了解语言的使用条件。根据第二语言习得的理论研究，儿童英语教学的效果与教师语言表达的丰富性密切相关。因此教师完全使用英语进行教学，能够丰富儿童的语言环境。

（三）听领先原则

听领先原则是指教师要遵循儿童习得母语的基本过程，即听领先，说随后，再学习读写。这符合儿童获得语言的认知顺序、心理特点以及英语语言本身的特点。儿童在语言获得的早期总是先获得听的能力，在大量听的基础上，才开始尝试用口语表达，从而获得语言交际的能力。

英语浸入式教学首先重视的是儿童英语听力理解能力的培养。有研究表明，儿童第二语言的发展与其所接收的目标语输入量有直接的关系。在全英教学中，教师首先要做到在课堂上给学生提供大量的目标语输入。教师的语言越丰富，越充分，学生接触英语的机会就越多，英语无意识习得也就越多。因此无论是在需要大量语言表达的自然、思想品德等课上，还是在体育、美术、手工等语言量相对较少的课上，都需要教师不间断地以语言描述、组织等。

同时，为了尽可能多地表达目标语信息，保持单位时间内有充足的目标语输出量，就要在不同的情境和活动中不断重复，并经常变换语言表达方式，以增加语言输入的频率和丰富性，拓宽语言输入的广度。这就要求教师要充分利用课堂时间，以最积极的方式进行英语表达，不浪费一分一秒，并做到词语多换、句型多变。例如，同一个问题就可以有很多种问法，表扬学生也可以有多种语言。

贯彻“听领先”原则，教师还应充分地意识到儿童的语言潜力。一些比较长的单词、复合句等，在成人看来是难掌握的内容，比如很多蔬菜水果的名称：cucumber（黄瓜）、litchi（荔枝）等，只要多重复、多呈现，并与儿童的生活经验相联系，儿童就能掌握。

（四）可理解性原则

可理解性原则指教师对学生进行的目标语言输入要具有可理解性。按照克拉申的理论，学习者是通过对语言输入的理解而逐步习得第二语言的。“可理解的语言输入（comprehensible input）”是语言习得的必要条件，也就是说，只有当学习者接触到的语言材料是“可理解的”，才能对第二语言的发展产生积极的作用。因此，教师可以通过下述方法增强语言输入的可理解性。

首先，教师可以借助体态语言达成数字的可理解性。例如，教师通过手势和动作教学生学习简单的英语。学习“rabbit”，教师可以学小兔子竖起耳朵蹦蹦跳跳的动作；学习“smile”，脸上应该露出笑容，同时用手指向自己的笑脸；学习“stand up”“ sit down”“come to the blackboard”等一些简单动作，可以同时做出这样的动作，虽然学生不理解句子结构，缺乏语法知识，但由于教师在真实情境中借助了体态语知识，所以学生不但听得懂，还能同时做出动作反应。教师这样表达的英语就是“可理解的输入”。学生在理解这些句子的同时，就是在无意识地习得语言。

其次，教师还可以运用实物、动画、多媒体等具体化、形象化的方式，使语言达成可理解性。比如，在学习 red、green 等色彩时，可以展示各种彩纸、彩色铅笔，也可以以同学穿的衣服颜色做示范；在学习动物的时候，可以播放相关的动画片等。

最后，通过互动增进可理解性。浸入式教学中，教师和学生必须不断地进行意义商榷（negotiation），也就是要使用多种方法和手段来确保他们之间彼此被理解。在第二语言或外语学习中，意义商榷是一个给予和接受的协作过程。在这个过程中，师生都做出努力使对方理解自己表达的意义。在学生语言水平有限的情况下，教师可以通过对学生的反应做出解释，或在某种学生能理解的背景下给予任务，以此作为有效交流的标志。

（五）活动性原则

活动性原则是指在浸入式英语教学过程中，根据小学生活泼、好动的心理特征，利用其思维的具体形象性，结合教学内容来设计学习活动和情境，提供材料，让学生通过各种参与性活动，达到对语言和学科内容的理解、记忆、掌握和运用。浸入式教学提倡任务型的教学活动，通过感知、体验、实践、参与、合作等方式，使学生实现任务目标，形成积极的学习态度，促进语言的发展。

比如，可以根据教学内容设计全班集体活动、分组活动、双人活动和个人活动等来进行多种练习，包括模拟、问答、识别、动作反应、挑选、判断、多项选择、看图说话、描绘情境等，使学生理解并运用语言和概念。又如，学生通过依据实际或特定学科内容交谈、在游戏或戏剧表演中担任角色、看图片/幻灯片/录像后叙述大意、叙述故事、解决问题等方式，来培养听、说、读、写能力。再如，教学以学生的语言运用为主，大量地进行语言互动。浸入式教学重视语言的实际运用，要求学生在大量的语言运用过程中提高运用语言的准确性。又如，在浸入式教学中，加拿大学者卡明斯（Cummins）倡导所主张的背景嵌入任务（context-embedded tasks）和认知挑战任务，教师所设计的教学活动应该是经验性的、可动手操作的、合作的和能使学生做出认知努力的。

活动为儿童提供了最自然、最丰富、最积极的语言环境。经验性的、操作性的活动都会使输入成为可理解的语言。因此，在课堂上教师要尽量创设活动，让儿童在活动中感受语言、理解语言和运用语言。

贯彻活动性原则，教师要注意以下要求：

首先，教师在设计教学活动时要有目的，有计划，使活动成为教学的重要组成部分，不可脱离教学内容另搞一套。活动应与教学内容密切相关，并且成为教学的延伸，以保证教学的整体性与连贯性。

其次，活动要注意面向全体。教学活动的安排，要尽量照顾到全体学生。即使是个别学生或部分学生参与活动，也要向其他学生提出任务要求，以满足全体学生的活动需求。

最后，教学活动还必须为生生交流提供机会。学生需要经常而持续的机会来输出和生成语言，而合作小组学习活动就是最佳的选择，因为学生在小组活动中能够对知识内容进行口语和书面的练习。

◆第三节◆

小学英语浸入式教学的课堂教学策略

由于浸入式教学的目的是促进学生的第二语言或外语的发展，而正在发展和学习中的新语言又是学生掌握学科内容的工具，这就使小学英语浸入式教学具有自己独特的、不同于母语授课的教学策略与方法。

一、语言与内容理解策略

小学英语浸入式教学的突出特点之一是教师在整个教学过程中只能用英语与学生进行交流，因此如何使学生理解语言和内容就成了教学策略的关键。

概括国内外浸入式教学实践经验和浸入式教学策略的研究，有关语言与内容理解策略的具体方法有：大量而夸张地使用体态语，充分地运用直观教具，使教学语言通俗易懂，高频率地进行语言重复，将语言根植于情境之中，运用多种方式对语言与内容的理解进行检测，等等。

在进行学科教学时，需要对学科核心词汇（key vocabulary）的理解予以特别关注。所谓核心词汇，是指具有学科特性的英语术语，一般是抽象概念，直接体现在学科目标和语言目标中。核心词汇教学的有效性同时关系到学科目标和语言目标的达成，是教学成功的关键。核心词汇也是在学术意义上需被重新理解的英语单词。比如，“wind”是儿童最早认识的英语单词之一。在普通英语学习中，儿童只要看到小树摇晃、红旗飘扬等，就知道那是“wind”，但是在科学课“properties of air”（空气的特性）中，儿童必须懂得“moving air is called wind”（流动的空气就是风）。再如，“properties”（特性）、“composition”（成分）这些抽象概念，必须从学科内容的角度进行充分理解。由于英语浸入式教学要求全程用英语教学，在教学科术语时，不允许直接进行中英文对译，这就要求教师必须充分运用各种教学手段将抽象的概念具体化，便于学生理解。对于如何检测学生的理解，教师常用的方法有：用错误的回答引出正确的回答；让学生区别不同的问题，例如 Yes or No，或进行二选一的练习；使用完形填空类的练习；让学生回答事实层次的问题和概括层次的问题；提问学生需要推理才能回答的问题；提问需要学生进行评价或发挥创造性的高层次问题；要求学生口头或书面复述故事；进行纸笔测验等。

二、课堂互动策略

在浸入式教学中，教师不能以自己讲为主，更重要的是要使用互动策略，使学生有更多的机会用语言交流、分享和学习学科内容。根据国内外对浸入式教学的研究和教学实践经验总结，主要有六个实现互动策略的具体方法：宽容学生的语言错误，提供多种互动机会，帮助学生输出语言，组织小组学习活动，创设支持、接纳的学习环境，借鉴交际型课堂教学的策略方法。其中，“宽容学生的语言错误”的方法是非常重要的。传统的外语教学对待学生语言错误的态度是消极的、静态的、否定的，不是认为学生没有学好，就是认为教师自己没有教好。教师对待学生语言错误的教学策略是“凡错必纠”，而且是即时纠正。而浸入式教学主张以积极的、动态的、肯定的态度来面对学生的语言错误。错误是理解学习者对第二语言/外语理解内化程度的窗口，是语言学习、发展进程中的正常现象，甚至是积极现象。因此，浸入式教学强调不直接纠正，而代之以正确的表达帮助学生重述。其他几种方法，也都能从不同方面实现互动策略，给浸入式英语教学提供更多的可操作性。

三、不同科目的特殊教学策略

小学英语与不同领域学科相融合的课堂教学中，需要合理地选择和运用相应的课堂教学策略。科学、道德与法治、音乐、体育、美术等学科，在运用英语进行教学时，需采取符合学科特征的教学策略。因此，采用英语浸入式教学模式的教师，除了要掌握扎实的英语基本功外，还需要掌握某一门学科课的内容体系和教学策略。

（一）自然科学类课程的教学策略

自然科学类课程的专业学术词汇的复杂性、抽象性，以及和学生日常生活的相对距离感，不仅对学生理解、掌握科学概念和科学原理提出了较高的要求，也对教师在科学课的语言和内容融合教学提出较大的挑战。对此，教师可利用辅助策略，促进课堂教学的开展。

一是使用图片、视频、音频等多模态形式辅助课堂教学。教师在讲授科学现象或概念时，首先通过在课堂设置仪器等实物情境，进行必要的课堂实验或 PPT 展示，坚持用图片、动画、视频等形式展示主要仪器设备，再现或模拟科学实验和现象，以此增加学生置身专业情境的感受；对于科学理论知识，则可使用多媒体和动画等手段使知识内容的展现形象化，提高课堂教学效率。

二是结合讲授法、讨论法、实验法等多种教学方法。在科学教学和语言教学融合的课堂上，教师要遵循分层渐进的原则，把握教学中英语的难度，以使教学语言与学生的语言水平相互适应，如采用简化语言、重复专业词汇、调整语速等策略。在课堂讨论中，教师需要明确说明讨论的目的，对学生的讨论给予逐步分解式的指导和提示，讨论结束时应让学生展示讨论的结果，并在英语表述上进行规范的总结。在实验法中，教师在实验的过程中可适当采用汉语进行专业名词的对译，目的在于让学生熟识专业英语名词，为看懂一些英文版的实验报告打下一定的基础。

（二）社会科学类课程的教学策略

在小学开设的社会科学类课程，如道德与法治课程的教学，教师可采取情景模拟、角色扮演和亲身实践等策略，让学生置身于不同职业人群的真实生活、工作场景中，加强学生对学科知识的理解和情感体验。

对于小学中高年级的课程，则可更多利用新媒体，如通过微博、贴吧、论坛等新媒体平台，将课程内容拓展到学生的日常生活中，引领学生参与社会热点话题的讨论，有助于激发学生的动机，鼓励其积极运用英语去表达观点。

（三）音乐课、美术课和体育课的教学策略

在英语与音乐融合的课堂上可以采用模仿教学法、表演教学法和游戏教学法等。比如，在音乐课堂上，将 VR、AR 两种技术分别应用于音乐教学中，形成两种虚拟化的浸入式教学形式。第一种是基于 VR 投影技术感受虚拟现实的浸入式教学形式，通过运用投影设备，将艺术家精湛的表演立体化地形成于每位学生面前，让每一位学生全方位地欣赏艺术家的演唱表情、动作，在一定程度上弥补现实课堂中教师示范技能局限的缺憾。第二种是基于 AR 技术的浸入式教学形式，借助专用设备，帮助学生查看乐器图片，更立体化地看到乐器的结构，甚至能看到演奏者投入地演奏这个乐器的整个过程，聆听该乐器的音色，增强学生的现实感，满足学生的学习需求。

在英语与美术融合的课堂上，教师的主要教学方法包含演示操作法、情感启发式、猜谜、故事教学法等。比如，在通过简笔画进行动物教学时，教师在黑板上演示的同时，可用英语进行说明“This is a monkey.”，或者运用猜谜的方式，一边画出动物的某些特征，一边让学生猜是哪种动物，使学生在真实的演示过程中习得英语。

在体育课上，教师要注重示范教学，将语言与动作的示范和解释紧密结合。比如，在进行户外体育活动时，教师可使用英文来激励学生，也可以在下达指令或提出要求时使用简单的体育英语口语，例如“line up”（排队）、“turn left/right”（向左/右）等。学生在这种氛围的熏陶下，自然养成了理解英语、运用英语的习惯，同时也在一定程度上提高了学生对户外体育活动的兴趣。

第四节

小学英语浸入式教学的学校管理、课堂组织和教师发展策略

小学英语浸入式教学是一个长期的过程，能否顺利进行的关键在于是否能够有成熟的学校管理策略、课堂组织策略和教师发展策略。

一、小学英语浸入式教学的学校管理策略

作为一种全新的外语教育模式，在学校实施英语浸入式教学要牵涉一系列的管理问题，例如经费、开办年级、班级规模、招生、教师选用、排课、教材及教学质

量评估等，这是实施英语浸入式教学的小学校长和学校管理者需要面对的管理问题。

（一）校长要具有科学进取的态度和开拓创新的意识

开展课题是校长的一种自我挑战，要赢得这场挑战，首先管理者要有对科研的高度热情，并用前瞻性的战略眼光来统筹课题。在实验过程中要不断思考、研究，并持之以恒。任何一项课题都要付出很多精力，会遇到很多困难和问题，需要校长不断地思考和分析、研究新的情况，特别要结合当地实际，在专家组的指导下，提出学校发展的方向和采取的对策，及时调整实验方案。这是一个不断探索、不断更新的过程。

（二）重视浸入式实验教师的选拔、培养和支持

在非外语的环境中，努力创造一个无限接近于外语为母语的环境，是浸入式实验能够成功的基本条件。其关键在于有得力的教师队伍。校长要重视实验教师的选拔、培养和支持，并持续给予理解和支持，给予足够的信任。

（三）建立新型的管理者与教师的关系

管理者给予教师的理解和支持极其重要，由此，教师与管理者才能建立情感上的交融，使双方产生共鸣，认识到大家是一个相互支持、相互理解的团队，遇到课题中的困难也能够正确看待。因此，校长要做内行人，能够听课、评课，并协调校内各种资源，形成合力，给予教师帮助和支持。

二、小学英语浸入式教学的课堂组织策略

小学英语浸入式教学课堂组织形式，与用母语授课的课堂一样，分别有全班教学活动、个人学习活动和小组（两人或多人小组）学习活动。在浸入式课堂上，这三种教学组织形式对于目标语言与内容的理解、语言的互动与交流、学生的语言能力发展具有独特的作用。三种教学形式的有机结合可以使课堂教学成为动态的、有节奏的、有结构的整体，进而为良好的课堂氛围和纪律的形成奠定基础。

（一）全班教学活动组织策略

面对全班的教学是一种传统的教学组织形式，即以教师为主体，面对全班学生进行的讲授活动。

全班教学活动的最大优点首先是能使学生形成共享的、师生和生生可以相互交流的丰富经验。其次，在实施得很好的全班教学活动中，每个学生都在聚精会神地听教师讲课，教师也能根据学生的反应和表情，比较清楚地把握学生的语言与内容

理解情况。其不足之处，首先，全班教学活动基本上是以教师为中心，学生相对被动；其次，全班教学活动无法适应不同学生的学习程度。因而，对于全班教学活动，采用小学英语浸入式教学模式的教师需要思考和努力的，一是如何将全班教学活动与其他几种有效的教学组织形式相结合，达到互补和扬长避短的作用；二是如何尽可能避免全班教学活动的不足，改善全班教学活动。在全班教学组织形式的运用中，英语浸入式教学中教师要注意以下两个方面：

首先，要注意采用多样化的语言互动策略。教师可以通过使用录音、录像和教师自己的授课语言，给予学生更多机会进行听力理解活动。通过积极的听力理解活动，学生可以学到大量的语言，并能将之迁移到阅读、口语和写作中。教师还要有计划地为学生提供意义商榷的机会。例如，在对浸入式社会综合课的讲述中，教师适时用英语提问："为什么会发生这种事件?""你认为下一步将会发生什么?"这样能帮助学生更好地理解学科知识概念。这种交流使学生能够灵活地进行意义商榷，也使教师可以在全班教学活动或讲授中得到即时的反馈。

其次，要特别关注学生的语言水平差异。教师不要简单地将学生划分为好学生和差学生，在进行全班教学时，应该针对中等程度的学生，但在课堂提问和其他课堂学习任务上，要使高水平的学生得到挑战，使学习慢的学生不为难，使中等学生能跟上。在学生内在动机和能力不能达到时，教师对学生的学习表现要有不同的要求，在全班教学的方法策略、语言表述和内容难度上要使所有学生感到舒适。另外，应给学生分类布置任务或选做作业，以满足不同语言水平学生的需要，使每一个学生都能达到目标，都能面对挑战。

（二）个人学习活动组织策略

在英语浸入式教学课堂，个人学习活动是一种重要的教学组织形式。个人学习活动为学生的理解、思考和表达提供了所需要的时间，在没有时间限制或竞争的情况下，可以使学生从外界的压力下放松下来，自己进行独立的学习。在传统的英语课堂教学中，个人学习通常包含做填空题、阅读题并做书面选择回答问题、做练习、写作文等。但是英语浸入式教学的个人学习活动主要集中在和目标语言与内容领域教学相联系的各种活动上，比如绘画、涂色、粘贴、手工、列表、游戏等。

传统的英语教学中，个人学习活动通常是很安静的，教师通常不允许学生交头接耳。但是在英语浸入式课堂上，一般情况下没有让学生必须安静和不许说话的要求，教师甚至允许和鼓励儿童在个人学习活动过程中与同学交流或自言自语，这样做的目的是为了更好地、自然地发展目标语言。

另外，学校的语音室和电脑室对置身于浸入式教学模式的学生来说也是非常好的个人学习活动场所，若是学校具备这些条件，教师最好安排学生每周一次在语音室或电脑室进行学习，充分利用学校的资源和设备来使个别学习活动更加有效。

但是，个人学习的时间不能太长。浸入式教学要求有大量的可理解性语言输入和有意义的交际性互动，因此必须在全班教学、小组学习和个人学习这三种教学组织形式之间建立平衡。

（三）小组学习活动组织策略

小组学习活动有利于学生合作与友爱精神的培养，有利于学生在学习中互帮互助、相互启发、相互反馈、相互交流与分享。从语言发展的角度看，小组学习活动是最有利于儿童的语言互动和语言输出的。因此，英语浸入式课堂应尽量使用小组教学活动这个教学组织形式，最大可能地给学生创设与同伴共学的场景和语言互动的机会。在国外，由于班级规模小（一般在20人左右），教室空间大，教室里设计有从事各类学习的活动角，因此其小组学习活动的内容和形式也极其丰富多样。我国由于小学班级规模普遍较大，教室空间相对拥挤，因此实施小学英语浸入式教学的小组学习活动时必须因地制宜。一般来说，小组学习活动的内容是根据英语浸入式课程的单元主题活动设计和针对学生学习需求进行调整的，主要以同桌双人小组或前后四人小组的形式来组织，虽然比较单一，但简单易行，效果也比较好。

三、小学英语浸入式教学的教师双重化专业发展策略

具备双语能力的师资是英语浸入式教学成功实施的关键所在，这也对我国英语浸入式教学的教师发展提出了更高要求。在实践中，我国逐步形成了相对成熟的英语浸入式教学师资专业发展模式——在教管研共同体架构下的“小学英语教师双重化专业发展模式”（见图8－3），即学科教师英语化和英语教师学科化，以使教师兼

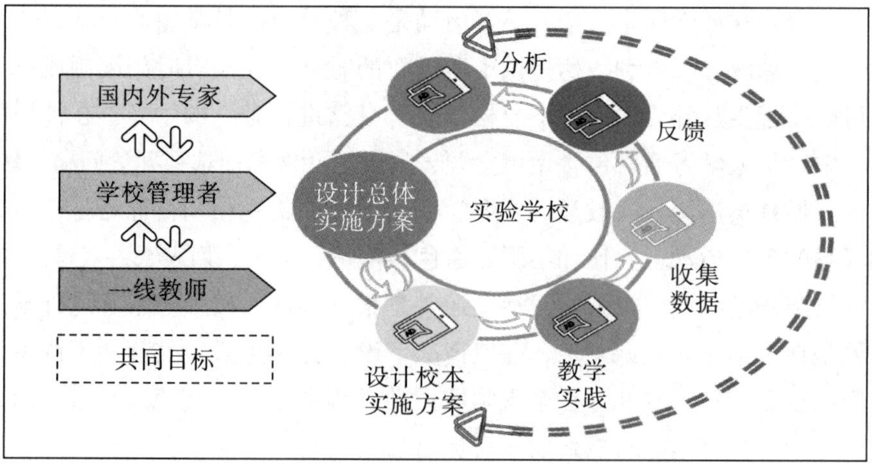

图8－3　小学英语教师双重化专业发展模式

具英语语言和学科素养。新手教师通过课题引导、专家引领、教学管理者支持、教学研讨、专题培训、教学观摩与反思性实践等发展策略，逐渐成长为合格的英语教师。其中，专题培训发展策略至关重要。

（一）观摩研讨式培训

观摩研讨是校本培训中最经常、最普遍的一种形式。实验学校广泛开展观摩课、研讨课、示范课活动，不仅是一所学校内部实验教师之间的交流观摩，还包括学校间的实验教师公开课的展示观摩、交流讨论。

（二）专业引领式培训

实验学校采取“请进来、送出去”的方式进行专家引领的培训。学校请课题组、专家组成员，市和区教研室研究员等，面对面研究解决教学理论和在实施浸入式教学实践中的问题，使教师接受教学观念的变革。同时学校也把教师送出去学习，包括组织教师到市内各区听课学习，派教师到浸入式教学广泛开展的西安、香港、澳门、上海、广州、东莞等地学习交流。教师学习和交流为学校科研课题工作注入了“活水”，促进了学校教师队伍的整体提高。

（三）校本英语培训

实验学校充分发挥校内资源，开展校本培训。“拜师结对”是对新实验教师最有效的培训方法之一。比如，让英语教师拜其他学科骨干教师或学科带头人为师，一对一指导，一起研究教案，相互听课，评课指导。英语教师去听美术教师的课，才能更专业地用英语来上课。此外，为了强化英语氛围，使更多的教师投入到英语学习交流中，实验学校要求全体教师进行强化英语的学习，并组织教师开发英语校本课程，根据编写的内容制作教学课件等，都有效地提高了学校的英语教学的氛围。

通过上述教师发展策略，实验教师群体形成浓厚的坚持学习、钻研业务、追求创新的进取精神，更自觉地更新教育观念和知识结构，不断探索、创新教学模式和方法，同时也提高了自身的外语表达能力，增强了国际化的意识，增进了对外国文化的了解，也加深了对中国民族文化传统的理解。

综上，英语浸入式教学在我国走过了二十年历程。经过众多浸入式教育研究者和实践者的不懈努力与教育行政部门的大力支持，我国的英语浸入式教育模式已越来越成熟，取得的成绩也远远超出了当初人们的预想。如今，信息化技术的兴起也给浸入式教育带来新的挑战和机遇。在未来的英语课程与教学发展进程中，英语浸入式教学应能获得更多的实践运用的机会，使更多的学校、教师和学生受益。

章后小结

本章介绍了英语浸入式教学模式的发展历史和现状；分析了小学英语浸入式教学的基本原理；基于中国的实践阐释了小学英语浸入式的课堂教学基本原则，包括融合性原则、全英语教学原则、听领先原则、可理解性原则、活动性原则等；介绍了具体的教学策略，包括语言与内容理解策略、课堂互动策略、不同科目的特殊教学策略等；最后阐述了小学英语浸入式教学的学校管理、课堂组织和教师发展策略。

案例分析

案例 1：孩子的动手欲望强，探索热情高，也善于发现和观察，笔者根据这一特点，在教学中尝试让孩子通过实验的形式去理解抽象的科学词汇。如在教授 expansion、contraction 时，笔者给孩子一个气球、一个玻璃瓶、一个装着冷水的塑料盒、一个空的塑料盒。首先，笔者让孩子协助将气球套在玻璃瓶口，然后将瓶子放入空的塑料盒里，再往塑料盒里注入热水，并观察气球的状态。然后，让孩子将套着气球的玻璃瓶放入装着冷水的塑料盒里，并观察气球的状态。孩子在汇报时说："The balloon is big when it is in the hot water." 笔者在这时输入 "The balloon expand when it is in the hot water."，并把脸鼓起来，说："expansion." 孩子一起跟着笔者做动作，体验 expansion。而当孩子在汇报时说："The balloon is small when it's in the cold water." 笔者在这时输入 "The balloon contract when it is in the cold water." 并把脸收缩，说："contraction." 孩子一起跟着笔者做动作，体验 contraction。通过观察气球的状态，孩子对气球的膨胀和收缩有了一定的认识，能够很好地理解笔者输入的语言 expansion 和 contraction。

[问题讨论]

在本案例中，体现了哪些英语浸入式的教学原则？又具体运用了怎样的教学策略？

[参考点评]

该案例体现了教师对浸入式教学基本原理的深刻理解和对教学原则的灵活运用，体现了学科（科学课）与英语的融合原则、全英语教学原则、活动性原则等。具体运用的教学策略也很丰富，比如运用实验法、观察法、大量使用夸张的体态语、亲身体验等策略和方法，帮助学生直接领会和掌握学科知识和英语语言，非常典型地体现了可理解的学科与语言的融合策略。

案例 2：在学习 "The boy who cried wolf"（《狼来了》）的故事时，学科目标主要是教育学生诚实守信，尊重他人。笔者布置了这样的预习作业：利用课余时间，一部分擅长和喜欢做手工的学生帮教师做头饰。首先，这些小组成员在组长的带领下，对课文进行阅读。由于每个故事都配有连环画，而且学生对这个故事比较熟悉，应该能读懂故事的大意。阅读完后小组确定故事中有哪些角色，然后分工合作做头饰。谁做哪个头饰，在角色表演时这位同学就演哪个角色。每位学生还要提前知道自己扮演角色的英文名称和英文对白。不会说的单词或句子可请教教师或上网查找。另一部分喜欢和擅长画画的学生，负责改编故事的连环画，每幅连环画下面要配上简单的英语描述。可以摘抄故事原文，不会的句子也可以上网查找。这样，预习环节就把语言目标达成了一些，为实现学科目标打下基础，而且调动了学生的积极性，让每一位学生都参与进来。

[问题讨论]

该案例运用了怎样的教学原则和教学策略，你认为如何？如果你来上这门课，你会进行怎样的设计？

[参考点评]

该教师灵活运用了英语浸入式教学的基本原理、原则与策略，体现了学科（道德与法治课）与英语的融合原则、活动性原则等。具体运用的教学策略包括运用角色扮演策略、分组策略、活动策略、学生学习策略等。尤其是分组教学，给喜欢画画和喜欢表演的同学分别布置不同的任务，体现了对不同特长学生的差异化要求，是非常值得学习的。

思考与练习

1. 小学英语浸入式教学有哪些理论依据？请解释其基本原理。
2. 请解释小学英语浸入式教学的五大基本原则及其内涵。
3. 小学英语浸入式教学运用哪些具体的课堂教学策略？
4. 小学英语浸入式教学的课堂组织策略有哪些，请简要说明。
5. 小学英语浸入式教师发展策略中，专题培训发展策略包括哪些培训模式？
6. 通过本章学习，你认为小学英语浸入式教学在哪些方面与传统的英语课堂不同？
7. 你是否支持数学课程（科学课程……）用英语来进行教学？为什么？

主要参考文献

[1] 高红健. 小学十年英语浸入式教学实验管理回顾［M］//强海燕，刘美冰，杨秀玲，等. 探索与创新：英语浸入式教育在中国. 澳门：科教文出版社，2009.

[2] 李丹凌. 英语浸入式教学研究：二十年回溯与展望［M］//迟延萍，高红健，杨志红. 从课堂走向世界：语言浸入式教育在中国. 西安：西安交通大学出版社，2016.

［3］刘羡冰.“中英双语、智力三促进”两项教育改革总结［M］//强海燕，刘羡冰，杨秀玲，等. 探索与创新：英语浸入式教育在中国. 澳门：科教文出版社，2009.

［4］裴淼，迟延萍. 创设有效的第二语言课堂学习环境：基于脑的可塑性和敏感期概念［M］//迟延萍，高红健，杨志红. 从课堂走向世界：语言浸入式教育在中国. 西安：西安交通大学出版社，2016.

［5］英语课程标准研制组. 全日制义务教育英语课程标准（实验稿）解读［M］. 北京：北京师范大学出版社，2002.

［6］詹平平. 小学英语浸入式抽象科学词汇直观化的教学策略［M］//迟延萍. 英语浸入式教学实验与研究论文集. 西安：陕西人民教育出版社，2006.

［7］张效珍. 小学英语浸入式教学科学课程核心词汇及其教学策略探究［M］//强海燕，刘羡冰，杨秀玲，等. 探索与创新：英语浸入式教育在中国. 澳门：科教文出版社，2009.

［8］钟群莲. 寻找一个支点，促进整体提高［M］//强海燕，刘羡冰，杨秀玲，等. 探索与创新：英语浸入式教育在中国. 澳门：科教文出版社，2009.

［9］KRASHEN S. Principles and practice in second language acquisition［M］. Oxford：Pergamon Press，1982.

［10］DRISCOLL P，FROST D. The teaching of modern foreign languages in the primary school［M］. London：Routledge，1999.

［11］CURTAIN H，DAHLBERG C A. Languages and children：making the match［M］. New York：Pearson Education，Inc.，2010.

［12］SHARPE K. Modern foreign languages in the primary school：the what，why，and how of early MFL teaching［M］. London：Routledge，2001.

［13］迟延萍，赵微. 我国小学英语浸入式教学实验综述［J］. 比较教育研究，2004（7）.

［14］方俊明. 双语获得的认知过程与浸入式教学的理论基础［J］. 心理科学，2001（5）.

［15］黄小丹. 美国外语浸入式教学现状［J］. 比较教育研究，2004（7）.

［16］康叶钦，陈冬梅. 课程—学习—教师一体化发展教学模式的实践研究：基于小学英语浸入式教学的案例［J］. 中国教育学刊，2018（2）.

［17］牛晓艳. 英语浸入式教学的语言输入策略［J］. 山东师范大学外国语学院学报（基础英语教育），2009（5）.

［18］强海燕，SIEGEL L. 加拿大第二语言浸入式教学发展概述［J］. 比较教育研究，2004（7）.

［19］强海燕，迟延萍，赵微. 我国义务教育阶段英语浸入式教学之探索：基

于 CCUEI 项目的研究［J］. 全球教育展望，2022，51（8）.

［20］强海燕，赵琳. 加拿大第二语言浸入式教学及其在我国的借鉴［J］. 比较教育研究，2000（4）.

［21］谭伟民. 试探我国英语浸入式教学师资的培养模式［J］. 教育导刊，2010（9）.

［22］王蔷. 面向 21 世纪义务教育阶段外语课程改革的思考与意见［J］. 基础教育外语教学研究，1999（2）.

［23］席春玲. 外语浸入式教育的国际比较研究［J］. 教育探索，2009（1）.

［24］喻春兰，强海燕. 英语浸入式教育在中国：中国、加拿大、美国教育合作英语浸入式课程与教学研究第三届学术年会综述［J］. 比较教育研究，2009，31（9）.

［25］Cheng L. English immersion schools in China：evidence from students and teachers［J］. Journal of Multilingual & Multicultural Development，2012，33（4）.

第九章 小学英语教学评价

学习目标

1. 认识小学英语教学评价的作用、实施主体与特点。
2. 理解小学英语教学评价的原则。
3. 掌握小学英语课堂教学质量评价的实施方法。
4. 熟悉小学英语学习评价的类型及方法。

新一轮的课程改革重视学生全面、健康而有个性的发展，强调教学评价对促进学生核心素养发展的重要作用，《义务教育英语课程标准（2022 年版）》明确指出：教学评价有助于学生不断体验英语学习的进步和成功，更加全面地认识自我、发现自我，保持并提高英语学习的兴趣和自信心；有助于教师获取英语教学的反馈信息，对自己的教学行为和效果进行反思，不断提高教学水平和专业能力；有助于学校和教育行政部门及时了解英语课程的实施情况、课程目标的达成程度和人才培养的实际效果，不断改进教学管理，推进课程实施，提升课程育人质量。

要实现教学评价的功能，必须对教学评价有一个全面的认识，既要评价教师“教”的过程与效果，也要评价学生“学”的体验和成效；既要把握教学评价的基本理念，也要遵循教学评价的基本原则，更需要针对不同的评价目标和对象，综合运用多种评价方式。

第一节 小学英语教学评价的基本问题

《义务教育英语课程标准（2022 年版）》在“评价建议”部分明确指出：“评价与考试旨在评测学生核心素养的发展水平，促进学生全面、健康而有个性地发展。通过形成性评价与终结性评价相结合的多元评价方式，检测和衡量学生在相关学段的学业成就，为高一级学校招生录取提供依据，为评价区域和学校教学质量提供参考，为改进教育教学提供指导。”只有充分认识和理解教学评价的内容、主体、原则、特点和类型等基本问题，我们才能综合运用多种评价方式，科学开展教学评价，促进课程目标的实现。

一、小学英语教学评价的内容与实施主体

开展小学英语教学评价，首先要解决“评价什么”“谁来评”的问题，即明确评价的内容和实施主体。

（一）小学英语教学评价的内容

根据《义务教育英语课程标准（2022 年版）》，小学英语课程的总目标是要培养学生包括发展语言能力、培育文化意识、提升思维品质和提高学习能力等在内的核心素养。为使课程总目标更具体化，课程标准还提出了学段目标，预设了学生完成相应学段的学习时应达到的学业成就。同时，课程标准提出了由主题、语篇、语言知识、文化知识、语言技能和学习策略等要素构成的课程内容结构。

瞿葆奎先生将教学评价定义为“根据教学目标和教学原则系统地收集信息，然后对教学活动和教学成果做出价值判断的过程”。小学英语教学评价就是在课程总目标的指导下，通过收集、分析并解释英语教与学过程中的相关信息，从而对教与学的目标、过程与效果进行价值判断，进而提高教师的教学质量、优化学生的学习效果的活动。

新课程标准明确指出，教学评价贯穿小学英语课程教与学的全过程，是小学英语课程与教学非常重要的组成部分。小学英语教学评价就是对教师的“教”和学生的“学”所进行的所有的评价活动。在新课程的理念下，教学活动以“学生全面、健康而有个性地发展”为目标，通过教师的“教”去促进学生的“学”的过程，需要充分发挥教师和学生双方的主观能动性。

从内容上看，对“教”的评价应该聚焦于教师的教学设计、教学行为与教学效果；对“学”的评价则更应该关注学生的学习状态、学习体验与学习效果。课堂是培养学生英语学科核心素养、提升学生语言学习能力的主要阵地，基于此，本章将聚焦于课堂层面的教学评价问题，即重点关注两个问题：一是如何评价教师的教学组织与效果，二是如何评价学生的学习过程与成效。

（二）小学英语教学评价的实施主体

如上所述，小学英语教学评价是针对教师和学生而进行的“教”与“学”全过程的评价，在明确了评价的内容和对象之后，我们需要考虑评价实施主体的问题，即，谁来评价小学英语教学？

小学英语教学评价的实施主体包括三大类：

1. 教师

教师是小学英语教学评价最重要的实施主体。首先，教师要对自身的教学过程（教学目标的确定、教学重难点的把握、教学方法的选择、教学过程的设计等）进行评价，以达到教学最优化；其次，教师要对学生的学习进行评价，即教师要对学生的学习状态、学习方法、学习效果等实际情况进行评价，以促进学生有效学习；最后，教师要开展同行互评，即教师和教师之间的评价，这也是一种重要的评价方式，教师可以通过教研活动、听课等形式进行互评，学习其他教师好的做法，促进自身的专业发展。

2. 学生

学生也是实施小学英语教学评价的重要主体之一。首先，小学英语教学评价包括对学生学习过程的评价，学生理应对自己的学习过程进行评价和反思；其次，新课程强调学生作为教学评价的主体的地位，明确提出学生可根据自身的学习需求和效果对教师的整个教学过程进行评价，学生评价也是促进教师自身发展的重要途径之一；最后是学生之间的互评，学生之间的互评是促进学生有效学习的方式，通过互评，学生可以学习到其他同学的好的学习方式，更可以认识到自己存在的不足，还可以促进学生建立分享与合作精神。

3. 其他

除教师和学生外，小学英语教学评价还包括来自家长、社会、学校领导、教育职能部门等的评价。全面的评价对于建立科学的评价体系是非常重要的，只有教师、学生、家长、社会等多方参与的评价才能更好地促进小学英语教学的发展。

二、小学英语教学评价的作用

教学评价是小学英语课程与教学不可或缺的重要环节，对促进学生核心素养的发展具有重要作用。《义务教育英语课程标准（2022 年版）》中这样描述教学评价的作用："有助于学生不断体验英语学习的进步和成功，更加全面地认识自我、发现自我，保持并提高英语学习的兴趣和自信心；有助于教师获取英语教学的反馈信息，对自己的教学行为和效果进行反思，不断提高教学水平和专业能力；有助于学校和教育行政部门及时了解英语课程的实施情况、课程目标的达成程度和人才培养的实际效果，不断改进教学管理，推进课程实施，提升课程育人质量。"

从评价主体的角度看，小学英语教学评价的作用主要包括对学生的作用、对教师的作用，以及对学校和教育行政部门的作用。

（一）小学英语教学评价对学生的作用

1. 引领方向，乐学善学

对小学生英语学习过程及学习效果的合理、及时评价，可以引导、指明其在英语学习过程中需要实现的目标以及如何实现该目标，从而帮助小学生自发地养成更好的学习习惯，引导他们向预定的语言学习目标前进。课程标准强调关注学生核心素养的培养，关注学生的全面、健康成长，对小学生的英语学习进行全面的、动态的、综合化的评价，更有利于学生正确认识英语学习的目标和方向，从而更加乐学善学。

2. 激发兴趣，体验成功

积极的评价可以使小学生在英语学习中体验成功，对语言学习更有兴趣，更有自信，从而更主动乃至更有创造力地运用语言，提升语言能力，进而更全面地认识自我，发展自我。尤其是来自教师和家长的评价，更应该成为激发小学生学习动机的源泉。需要注意的是，积极的评价并不意味着对学生学习过程中存在的问题视而不见。事实上，教师既要对学生的学习效果进行评判，肯定其进步；更要看到他们在学习过程中的困难和不足，及时给予指导和支持。唯有如此，学生学习英语的兴趣和自信心才能形成并得以维持。

3. 发现问题，及时调整

新课程鼓励教师构建开放式的学习过程，培养学生积极探究、自主学习的意识和能力，强调主体多元、形式多样的全面、综合的评价。诊断性评价可以帮助学生做好学习前的准备，了解自己在实施、技能等方面的实际情况，充分地认识自己在学习中的困难。形成性评价可以帮助学生发现自己在学习过程中的问题，又可以对此进行针对性的学习和训练，从而克服困难，优化学习效果，还可以确定自己对学习内容的掌握程度，为下一步的学习做好准备。当然，阶段性地对学业成就进行总结性评价也是必不可少的。总结性评价对学生的作用具体表现在：为学生评定成绩，并为其下一步学习提供依据；为学生的后续学习提供起点；为学生提供反馈信息。

4. 认识自我，实现成长

在现代教育评价理念中，评价对象作为主体在评价过程中有着更加重要的作用。教师需综合运用教师评价、学生个人自评、组内成员互评等多种方式，让小学生在英语学习活动中，既成为评价的对象，也成为评价的主体，引导他们综合看待他人评价与自我评价。只有当评价的对象成为评价的主体，让他们参与到评价的过程中，他们才能更深刻地理解评价的目标体系，清楚地看到他人的成绩，找到差距，才有可能及时改进和提高，从而促进评价对象的自我认识、自我改进、自我提高、自我完善。实际上，小学生在给其他同学进行评价的同时，会发现哪些知识点和方法已经被其他同学所接受，哪些自己掌握得还不够，他就会照着这些要求来要求自己，从而实现自我教育和成长。

（二）小学英语教学评价对教师的作用

小学英语教学评价对教师的作用主要体现在教师通过教学评价获得教学反馈，发现自身教学中的问题，从而改进教学，提高教学效率。

1. 促进教师教学能力的提高

小学英语教学评价以教师的教学活动和过程为评价对象，有助于教师发现自己在确定目标、选取教学方法和手段等方面的优点和不足，从而使教师有针对性地完善教学工作，逐步提高教学技能。

2. 有利于教师正确地认识学生

通过诊断性评价，教师可事先了解学生的具体情况；通过形成性评价，教师可了解学生在学习过程中的具体状况；通过总结性评价，教师可发现学生在学习过程中的优势和欠缺。因此，小学英语教学评价过程也是教师认识学生的过程。

3. 促进教师专业化发展

小学英语教学评价帮助教师发现教学过程中的问题，促进教师进行教学反思，并以一定的教育理论为基础，帮助教师解决教学过程中的问题，从而促进其专业化发展。

（三）小学英语教学评价对学校和教育行政部门的作用

小学英语教学评价，为学校和教育行政部门及时了解英语课程的实施情况，评判课程目标的达成程度和人才培养的实际效果，不断改进教学管理，推进课程实施，提升课程育人质量提供了最直接的信息来源。评价内容的综合化、评价主体多元化和评价方式多样性，是教学评价的科学性和客观性的重要保证。

三、小学英语教学评价的原则

教学评价是小学英语课程与教学不可或缺的重要环节，对促进学生核心素养的发展具有重要作用。教学评价有助于学生不断体验英语学习的进步和成功，更加全面地认识自我、发现自我，保持并提高英语学习的兴趣和自信心；有助于教师获取英语教学的反馈信息，对自己的教学行为和效果进行反思，不断提高教学水平和专业能力；有助于学校和教育行政部门及时了解英语课程的实施情况、课程目标的达成程度和人才培养的实际效果，不断改进教学管理，推进课程实施，提升课程育人质量。在实施教学评价时，应遵循以下基本原则。

（一）教学评价应以学生核心素养的全面发展为出发点和落脚点

评价目标和评价方式应与课程目标保持一致，评价结果应为后续教学决策提供依据。教师要提供针对性强的描述性评价结果和及时准确的反馈，促进学生学习。

（二）教学评价应充分发挥学生的主体作用

教学过程中，教师应引导学生成为各类评价活动的设计者、参与者和合作者，帮助他们学会开展自我评价和相互评价，主动反思和评价自我表现，促进自我监督性学习，并在相互评价中取长补短，总结经验，规划学习。

（三）教学评价应注重方式和手段的全面性、准确性和灵活性

教学评价应采用多种评价方式和手段，体现其多渠道、多视角、多层次、多方式的特点。应将形成性评价与终结性评价相结合，定性评价与定量评价相结合，使评价全面、准确和灵活。

（四）教学评价应充分关注学生的持续发展

教师应始终在关爱、信任、尊重的气氛中，从发展的视角、以发展的眼光、用发展的观点评价学生，不但重视学生过去的学习情况，更着眼于学生现在和未来的发展，体现评价的增值性。

（五）教学评价应充分关注学生的个体差异

在设计和实施评价时，教师应根据不同学段的教学特点与评价目的，充分考虑学生的年龄、心理特征、认知水平、个性特点以及发展潜力，选用合理的评价方式，根据各因素的动态变化情况及时调整评价的主体、内容和形式，注重对学生学习过程、认知过程和成长过程的评价，帮助每个学生在原有基础上实现发展。

四、小学英语教学评价的特点

从《义务教育英语课程标准（2022 年版）》来看，小学英语更注重课程对学生终身成长的核心价值的培养，英语教学评价从传统知识本位走向素养本位，评价指标也从知识、技能、成绩等直观指标，发展为对更上位、更长远的核心素养和关键能力的评估。新课程标准强调，教师要充分理解评价的作用，明确评价应遵循的原则，基于评价目标选择评价内容和评价方式，将评价结果应用到进一步改进教学和提高学生学习成效上，落实“教—学—评”一体化。新课程背景下，小学英语教学评价具备以下几个特点：

（一）素质导向，立足学生的发展

新修订的课程方案的一个显著特征就是“素养导向”，注重培育适应学生终身发展和社会发展所需要的核心素养，特别是真实情境中解决问题的能力。只有所有的评价主体达成共识，无论是对“教”的评价，还是对“学”的评价，都从发展的视角，以发展的眼光，用发展的观点，以是否有利于培养学生的英语核心素养，是否能促进学生的全面健康发展为出发点和终极目标进行，才能真正实现小学英语教学评价的功能。

（二）育人为本，关注评价内容的综合化

新课程标准强化课程的育人功能，全面落实培养有理想、有本领、有担当的时代新人的总要求，突出课程的育人宗旨。那么，与其他课程相比，为实现课程育人目标，小学英语教学评价应该关注哪些方面？按照《义务教育英语课程标准（2022年版）》的表述，核心素养是课程育人价值的集中体现，英语课程目标是围绕核心素养确立的。在英语课程中，核心素养是一个综合性的概念，具体表现为学生的语言能力、文化意识、思维品质、学习能力四个方面。课程目标的综合性决定了教学评价的综合性。很显然，核心素养背景下的小学英语教学评价必须坚持评价内容综合化，当我们说一个学生“英语学得好”或一个教师“英语教得好”时，我们指向的是这一综合性目标的实现过程及实现程度，是教师以学生为本的教学与活动组织，是学生以核心素养为表征的综合素质的提升，从这一点看，英语教学评价的内容无疑是综合化的。

（三）主体多元，方式多样，强调“教—学—评”一体化设计

新课程标准强调“以评促学，以评促教”，注重发挥学生的主观能动性，自觉运用评价结果改进学习；注重引导教师科学运用评价手段与结果，反思教学行为和效果，教学相长。新课程标准还明确提出要落实“教—学—评”一体化，这个“一体化”是“教—学—评”的三位一体，包括一体化的教学设计，也包括一体化的评价设计；是建立在主体多元、方式多样基础上的“教—学—评”三位一体，是多元主体基于评价目标选择评价内容与评价方式，将评价结果应用到进一步改进教学和提高学生学习成效的“一体化”。

◆第二节◆

对小学英语课堂教学质量的评价

评价小学英语教师的课堂教学，是观察教师的教学过程与效果，对其是否有利于英语课程目标的实现，是否有利于学生核心素养的培养，是否有利于学生的全面、健康成长进行评判。教师的课堂教学质量，关乎教师对教学目标的领会，对教学内容的选择，对教学过程的把握，对教学方法的运用等诸多方面，也关乎教师对学生的了解，对教学情境的创设，以及是否创建起良好的学习氛围等方面的问题，其本质上是一个关于英语教学的话题。评价的标准与教学的要求息息相关，鉴于本书已就英语课堂教学的要求、实施策略和方法等方面进行了专章论述，本节将聚焦评价的标准、主要指标以及组织实施三个方面，探讨如何评价小学英语教师的课堂教学质量问题。

一、“好课”的标准

如何提升教学质量，一直是教育界尤其是教学一线工作者们孜孜追求的热门话题。那么，对于小学英语教学而言，什么样的课才能成为一节“好课”呢？

（一）关于“好课”的研究

在关于“好课”标准的诸多研究中，有些是针对特定的公开课课例展开的，有些则更强调以常规的课堂教学为出发点。其中，叶澜教授基于长期的听评课经验提出了一堂“好课”的“五实”标准：意义扎实、效率充实、生成丰实、呈现方式平实、真实有待改进。在她的体系中，一节“好课”必然是“意义扎实”的，学生在课堂学习中不仅学习到了知识，还锻炼了能力，获得了良好的积极的情感体验；一节“好课”必然是“效率充实”的，课堂教学中学生整体的学习效率是高的，是有保障的；一节“好课”必然是“生成丰实”的，课堂教学过程必须包含教师和学生真实的、情感的、智慧的、思维的、能力的互动，既存在资源的生成，又包括过程状态的生成；一节“好课”还必须是“呈现方式平实”的，学生的学习发生在真实教学环境下的每一节日常的课中，而非经过精心准备的“公开课”中；最后，一节“好课”必然是“真实有待改进”的，真实就意味着有缺憾，因为日常教学中的课本来就是有缺憾的、有待完善的，这样的课才能称作真实的课。

杨帆从“好课”所体现出来的教师个人价值认识和价值取向的角度，提出了“好课”的四个标准[①]：有人、有料、有趣、有变。具体而言，“好课”首先要“有

① 杨帆．“好课”的实践逻辑反思及其价值回归策略研究［D］．兰州：西北师范大学，2021.

人”，关注教学情境中的人。课堂教学赋予学生批判、体验和创造的机会，促进其生命成长；课堂教学展现出教师独特的教学风格，体现着教师的个体意识和教学创造性。其次是“有料”。教师课堂教学要从教学情境出发，充分开发并利用教学资源，增强个人教学的承载量，以赋予学生课本之外的知识和经验。再次是“有趣”。课堂教学内容的组织和教学过程的设计要具备趣味性以激发学生的学习欲望，将学生的天赋、洞察力以及多元的视野聚焦在课堂教学内容的学习上，同时激发学生挑战未知知识的欲望。最后是“有变”。教学主体和教学内容以及教学环境的复杂性和多样性决定了教学不可能按照剧本式的预案严格落实，这就需要教师依据实际的教学情境适时地调整教学预案和教学方法，教师对课堂突发状况的处理往往能体现其教学机智水平。

王光明等人则是从建构主义的视角审视当前评课中存在的问题，提出“好课”要具备六个方面的标准①：学生学习的主动性、师生互动的有效性、自行获取知识的实践性、学生对知识理解的真实性、预备学习材料的良好组织性和学生学习的反思性。文喆教授提出“好课”的五项标准包括：一是学习内容要适切，二是学习环境应力求宽松，三是学习形式应多样，四是学习组织过程要科学，五是学习活动评价应有较强的包容性。

学者们对于“好课”的探索无疑是必要的，对教育教学的实践也有较强的指导性和促进作用。然而，教学毕竟是一项极具教师个人色彩的专业性行为，教师的知识、能力和个性，以及其对教学目标、教学内容、教学材料、教学对象、教学过程的认识和把握程度，都将极大地影响教学的效果。我们寻求“好课”的标准，根本目的在于追求课堂教学的改进，是希望通过对教学展开更进一步的认识和研究，而非寻求评价教师教学的“金科玉律”。

（二）新课程标准对英语教学的建议

以下是《义务教育英语课程标准（2022 年版）》关于教学的建议，从中不难看出新课程对一节“好的英语课”的基本要求。

1. 坚持育人为本

教师要把落实立德树人作为英语教学的根本任务，准确理解核心素养内涵，全面把握英语课程的育人价值，应引导学生在学习和运用英语的过程中，了解不同国家的风土人情、文化历史，以及科技、艺术等方面的优秀成果，进行中外文化的比较分析，拓宽国际视野，加深对中华文化的理解，增强中华文化认同感，逐步树立正确的世界观、人生观和价值观。

---

① 王光明，王合义，运用建构主义观点探讨一堂好课的标准［J］. 中国教育学刊，2000（2）：60－61.

教师要坚持面向全体学生，充分尊重每一个学生，对学生抱有合理期待，让他们获得积极的学习体验，感受到学习的乐趣和教师的信任，健康、自信、阳光地成长。

2. 加强单元教学的整体性

教师要推动实施单元整体教学，强化素养立意，围绕单元主题，充分挖掘育人价值，确立单元育人目标和教学主线；深入解读和分析单元内各语篇及相关教学资源，并结合学生的认知逻辑和生活经验，对单元内容进行必要的整合或重组，建立单元内各语篇内容之间及语篇育人功能之间的联系，形成具有整合性、关联性、发展性的单元育人蓝图；引导学生基于对各语篇内容的学习和主题意义的探究，逐步建构和生成对单元主题的深层认知、态度和价值判断，促进其核心素养综合表现的达成。

新课程标准还提出了“依据单元育人蓝图实施教学”“以单元教学目标为统领”等具体的课程实施建议，引导教师围绕核心素养规划和组织系列教学活动，引导学生在学习过程中逐步建构对单元主题的认知，发展能力，形成素养。

3. 深入开展语篇研读

教师要以语篇研读为逻辑起点开展有效教学设计，充分认识语篇在传递文化意涵，引领价值取向，促进思维发展，服务语言学习、意义理解与表达等方面的重要作用。

新课程标准明确指出，开展语篇研读，教师要对语篇的主题、内容、文体结构、语言特点、作者观点等进行分析：明确主题意义，提炼语篇中的结构化知识，建立文体特征、语言特点等与主题意义的关联，多层次、多角度分析语篇传递的意义，挖掘文化内涵和育人价值，把握教学主线；根据学生基于主题的认知，确定教学目标和教学重难点，为设计教与学的活动提供依据。

4. 秉持英语学习活动观组织和实施教学

教师要充分认识到学生是语言学习活动的主体，要引导学生围绕主题学习语言、获取新知、探究意义、解决问题，逐步从基于语篇的学习走向深入语篇和超越语篇的学习，确保语言学习的过程成为学生语言能力发展、思维品质提升、文化意识建构和学会学习的成长过程。

新课程标准明确指出，教学设计与实施要以主题为引领，以语篇为依托，通过学习理解、应用实践和迁移创新等活动，引导学生整合性地学习语言知识和文化知识，进而运用所学知识、技能和策略，围绕主题表达个人观点和态度，解决真实问题，达到在教学中培养学生核心素养的目的。

同时，针对学习理解类活动、应用实践类活动、迁移创新类活动等三种不同类型的学习活动，新课程标准还分别提出具体的实施建议和要求，强调教师要有意识地为学生创设主动参与和探究主题意义的情境和空间，使学生获得积极的学习体验，成为意义探究的主体和积极主动的知识建构者。

5. 引导学生乐学善学

英语教学不仅要重视“学什么”，更要关注学生是否“喜欢学”，以及是否知道

"如何学"。

新课程标准强调，教师要根据学生的认知特点，设计多感官参与的语言实践活动，让学生在丰富有趣的情境中，围绕主题意义，通过感知、模仿、观察、思考、交流和展示等活动，感受学习英语的乐趣；引导学生采用多种学习方式，发挥自己的优势和特长，发现自己的兴趣和潜能，增强学习效能感。教师要把学生的努力程度、学习态度和素养表现作为评价的主要指标，善于发现学生的学习优势，及时肯定其取得的进步，悉心指导学生克服困难、解决问题、增强学习自信心。教师要引导学生学会管理自己的学习，明确学习目标，做好学习计划和时间管理；提醒学生课前主动预习，课后及时复习和归纳；帮助学生选择适合自己的学习方式和方法，利用各种资源和工具书等进行自主阅读，有计划地收听、收看新闻或优秀影视作品等；指导学生对照学习目标，评价和反思自己的学习过程和学习效果，根据学习需要调整学习方法与策略，切实提高学习效率。

6. 推动"教—学—评"一体化设计与实施

教师要准确把握教、学、评在育人过程中的不同功能，树立"教—学—评"的整体育人观念。"教"主要体现为基于核心素养目标和内容载体而设计的教学目标和教学活动，决定育人方向和基本方式，直接影响育人效果；"学"主要体现为基于教师指导的、学生作为主体参与的系列语言实践活动，决定育人效果；"评"主要发挥监控教与学过程和效果的作用，为促教、促学提供参考和依据。要注重三者相互依存、相互影响、相互促进的关系，发挥协同育人功能。

教师要注重对各教学要素相互关系的分析，设计并实施目标、活动、评价相统一的教学；明确教什么、为什么教、怎么教、怎么评等方面的内涵和要求，建立相互间的关联，体现以学定教、以教定评，使评价镶嵌于教学之中，成为教学的有机组成部分。

在实施教学和评价的过程中，教师要通过观察、提问、追问，以及合理、科学的测试等方式，收集学生学习是否真正有效的证据，包括理解了什么、能表达什么、会做什么，以及是否形成了正确的价值观等，及时发现学生在学习过程中的问题，根据需要提供必要指导和及时反馈，帮助学生达成预设的教学目标，以评促学，以评促教。

7. 提升信息技术使用效益

教师要积极关注现代信息技术在英语教学应用领域的发展和进步，努力营造信息化教学环境，基于互联网平台开发和利用丰富的、个性化的优质课程资源，为学生搭建自主学习平台。要将"互联网 +"融入教学理念、教学方法、教学模式中，深化信息技术与英语课程的融合，推动线上线下学习相结合，提高英语学习效率；教师在利用信息技术开展教学时，要注意确保网站信息安全、健康、可用，引导学生关注网络资源使用的安全性；要合理、恰当地使用现代信息技术，避免完全代替师生课堂上真实而鲜活的人际互动、观点碰撞、情感交流的语言活动。

好的英语教学，必是综合考虑了以上七个方面要求的教学。概而言之，好的小学英语课堂教学，就是坚持育人为本、强调单元教学的整体性、深入开展语篇研读的教学，就是秉持英语学习活动观、推动“教—学—评”一体化实施的教学，就是充分利用信息技术、引导学生乐学善学、培养核心素养的教学。

二、小学英语课堂教学质量评价的主要指标

课堂教学是学生学科核心素养培养的“场”，课程标准是英语课堂教学评价的风向标，也是教学评价所必须依据的纲领。对标课程标准，关注课堂教学的过程及效果，是实现英语课程培养目标的重要保障。在一定程度上来说，关注“教学与课程标准的一致性”是评价小学英语课堂教学质量的重要依据。

（一）确定小学英语课堂教学质量评价指标的原则

课堂教学的参与主体一般包括教师和学生，评价课堂教学的效果主要是评价教师教学行为的合理性、有效性，以及学生的发展水平。教育研究者从不同的角度，提出了构建小学英语课堂教学评价指标体系的原则，如科学性、合理性、系统性、层次性、可操作性等。

从提高教学质量、促进教师发展的角度看，评价教师的课堂教学，就是要全方位、全角度、全过程地记录和描述师生的行为和表现，帮助教师客观分析自己所采用的教学策略和教学行为对学生学习的影响，为教师改进教学指明方向。确定小学英语课堂教学质量评价指标应该遵循以下基本原则：

1. 聚焦教学活动的全过程

对教师教学的评价应贯穿整个课堂教学活动的全过程，只有关注教学实施的全过程，才能收集到客观全面的信息，才能帮助教师及时调整教学活动与策略，才能促进教师对教学效果的积极反思，才能对教师的教学进行客观的评价。从促进“教”的角度，教学质量评价必须围绕教师的课堂教学行为，综合考量教学活动的全过程，包含对教学目标、教学内容、教学过程、课堂提问、课程资源的开发和运用、课后反馈等的设计、实施与分析。

2. 关注教学过程的多主体性

课堂教学是师生共同参与的过程，教师和学生是教学过程最重要的两个主体，课堂教学质量评价必须关注教师与学生两个主体的状况，对标课程标准的要求，从教师和学生的不同角度对教学活动及效果进行分析和评价，关注师生的参与状况、交往状态、思维状态和情绪状态，才有可能做到客观与全面。

3. 注重评价指标的可操作性

小学英语课堂教学质量评价是直接指向真实的、生动的教学情境的。因而，小学英语课堂教学评价的指标应该是直观的、明确的、可操作的，是便于一线教师直

接运用与实施的，是有助于教师课后反思与改进教学的。

（二）小学英语课堂教学质量评价的主要指标

1. 已有研究的启示

丁俊华在其博士论文《小学英语课程实施状况及影响因素研究》中，提出要按照行为主体的不同，分别关注教师和学生的课堂教学行为。他提出的小学英语课堂教学分析框架包括“课堂教学要素分析”和“课堂教学效果分析”两个部分，具体的分析框架如下：

（1）课堂教学要素分析。

课堂教学要素分析指的是透过对教师教学设计和教学行为的分析，考察教师教学与课程标准的一致性程度，从过程上关注课程实施的状况。对教学过程的分析围绕教学目标、教学内容、教学过程、课堂提问，以及课程资源的开发与利用展开。（见表 9－1）

表 9－1　课堂教学要素分析维度

<table>
<tr><th>课堂教学要素</th><th>相关分析</th></tr>
<tr><td>教学目标</td><td>考查教师的教学目标定位，是否考虑学生的英语综合语言运用能力的发展：英语语言知识、语言技能、情感态度、学习策略和文化渗透</td></tr>
<tr><td>教学内容</td><td>文本特点，教师对教学内容选择的范围和深度，教师对教学重点和难点的把握</td></tr>
<tr><td>教学过程</td><td>（1）课程结构，描述教学过程的整体推进步骤，如引入、教学新内容、练习、总结。
（2）各阶段教学活动分析。
<table>
<tr><th>教学活动</th><th>教学
活动类型</th><th>教学活动
组织方式</th><th>学生参与
课堂的方式</th><th>课堂
时间分配</th></tr>
<tr><td>活动 1</td><td></td><td></td><td></td><td></td></tr>
<tr><td>活动 2</td><td></td><td></td><td></td><td></td></tr>
<tr><td>活动 3</td><td></td><td></td><td></td><td></td></tr>
<tr><td>……</td><td></td><td></td><td></td><td></td></tr>
</table>
（3）教学活动之间的联系</td></tr>
<tr><td>课堂提问</td><td>美国学者戴维斯（1981）把问题分为封闭性问题（closed-question）和开放性问题（open-question）。封闭性问题的答案是固定的，不需要学生发挥思维和想象。相反，开放型问题的答案是开放的，学生有发挥思维和想象的空间
<table>
<tr><th>提问类型</th><th>使用次数和所占比例</th><th>反馈方式</th></tr>
<tr><td>封闭性问题</td><td></td><td></td></tr>
<tr><td>开放性问题</td><td></td><td></td></tr>
</table></td></tr>
</table>

续上表

课堂教学要素	相关分析
课程资源的开发与利用	（1）教材的使用分三种情况：基本遵循，创造使用，不使用。 （2）文化资源的开发与利用。 （3）教学手段：教学手段的应用及其在达成教学目标上的价值

（2）课堂教学效果分析：从教师和学生的不同角度进行分析。

教学效果分析主要关注师生的参与状况、交往状态、思维状态和情绪状态，主要以课标二级的要求分析学生的学习过程和学习表现。（见表9－2）

表9－2　课堂教学效果分析维度

课堂教学效果维度	相关分析
语言知识、技能	通过分析学生在运用中的表现，考查学生语言知识、技能的掌握情况，并描述处于不同水平学生的典型表现
情感态度	教师在培养学生情感态度方面有哪些具体表现，比如，针对课程内容融入情感态度教育，教师的教学行为中的情感态度融入等。 学生的学习状况：学习兴趣、学习自信心、积极参与各种课堂学习活动、积极尝试使用英语等
学习策略	有没有教师的学习策略引导？如果有，有哪些方面？ 学生在学习过程中认知策略、调控策略、交际策略、资源策略的应用和教师的指导
文化意识	教师教学中是否有文化意识融入，学生是否获得了有关文化意识的体验和应用

高雪梅将课堂教学环节划分为三个阶段：课前教学准备阶段、课中教学实施阶段以及课后教学反馈阶段。① 在课前教学准备维度下设置教学目标和教学设计 2 个一级指标，教学实施过程维度下设置教学内容、教学方法和教学氛围3个一级指标，教学效果反馈维度下设置教学效果这个一级指标。在各个一级指标之下考虑其所应包含的内容和要素，进行二级指标的设定。（见表9－3）

① 高雪梅．小学英语课堂教学评价指标体系构建研究：以S小学为例［D］．太原：山西大学，2021．

表9-3 课堂教学的三个阶段

教学过程	一级指标	二级指标
课前教学准备	教学目标	符合义务教育英语课程标准要求
		对学生文化意识与文化理解力的培养
		目标明确、具体、可操作性强
	教学设计	教学结构的严密完整性，教学环节的循序渐进性
		教学活动数量、形式、时间安排的合理程序
课中教学实施	教学内容	重难点的把握到位情况
		教材思政元素的挖掘能力，突出对学生正确价值观的引领
		与学生生活、社会生活的紧密联系程度
	教学方法	教学方法的灵活性与多样性，注重对学生兴趣的激发与培养
		引导学生在创设的真实教学情境中进行探究式学习
		因材施教，对不同水平学生的照顾情况
	教学氛围	课堂气氛的活跃程度，师生交往的融洽程度
		教学对学生想法和建议的反馈情况
		教师对学生的评价方式多元，能够激发学生的主动参与
课后教学反馈	教学效果	学生对新授词汇与句型的理解程度进一步加深
		学生的文化视野进一步开拓
		学生对英语学习的兴趣与自信进一步提升

学者们的研究对选择和确定小学英语课堂教学质量评价的主要指标具有借鉴作用。

2. 确定小学英语课堂教学质量评价的主要指标

结合上文对课程标准中教学建议的分析，我们认为对小学英语课堂教学质量的评价，至少应该包括对以下主要指标的考察和分析：

（1）从教学过程的维度，对课堂教学质量的考察分析应该覆盖课堂教学全过程的各个阶段，具体包括课前教学准备、课中教学实施和课后教学反馈3个基本阶段。

（2）从评价内容的维度，课堂教学质量评价应包括对教师所想（教学目标）、所施（教学活动及课堂组织管理）、学生所感及所得（学生互动参与及学习效果）以及对课堂总体状况四个方面的综合判断。

首先，教学目标需要关注两点：一是要明确教学目标，包括整体单元目标及该节课的目标；二是要从教学结构和教学活动上对整堂课如何上做好设计，做到时间分配合理，教学环环相扣。

其次，关于教学实施，需重点关注教师、学生、教学内容、教学方法以及教学氛围等内容，尤其注意除了关注这些要素本身，更需要关注要素之间的相互作用。比如，关于教学内容，我们既需要关注语篇的选择是否恰当，还要关注如何通过语篇学习培养学生的英语核心素养，具体包括语篇如何与现实生活联系，教师如何把握重难点、如何呈现新旧知识的联结、如何挖掘学习材料的思政元素等。再比如，关于教学方法，我们既需要考虑其适用性，更需要考虑其与学习材料的互促性、对学生学习的推动性，还要考量不同类型课堂学习活动的意义和价值等。

再次，关于学习效果，一是要关注学生的课堂状态和学习感受，二是要关注学习收获。其中，课堂状态主要关注学生在课堂上的参与状态、交往状态、思维状态和情绪状态；而关于学生的学习收获，我们可参照学段目标，主要围绕学生在语言能力、文化意识、思维品质、学习能力等方面的所学所得进行判断。需要牢记于心的是，绝不可用学段目标代替课堂教学目标进行教学评价。学段目标的不同方面是一个综合的、存在不同发展层次的整体，而且，学生各项能力的发展也不是齐头并进的，一节课不可能也不应该聚焦于达成所有能力目标。教学的魅力就在于教师根据实际情况有取有舍地确定切实可行的目标，并通过多样灵活的方式，有序安排各项教学活动，让学生在一个有支持、能发展的环境中不断得到成长。

最后，关于课堂教学的总体状况，从整体上对课堂教学进行评价是必不可少的。整个教学过程中，课堂生态是否健康，各种关系是否融洽，直接关系到课堂教学的效果的好坏，也是我们评价一节课是否成功的重要指标。

概而言之，小学英语课堂教学的性质决定了它必然是一个动态生成的过程，而评价作为一种价值判断，其实施也必然随主体及目标的不同而有所变化，因而我们不能指望以一份固定的量表去对一节课进行分析和评价，但对其中重要指标的关注和思考是非常必要的。

三、小学英语课堂教学质量评价要注意的问题

（一）评价要有目的性、计划性和组织性

学校及相关管理部门、教师是实施小学课堂教学质量评价的两大主体。无论是从学校管理还是从教师发展的角度看，开展课堂教学质量评价的目的都是提高教学质量，促进学生的发展。

对于学校而言，课堂教学质量评价应作为一项日常工作来抓，需要有计划有组织地做好安排。一个学期要评价几节课、评价哪些人的课、什么时候评价，都应在学校制定学期工作计划时一并予以考虑。对哪些教师做管理性评价，哪些做诊断性

评价等也都要统筹考虑。这样才能把课堂教学评价作为提高教学质量的一个正常手段。学校上级管理部门到学校检查、听课也要有计划地进行，突击检查不能作为常规的手段。

而对于教师而言，他们既可能是课堂教学质量评价活动的实施主体，也可能是其中的被评价对象，只有主动融合这两种身份，从不同的角度去关注教学的质量和要求，去分析教学过程中遇到的困难与问题，积极反思并主动调整自己的课堂教学行为，才能够不断提升自己的教学水平和专业素养。无论是参与到对同事教学的评价中，还是在日常教学中有意识地反思自己每节课的计划、实施与效果，都应该成为教师的一种工作习惯。

（二）评价要做好准备工作

评价小学英语课堂教学质量可以采取多种方式。按照收集信息的方法，可以分为现场观察评价（听课）、录像评价和问卷评价等。我们以现场观察评价为例，谈谈听课评课需要做好哪些准备工作。

1．熟悉教材，了解教学要求和学生情况

课程与教学不是教师的独角戏，评价一节课上得好不好，不是看教师的设计有多好，而是要看教师和学生通过课堂学习新达成了什么目标，有什么新收获。听课前要了解教学的要求和学生的基本情况，明确所评价的课的内容、重点、难点，所讲内容在教学单元和学科课程中的地位。

2．明确听课目的，确定听课重点

评价目标决定评价的重点。可以通过提前与教师交流，查看教师的教案，从中发现教师教学设计中的独创性，再确定听课的重点。

3．根据需要设计记录表和评价表

适当的评价工具对评价的实施起到事半功倍的效果，合理的评价标准有利于师生对课堂进行有效的评价，也有利于教师在评价后进行统计、分析和反馈。对一项评价而言，设计评价表和记录表是非常重要的，评价表的标准就是进行评价的必要内容，有了标准才能做出相应的评价。选拔性或鉴定性的评价一般都会提前设计有针对性的评价表，而作为教师日常工作一环的教学质量评价，则需要教师关注小学英语课堂教学质量评价的主要指标，根据记录的习惯和评价的需求，目标明确、主题突出地灵活设计记录表和评价表，以便记录课堂上发生的教育教学事件，提高评价效率。评价通常会采用等级制和评语制相结合的形式进行，既照顾到课堂记录的直观性、即时性，又鼓励记录的针对性和个性化，避免只见框架不见细节，便于评价后续信息的进一步挖掘和利用。

（三）评价后要及时反馈，改进工作

进行课堂教学质量评价不只是为了对课堂教学进行简单的等级评定，更是为了促进课堂教学，因此，要及时收集、统计评价信息，做好反馈工作。同时，可以搭建小学英语课堂质量评价的信息化平台，给予教师全面、具体的反馈，对其教学给出建设性的意见和建议，引导他们不断自我反思与不断改进。

总之，对小学英语课堂教学质量的评价，我们需坚持人本性和发展性的理念，以促进师生的成长和发展为根本出发点，对教师的教学方法、教学过程和教学水平进行相应的评价，分析教学中的不足，给予建设性意见和建议，在评价中发现存在的问题，思考解决对策，激发学生学习，改进教学过程，进一步建立高效的小学英语课堂，促进学生和教师的共同进步。

第三节

对小学生英语学习的评价

对小学生英语学习的评价，就是使用现代教育评价体系中的各种方法，对小学生的英语学习情况做出相应的价值判断，这些判断将全面反映学生在学习品质、身体和心理素质等各方面的发展情况。学习评价是一项系统的工程，它是在小学英语教学过程中进行的评价，是为引导教学过程正确、完善的进展而对学生学习行为进行的评价，不只需要教师对学生进行评价，学生自身以及家长同样需要参与到这个过程中。

一、评价小学生的英语学习应把握的原则

教学评价具有导向功能、诊断作用、反馈作用、促进作用和激励作用。评价不只是评判、选拔学生的测量工具，恰当的评价可以使学生感受到自己的成长、进步、成功，产生荣誉感、自豪感和成就感，激发学生的积极性、主动性和创造性，培养学生之间的互助合作精神，从而有助于提高学生用英语进行日常交流的能力，并为他们进一步的英语学习打下良好的基础。

那么，何谓“适当的评价”呢？在对学生的学习进行评价时，我们需要把握哪些基本原则呢？

（一）评价主体多元化原则

新课程标准强调一切教学活动以满足学生的需求为出发点，以培养学生的学科

核心素养为课程目标；突出学生的主体地位，强调学生不是被动的知识接受者，而是学习活动的主人。很显然，在新课程标准的理念中，评价作为教学活动中重要的一环，早已不是只有教师才能去进行的活动，而是一个需要师生共同参与的过程。在新课程的学习评价观中，教师和学生两个主体在提升学生的学习成效、促进学生的成长方面发挥着各自独特的作用。

就教师主体而言，首先，教师要站在学生的立场进行有效评价，要根据学生发展的状况和需要，适时、适量、合理地对学生的学习成效进行评价；其次，教师要根据学生的特点确定评价点，只有把握课程标准的内容和要求，把握新课程的评价观，才能在此基础上，根据学生的年龄特点和知识掌握程度，确定不同的观察对象，合理设计评价目标、内容和方法，对学生的学习给予积极、客观的评价；最后，教师要关注学生在评价过程中的表现，要做一个有心人，善于抓住学生的闪光点，肯定学生的点滴进步，同时也要及时发现学生在课堂表现中的不足，适时进行提醒性和批评性评价。

就学生主体而言，学生的积极参与、师生之间的沟通与配合会对学生完成学习任务产生极大的促进作用。首先，学生可以通过自我评价，主动思考自身的学习方式与学习结果，从而以更独立的态度去了解自己的学习状态，及时发现并努力改正出现的问题；其次是同学间可以相互评价，通过对同伴学习的评价，学生可以更清晰、更客观地对学习过程与结果进行分析，更有利于加深同学之间的理解和认识，可以说，同伴互评已经不仅仅是一种交流和互助，更可以培养出十分可贵的协作精神。

坚持评价主体多元化原则，并未削弱教师对学生学习评价的作用，而是要求教师发挥更多的作用，更多地鼓励学生进行自我评价和相互评价，以更积极主动的态度参与到学习中，这是学生形成并提高自我成长能力的重要前提。

（二）评价方式多样性原则

课程标准要求既要关注学生学习英语的结果，更要关注学生学习英语的过程。在评价过程中，应该用发展的眼光关注每一位学生在课堂中的表现，遵循评价方式多样性原则，进行合理评价。

首先，坚持定量评价和定性评价相结合。定量评价强调数量的计算和统计，它具有客观化、标准化、精确化的特点，是依赖于纸笔测验的一种形式。在英语课堂教学中，定量评价必不可少，它能够反映学生在一段时间内语言知识技能的学习情况。定性评价则更加关注学生在“质”的方面的发展，关注课堂教学成果与教学目标之间的一致性，强调在课堂教学中对学生的优缺点进行系统的调查和评价，同时它强调观察、分析、归纳和描述，是定量评价的有效补充。只有采用两者相结合的评价方法，才能更加客观地对学生的英语课堂学习进行评价。

其次，坚持总结性评价和形成性评价相结合。总结性评价是指在教学活动结束后为判断其效果而进行的评价。它注重测量学生达到英语课程教学目标的程度，因此，总结性评价进行的次数或者频率不多。在英语课堂教学中，仅仅依靠总结性评价是远远不够的。因此，在评价过程中，总结性评价必须与形成性评价有效结合，并充分发挥形成性评价的优势以弥补总结性评价的不足。形成性评价是指在进行英语课堂教学活动中，为使教学活动有效开展而不断进行的评价。通过形成性评价，教师能够及时了解学生英语学习的进展情况以及存在的问题等，以便及时进行反馈、调整和改进课堂教学工作，从而优化教学效果。

最后，坚持自我评价和相互评价相结合。在评价过程中，要时刻体现“以人为本”，除了教师的评价之外，要赋予学生评价的权利，让学生也参与评价，这样更加有利于评价的全面性和客观性。因此，学生自评和互评相结合的评价方式是非常必要而且有价值的。在学生自评和互评的过程中，学生的闪光点更容易被挖掘，同时也有利于培养学生发现问题、解决问题的能力。

（三）可操作性原则

课堂评价作为一种手段和工具，要能够卓有成效地为课堂教学服务，其可操作性一定要强，不然会浪费课堂教学的宝贵时间，达不到评价效果。

首先，评价内容应明确具体。教师的评价内容不能含糊其辞，在进行评价时要尽量做到目标明确，评价内容要简洁、清晰、具体且具有针对性，这样学生才知道自己在哪方面得到了教师的认可。

其次，评价标准应灵活开放。在评价过程中，要关注学生的差异性，不能以一成不变的标准衡量每一位学生和每一位教师。只有确定灵活开放的评价标准，课堂评价才能更加符合学生发展的需要，才能促进课堂评价活动的开展。

此外，评价方法应实用高效。选择合适的评价方法能够促进评价活动的顺利开展。评价只有便于操作、讲究效率，才能得以有效实施。

（四）及时性原则

学习评价关注面广，涉及维度多，评价的及时性就显得尤为重要。小学生生性活泼好动，学习相对缺乏定性，教师应随时关注学生在课堂上的表现与反应，及时给予必要的、适当的鼓励性、指导性评价，这样可以让学生及时知道自身的不足，并加以改正、提高。同时，要重视评价数据的统计和分析，客观反映课程标准的达成情况，如实反映学生个体发展情况。教师要及时、准确、有针对性地反馈评价结果，实现对学生的精准指导，并及时提出有效的建议和改进方法。只有及时评价、及时反馈、及时建议，才能有效指导教师改进教学，完善教学过程，才能让学生在评价中不断学会认识自我，学会欣赏他人，建立自信，使评价成为学生主动发展的动力。

总之，遵循学生的身心发展规律，能够促进学生健康、可持续地发展的学习评价，才是符合现代教学理念的评价。我们只有把握好评价的原则，确保评价的有效性和发展性，才能不断激发学生主动学习的动力，提高学生的学习自信心，从而真正发挥评价的功能，促进学生全面发展，为培养学生的英语学科核心素养而服务。

二、小学生英语学习评价的内容

小学生英语学习评价不能仅仅理解为小学生英语学业成绩的评价，还包括对他们已经掌握的知识与技能之外的情感态度价值观的一个评价，可以说是一个多维度多层次的系统结构。英语课程标准围绕核心素养确立课程目标，明确规定“小学英语课程要培养的核心素养包括语言能力、文化意识、思维品质和学习能力等方面”。为使总目标具体化、操作化，课程标准还确立了学段目标，预设了各学段结束时学生学习应达到的学业成就。

因此，教师对小学生的英语学习进行评价，需要根据小学生英语学习的特点，以课程标准为依据，综合评判学生的学习品质和学习成果，发现学生在身心素质、情感态度等方面的进步与状况，推动学生核心素养在义务教育全程中持续发展。对小学生英语学习评价的内容包括两大部分，一是对其学习状态的评价，二是对其学习效果的评价。

（一）学习状态的评价

多数学者认为，对小学生英语学习状态的多维度评价包括以下内容：

（1）参与状态：评价学生在学习中的参与情况，包括学生是否积极举手发言、参与课堂活动、完成任务情况等。

（2）交往状态：即学生之间有没有足够多样的信息交流，学生在课堂上是不是积极活跃地参与合作以及人际交往，课堂气氛是否融洽。

（3）思维状态：在学习中，学生能否有创造性地提出问题、表达看法，并且在这个过程中，有没有被激发出更多灵感，从而提升思维能力。

（4）情绪状态：观察学生在学习过程中拥有何种情绪，如何控制与调节情绪，是否表现出对英语学习的好奇心和求知欲，是否有克服困难的意志和信心等。

（5）生成状态：学生的能力有没有得到发挥，是否有主动展示语言学习成果的意愿，是否表现出积极分享的热情等。

（二）学习效果的评价

学习效果的评价主要考查学生在多大程度上完成了既定的学习目标。比如，教师通过具体的教学活动考查和检测学生运用听、说、读、写各项技能的情况，观察其是否可以听懂指示，是否可以运用所学知识与同学进行交流，是否能够清晰准确地朗读课文，是否可以正确书写等。教师可以通过课堂观察来进行检测，也可以通过问卷、测试等方法进行。

多元化内容的评价有助于教师的有效教学，对学生做出综合的评价，使学生更全面地认识自我，为进一步学习英语打下坚实的基础。当然，无论是针对学习状态的评价还是学习效果的评价，教师都应时刻以促进学生的发展为评价的出发点，既要去发现学生的优点和缺点，并给出改进的方法，也要对学生的未来给予充分肯定，以帮助学生树立信心。

三、小学生英语学习评价活动的类型及方法

《义务教育英语课程标准（2022 版）》明确指出，课程实施中的评价活动有多种，如课堂评价、作业评价、单元评价以及期末评价。教师要抓住重点环节，发挥好教学评价的效果。以下是课程标准中对英语学习评价活动类型及实施的建议。

（一）课堂评价

课堂评价主要指对学生课堂学习行为、学习方式和学习表现的评价。教师应根据课堂教学目标，及时了解学生的学习过程、学习进步和学习困难。例如，学生对学习活动是否感兴趣，学生参与学习活动是否投入和专注，学生的思考过程和观点是否合理，学生当前的学习发展水平与学习目标之间存在哪些差距，学生有哪些学习障碍，以及障碍产生的原因等。教师应采取有针对性的措施，确保课堂教学目标的落实。

教师应根据学生回答问题、小组讨论、综述观点、自评互评、随堂检测等环节的具体表现，以口头、书面或肢体语言等反馈方式和量表等评价工具，评价学生对课堂任务的兴趣和投入程度、对任务的适应和完成程度、在解决问题过程中的能力和情感发展水平等，给予学生有针对性的鼓励、指导或建议，并基于学生在具体任务中的学业表现调整下一阶段的教学目标，改进教学方式和方法，提高教学效率。

（二）作业评价

作业评价是教学过程的重要组成部分。教师应通过作业评价及时了解学生对所学知识的理解程度和语言能力的发展水平，为教师检验教学效果、发现和诊断学生

学习的问题、调整和改进教学提供依据。

教师应深入理解作业评价的育人功能，坚持能力为重、素养导向。作业的设计既要有利于学生巩固语言知识和技能，又要有利于促进学生有效运用策略，增强学习动机。

教师应根据不同学段学生的认知特点和学习需求，基于单元教学目标，兼顾个体差异，整体设计单元作业和课时作业，把握好作业的内容、难度和数量，使学生形成积极的情感体验，提升自我效能感。教师应创设真实的学习情境，建立课堂所学和学生生活的关联，设计复习巩固类、拓展延伸类和综合实践类等多种类型的作业，如朗读角色扮演、复述、书面表达、故事创编、调研采访、海报制作、戏剧表演、课外阅读等，引导学生在完成作业的过程中，提升语言和思维能力，发挥学习潜能，促进自主学习。

教师应明确作业要求，必要时可以给出示例。作业评价应根据需要采用集体讲评、个别讲解或书面评语等方式，提供有针对性的反馈，激励和指导学生不断取得进步。教师还要对学生作业进行跟踪评价，不仅关注学生是否改正了作业中的错误，还要关注学生成长进步的过程，以及良好习惯和态度的养成。

（三）单元评价

单元评价旨在考查学生完成单元学习后所达到的核心素养水平，包括单元学习过程评价和单元学习结果评价两个方面。学习过程评价考查学生参与各项具体学习活动的表现和完成系列学习任务的质量，重点评价学生核心素养形成和发展过程中的语言知识与技能发展、文化知识建构、核心策略与方法掌握和运用的程度，以及思维能力表现等。学习结果评价考查学生完成单元学习后，能否综合运用所学的知识技能、方法策略和价值观念，有逻辑地表达思想、观点和看法，并对事物做出正确的价值判断，重点评价学生核心素养的综合表现。

单元评价应根据单元教学目标，围绕核心素养综合表现进行设计，通过多元主体参与的方式，采用多种手段和形式组织实施。例如，单元学习过程评价可重点关注学生完成作业的情况、语言表达的准确性和流畅性、对问题思考的深度和广度、围绕单元内各语篇子主题所形成的知识结构和价值判断。单元学习结果评价可重点关注学生项目学习的成果、口语和书面产出任务的整体水平、单元学习的总结归纳和反思、单元纸笔测试表现等。

（四）期末评价

期末评价指对学生一个完整学期学习情况的评价。期末评价要综合考虑课程目标、课程内容和学业质量要求，采用不同类型的综合性和表现性评价方式，全面有效地考查学生在学期结束时核心素养发展的实际水平。

期末评价应采用纸笔测试和非纸笔测试相结合的方式，题目应尽可能覆盖学期所学的主要内容。素材的选择应体现正确的价值导向，语言应尽可能真实、鲜活，内容应贴近学生生活，情境和任务应为学生所熟悉，体现交际的真实性。在纸笔测试中，客观性试题和主观性试题要合理配置。除测试外，期末评价还可以采用其他评价手段。例如：建立学习档案袋，记录学生在学习过程中所做的努力和取得的成绩；开展师生面谈，通过了解学生对自己学习情况的感受和看法，指出学生的进步，帮助学生解决问题。

如前所述，小学生英语学习评价是一个多维度多层次的系统结构。只有抓住小学生学习评价的特征，从评价主体的多元化、评价内容的多维度化、评价方式的综合化等方面着手，将日常评价与定期评价相结合、教师评价与学生自评互评相结合、校内评价与校外评价相结合，才能在评价中促进教学相长，实现课程学习对学生终身成长的核心价值。

章后小结

1．小学英语教学评价的内容包括对教的评价和对学的评价。对“教”的评价应该聚焦于教师的教学设计、教学行为与教学效果，对“学”的评价则更应该关注学生的学习状态、学习体验与学习效果。

2．全面的评价对于建立科学的评价体系是非常重要的，只有教师、学生、家长、社会等都参与的评价才能更好地促进小学英语教学的发展。

3．在实施小学英语教学评价时，应以学生核心素养的全面发展为出发点和落脚点，充分发挥学生的主体作用，注重方式和手段的全面性、准确性和灵活性，充分关注学生的持续发展，充分关注学生的个体差异。

4．好的小学英语课堂教学，就是坚持育人为本、强调单元教学的整体性、深入开展语篇研读的教学，就是秉持英语学习活动观、推动“教—学—评”一体化实施的教学，就是充分利用信息技术、引导学生乐学善学、培养核心素养的教学。

5．开展小学英语课堂教学质量评价应聚焦教学活动的全过程，关注教学过程的多主体性，注重评价指标的可操作性。评价要有目的性、计划性和组织性，评价前要做好充分的准备，评价后要及时反馈，改进工作。

6．在对学生的学习进行评价时应遵循评价主体多元化原则、评价方式多样性原则、可操作性原则以及及时性原则；对小学生英语学习评价应包括对其学习状态的评价和对其学习效果的评价；应通过课堂评价、作业评价、单元评价、期末评价等多种类型的活动综合评价学生的英语学习。

案例分析

一位教师在评价学生的语法学习时采用了以下方式：(1) 整理课堂笔记。语法学习过程中，教师会引导学生总结一些语法规则，学生需要及时记录于笔记中，课后可以在语法规则后适当补充例句。(2) 整理错题本。在平时的练习与测试中出现的语法错误，建议学生抄到错题本上，定期拿出来重温。真正理解并解决的错误，学生可在旁边打√，直到错题本上所有的题目都打√为止。(3) 创编小故事。教师可以图文的形式，指导学生围绕主题运用目标句型或语法创编小故事，定期在小组或全班内分享交流。

[问题讨论]

本案例中教师使用的评价方式属于什么类型。

[参考点评]

形成性语法学习评价。小学阶段的语法学习评价可分为形成性评价与终结性评价，形成性评价重学习积累，终结性评价重学习效果。

思考与练习

1. 小学英语教学评价的内容是什么？
2. 评价小学生的英语学习应把握什么原则？
3. 对于小学英语教学而言，什么样的课才能成为一节“好课”？

主要参考文献

[1] 瞿葆奎. 教育学文集：教育评价［M］. 北京：人民教育出版社，1989.

[2] 马笑岩. 小学英语课程与教学法［M］. 北京：科学出版社，2020.

[3] 董玲. 小学英语课程与教学［M］. 上海：华东师范大学出版社，2017.

[4] 王斌华. 学生评价：夯实双基与培养能力［M］. 上海：上海教育出版社，2010.

[5] 陈力. 跟英语教师谈如何学习课程标准［J］. 小学教学研究，2022（25）.

[6] 叶澜. 什么样的课算一堂好课［J］. 福建论坛（社科教育版），2005（11）.

[7] 王光明，王合义. 运用建构主义观点探讨一堂好课的标准［J］. 中国教育学刊，2000（2）.

[8] 文喆. 课堂教学的本质与好课评价问题［J］. 人民教育，2003（C1）.

[9] 杨帆. “好课”的实践逻辑反思及其价值回归策略研究［D］. 兰州：西北师范大学，2021.

[10] 高雪梅. 小学英语课堂教学评价指标体系构建研究：以S小学为例［D］. 太原：山西大学，2021.

[11] 丁俊华. 小学英语课程实施状况及影响因素研究［D］. 长春：东北师范大学，2015.

[12] 宣小草. 基于课程标准的小学英语学习评价的研究［D］. 上海：上海师范大学，2016.

[13] 中华人民共和国教育部. 义务教育英语课程标准（2022年版）［S］. 北京：北京师范大学出版社，2022.

第十章
小学英语教师的专业学习与发展

学习目标

1. 了解教师特别是小学英语教师专业发展的学习转向，以及专业学习与发展的理论结构框架、影响因素及发展路径。

2. 掌握教师特别是小学英语教师的知识内涵与分类、能力内涵与分类、价值理念内涵与分类。

3. 熟悉运用反思性教学、教学日志、同伴观摩、行动研究、教师专业学习共同体等方法，促进小学英语教师专业学习与发展。

第一节
小学英语教师专业学习与发展内涵

近年来，随着对“学习”和“教师职业”的研究不断加深，人们提出了“教师专业学习与发展（teacher professional learning and development）”的概念。这个概念的本质是将教师学习内嵌于教师专业发展中，强调教师发展是一种主动、自我发起和自我导向的行为，教师是一个终身学习者，需要持续的专业发展。教师的专业学习与发展的内涵一般涉及三个维度：知识、能力与价值理念（情感态度）。下面将从这三个维度来阐述小学英语教师的专业学习与发展。

一、小学英语教师知识

（一）教师知识的内涵与分类

教师知识研究源于20世纪中前期的教学效能研究。20世纪80年代起，受社会文化观的影响，以建构主义、诠释学、现象学、批判理论等为基础的后现代理论也迅速发展起来，知识被视为一种个人化、社会化建构经验的解释，正式拉开了教师知识研究的序幕，并形成了两大领域：学科取向的教师知识研究和实践取向的教师知识研究。

学科取向的教师知识研究传统源自美国学者舒尔曼（L. Shulman）提出的教师知识基础结构。舒尔曼将教师的知识结构分为七类：学科内容知识（content knowledge）、普通教学知识（general pedagogical knowledge）、课程知识（curriculum knowledge）、学科教学知识（pedagogical content knowledge）、学生和学生特点知识（knowledge of learners and their characteristics）、教育情境知识（knowledge of educational contexts），以及教育目标及价值知识（knowledge of educational ends and values）。其中，学科教学知识被视为最核心的教师知识，其实质是将教师对学习者的知识、课程知识、教学法知识以及教学情境知识等多种知识进行归纳融合，是“用专业学科知识结合教育学知识去理解特定单元的教学如何组织、呈现以适应学生的各种兴趣和能力”。

实践取向的教师知识以英国学者艾尔巴兹（F. Elbaz）为代表，她是最早对教师“实践知识”开展系统性实证研究的学者之一。她认为，实践知识是一种教师以独特的方式拥有的，关于学生、课堂、学校、环境、学科、学习和社会等方面的知识，它被每位教师整合成个人价值观和信念，并以教师的实际事件情境为取向。该类知识是教师自己在教学实践中形成并直接支配教学行为的个人观点、准则和信念等，只能在教学实践中形成。教师实践知识的提出，架起了教师的理论知识与实践工作之间的桥梁。

（二）小学英语教师知识的内涵与分类

以下按照舒尔曼的七个分类对小学英语教师的知识结构展开分析。

1．英语学科知识

英语学科知识指小学英语教师的专业知识，包括三大学科知识要素：英语语言知识（语音、词汇、语法等），语言技能（听说读写），语言文化特别是跨文化知识。

2．普通教学法知识

普通教学法知识指小学教师作为教师所应该具有的一般性的教学知识，如教师在设计、管理、组织与评价课堂时所运用的知识。

3．小学英语课程知识

小学英语课程知识主要包括课程理论知识（包括课程内容、课程设计、课程实施及课程评价等）以及英语课程材料的使用、编排（包括自制教材的知识）等。

4．英语学科教学知识

这部分也是学者们研究最多的领域，英国学者理查德（Jack C. Richards）可能是最早研究外语教师学科教学知识的学者。他认为，外语教师学科教学知识是关于第二语言教育学理论、概念和实践的核心知识，能够对有效教学做出解释的普遍原则阐释，由专家观念（expert opinion）、任务分析（task analysis）、教师需求（teacher-perceived needs）和当前实践（current practice）所构成。香港大学徐碧美教授则把课程实施（enactment of the curriculum）和学习管理（management of learning）也看作是外语教师学科教学知识的内容。香港大学教授安德鲁斯（Stephen Andrews）教授所认为的 PCK 则将教师的语言意识（teacher language awareness，TLA）、学科知识、学习者知识、课程知识、情境知识和教学法知识都纳入其中。总之，就如英国学者佛里曼（Donald Freeman）所指出的，将 PCK 运用于外语教学时，其分类界限并不像其他学科教学那样清晰，因为语言既是所教的学科内容，又是教学手段（medium），比如像二语习得（SLA）这样的学科内容知识，也是外语教学知识的组成部分。美国波特兰大学的瓦茨克（John L. Watzke）教授的实证研究发现，教师是在教学、冲突和反思中发展个人的 PCK 的。我国学者朱晓燕通过实证研究揭示影响我国年轻中学英语教师学科教学知识的因素，她发现，外语教师的学科教学知识的变化是随着教师对学生和教学的情境化理解、专业学习和反思实践的改变而发展；教师的学科教学知识发展与其所处的工作环境相关，新手教师可能是受益于校内或校际的在职学习活动得以发展自身学科教学知识，这些活动有示范课、教学比赛、导师指导、同伴课堂观摩及评价。

5. 小学生及其特点知识

小学生及其特点知识主要包括：对小学生的经验知识（了解特定年龄段儿童所共有的、在课堂和学校里表现出来的、与其兴趣和情境因素相关的、影响学习和行为以及儿童与教师关系本质的知识等），对小学生的认知知识（儿童发展的理论知识、特定学生群体的知识等）。对这部分知识的强调与当前以学习者为中心的理念是一致的，教师对学习者的英语学习需要、学习动机、学习态度、英语水平和学习风格等应有所了解，并能用专业测量表做出科学的策略与分析。

6. 教育情境知识

教育情境知识主要包括：英语课堂环境（教师为语言学习所创设的互动、合作、协商、主动的课堂氛围），学校语言学习环境（教师为学生营造的语言学习与运用的课外环境），社区、地区以及社会的语言环境（学校周围的英语学习环境，影响英语教学的社会教育环境、所在地区的特点以及社区的背景）。

7. 小学英语教育目标及价值知识

小学英语教育目标及价值知识主要包括：对课标的理解与把握，掌握教育目标相关的设计理论知识。教师不仅要有清晰的课堂教学短期目标，还要有长期的英语教育目的。根据新课程标准，小学英语教师的教学目标可分为语言知识目标、语言技能目标、情感态度目标、学习策略目标和文化意识目标。小学英语教师应能围绕上述教学目标，制定科学且明确的、针对上述五类目标的教学设计。

除了上述从学科取向关注英语教师的知识结构，还有一部分学者更多地关注教师实际运用的知识，即实践知识，这部分知识具有个体性、情境性、经验性、实践性、默会性等特点。如佛罗里达大学戈隆贝克（Golombek）划分了四类实践知识：自我知识、学科知识、教学知识、情境知识。

二、小学英语教师能力

（一）教师能力的内涵与分类

对于能力的界定，有研究选取的是广义的概念，如国际培训、绩效、教学标准委员会（IBSTPI）的标准，甚至涵盖了教师情态等。而当选取狭义概念时，教师能力多指教学能力，并沿用心理学的概念，是指“教师在教育教学活动中表现出来的、直接或间接影响教育教学活动的质量和完成情况的个性心理特征”，也指“在实践中发展起来的、反映教师职业活动要求的能力体系”。

一般而言，教师能力研究以结构性教师能力理论、教师能力三维度理论、基准性—鉴别性的二维教师胜任力理论为三大理论体系。结构性教师能力理论认为教师的能力是由结构所组成。教师能力三维度理论是心理学领域对教师能力的研究成果，认为教师能力有三种维度，即教学认知能力、教学操作能力和教学监控能力。基准性—鉴别性的二维教师胜任力理论在国内的代表人物是张厚粲和徐建平等人，他们系统地研究了教师胜任力，把教师胜任力分为基准性胜任力和鉴别性胜任力，前者指教师所应拥有的基本素质，后者是有效区分绩效优秀、一般和较差的教师标准，并构建了教师胜任力模型（见表10－1）。

表10－1　教师胜任力模型

类别	具体胜任特征		
基准性胜任特征	组织管理能力 宽容性 热情 分析性思维	正直诚实 团队协作 沟通技能 稳定的情绪	创造性 反思能力 尊敬他人
鉴别性胜任特征	提升的动力 自我控制 挑战与支持 自我评估	责任感 专业知识与技能 自信心 效率感	理解他人 情绪觉察能力 概念性思考

（二）小学英语教师能力的内涵与分类

小学英语教师能力研究可以从普遍性的教师能力研究中汲取理论基础。美国从语言、文化、教学、评估和专业化五大领域考察教师的能力标准（见图 10－1）。美国学者巴特乐（Butler）提出了英语教师的能力要求，具体包括以下 13 项：①友善的性格；②英语口语能力；③目标语国家文化知识；④教授口头交流的技巧；⑤正确的发音；⑥读写能力；⑦教授阅读与写作的技能；⑧贯通英语和其他课程的能力；⑨有关英语与日语/韩语关系的知识；⑩精通学生的母语；⑪运用技术手段的能力；⑫教授文法的能力；⑬帮助学生备考的能力。

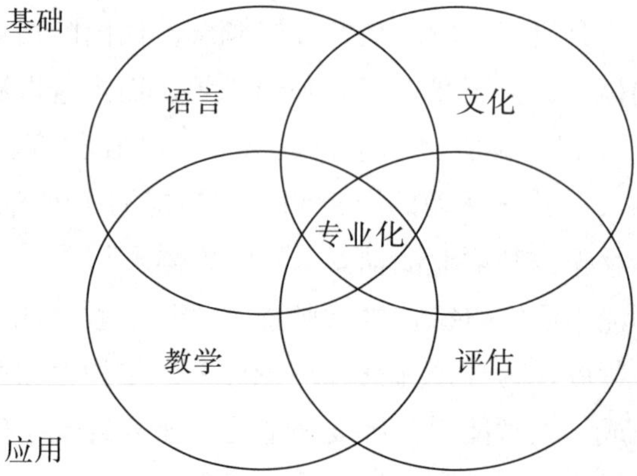

图 10－1　美国“P－12 教师教育项目 TESOL 标准”

三、小学英语教师价值理念

（一）教师价值理念的内涵

“教师价值理念”在英语中对应 belief 一词，与教师观念、信念、价值观、情感等概念都有交叉重叠，甚至很多时候是概念互用。本章节不对概念做细致区分，而是将“教师价值理念”理解为教师关于教学与学习的主要理论、基本理念以及观点判断，并重点围绕以下四个问题展开探讨。

第一，教师价值理念有什么作用。理念是行动的先导，教师理念对于教师的课堂教学实践以及教师专业发展有重要影响。美国学者帕哈雷斯（Pajares）指出，教师信念对教学行为有强烈的影响，有助于指导教师定义、选择、组织要展示给学生的知识和信息。英国学者理查德（Jack C. Richards）就指出，教师理念在教师发展过程中起着中心作用。英国学者威廉和贝尔顿（William & Burden）指出，越来越多的证据表明：理念对教师的影响程度很高，教师的理念远比他们的知识对课堂行为影响大，教师对什么是学习的认识会影响他们在课堂上所做的一切。

第二，教师价值理念可否通过学习而改变。尽管有研究者的研究表明，教师理念较为恒定、难以改变，如帕哈雷斯在全面综述文献的基础上提出，教师信念形成得较早，且基本保持不变，即使遇到原因、时间、教育、经历所带来的矛盾，也不易改变，但大部分的研究均支持教师理念可以在教育和自我反思中得到一定程度的改变。如美国学者拉扎尔（Lazar）的研究发现，改革已有的教师教育培训项目或者加强某些培训活动有可能改变教师的理念；美国学者海兰和偌夫克（Hyland & Noffke）的研究发现，精心设计的教育实习能深刻影响职前教师各方面的理念，尤其是关于师生互动的理念。

第三，教师价值理念可以通过什么方式学习。帕哈雷斯指出，当实习教师开始接受师范教育的时候，教学信念就形成了。杨鲁新的实证研究[①]发现，集体备课活动对 4 位新手教师的英语教学理念和教学实践等方面均产生了积极影响。但是由于所处社会环境（如任职学校）及学习成长经历的差异，教研活动对每位教师的教学理念和教学实践转变的影响程度不同。美国学者森格尔（Senger）的研究发现，观看自己的教学录像可以让教师对自身信念和教学实践进行反思和讨论，从而改变自己的教学行为和教学信念。

第四，教师价值理念与什么因素相关，优秀教师的教学理念应该是怎样的。吕国光的实证研究表明，教师效能感、职业认同、教师反思智力、批判思考倾向、工作满意度及工作业绩等变量对教师信念有显著影响，其中教师反思智力和教师效能感对于教师信念的改变具有重要作用。当前教师教育经历可以直接影响教师信念，也可以通过职务、工作业绩及反思智力间接影响教师信念。喻平则提出，教师认识信念系统的形成受到个体学习活动经验、科学观和社会环境的影响，教师的认识信念会对自我教学理念、教学设计、教学行为、教学组织以及教学评价产生直接影响，同时又会通过教学过程将自己的认识信念传达给学生，从而对学生学习产生间接影响。

（二）小学英语教师价值理念的内涵

目前大部分研究都表明，小学英语教师的价值理念与其英语教学行为、教学效能、学生成绩都有很强的相关性。如陈文存的研究[②]表明，英语教师理念作用主要体现在两个方面："一是影响教师的教学态度，进而影响教师行为；二是影响教师的认知过程，不仅影响着注意、选择、检索、贮存、提取等信息加工过程，而且还通过影响其情绪情感来间接地影响认知过程。"伊朗学者莫非安（Moafian）和加尼

① 杨鲁新．集体备课对中学英语教师理念和实践的影响：四位新手教师的个案研究［J］．山东外语教学，2016（3）：62－70.

② 陈文存．论外语教学中的理念［J］．外语界，2005（6）：11－15，46，81.

扎德（Ghanizadeh）研究发现，外语教师的情感素养和他们的教学效能感之间存在显著相关性。教师的情商和教学成就之间，以及教师的年龄、教学经历和他们的情商之间存在着显著的相关性。

关于英语教师的教学理念是否可以改变的问题，周燕连续 3 年对学生课程评估的分析显示①，“英语教师的理念是可以培养、发展和转变的”。她还认为：“一个教师的理念是其各方面综合素质的集中体现，因此提高教师队伍的综合素质，需要从理念转变开始，而教育理念的教育需要从人文和道德的基本教育开始，从做人开始培养。”

第二节

小学英语教师专业学习与发展的影响因素

一、教师专业学习与发展的影响因素

教师的专业学习与发展是一个复杂的过程，受诸多因素影响。社会认知理论认为，学习与发展的发生是个人因素和环境因素共同作用于学习过程，与学习行为发生交互作用的结果。下面介绍一些有代表的观点。

美国学者格拉特霍恩（Glatthorn）提出影响教师发展的三个因素：与教师个人相关的因素，与教师生活和工作相关的情境因素，促进教师发展的特殊介入因素。

澳大利亚学者克拉克和霍林斯沃思（Clarke & Hollingsworth）提出了教师发展成因关联模型，指出教师变化发展是由四个主要因素的动态关联性所引起的，它们分别是：内因、外因、实践、效果。

如图 10－2 所示，教师的认知发展是通过对四个领域的反思和付诸行动的过程实现的。外部区域指外界信息资源与刺激，它以正方形的独特形状区别于其他三个圆形领域，三个圆形领域构成教师的个人专业实践世界，分别为：个体领域包括教师的知识、信念和态度，实践领域主要指教学专业经验和实践；结果领域代表显著教学效果。其中，教师反思和付诸行动的中介过程分别由连接各个成因区的实、虚线箭头表示。每个教师行动都代表将已知或反思体验的结果付诸行动，而非对某个教学模式或技巧的简单实施。这个模型的特点是具有应用灵活性，无论从认知或是从社会角度，都可以用它来解析教师发展过程：从认知角度分析可以了解教师知识

① 周燕．中国高校英语教师发展模式研究［J］．外语教学理论与实践，2008（3）：40－47，67.

建构过程，从社会角度分析可以揭示教师反思性实践过程。

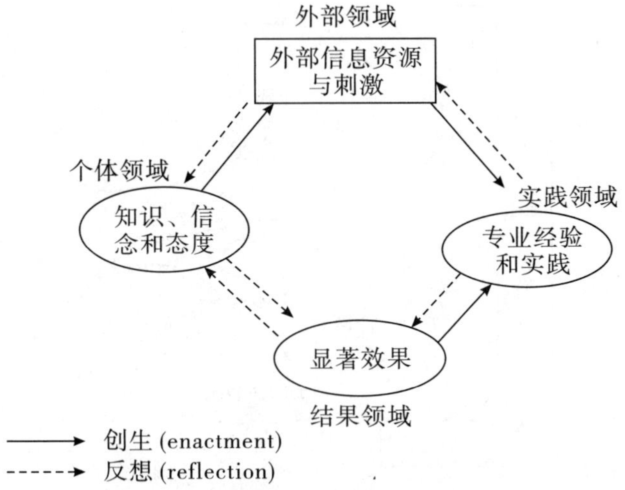

图 10－2　教师发展成因关联模型

二、促进小学英语教师专业学习与发展的模式

鉴于上述教师的学习与发展是由个人因素和环境因素共同作用的结果，下面列出目前学者们提出的关于英语教师学习与发展较为有代表性的模式，以对如何促进小学英语教师专业学习与发展有所窥探。

文秋芳、常小玲提出了融合认知和社会文化两个维度的教师发展研修班模式①。根据认知理论，研修班学习内容需涵盖观念、知识与技能，个人的学习机制包含反思与重构；根据社会文化理论，研修班的学习方式包括合作、互动和体验，无论是教师团队、学员团队，还是教师团队与学员团队形成的整改大团队，都贯彻合作、互动、体验的理念。认知视角的学习强调学习者个体的主观能动性，注重个体的反思、信息深度加工，侧重个人大脑中理念、知识、技能的融合及其迁移；社会文化视角的学习更注重群体的互动与分享。

① 文秋芳，常小玲．为高校外语教师举办大型强化专题研修班的理论与实践［J］．外语与外语教学，2012（1）：1－5，10。

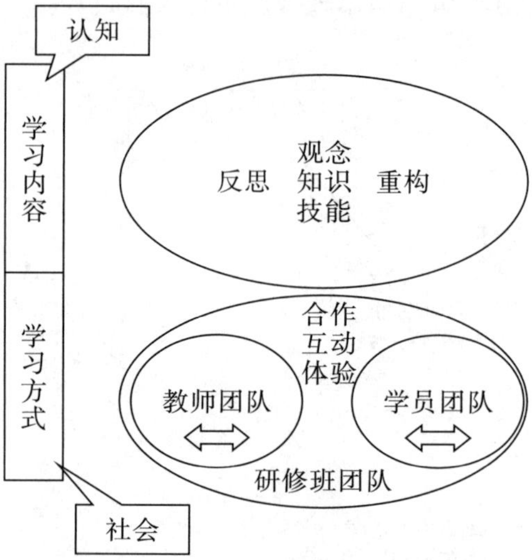

图 10－3　文秋芳的教师研修班模式

英国语言教育专家华莱士在《语言教师行动研究》（*Action Research for Language Teacher*）一书中提到了语言教师的专业发展模式，列举了语言教师专业学习和发展的几种策略，可大致分为探究式和其他（如参加会议、非正式研讨等），不管是何种策略或方式，最终指向的都是形成反思圈。

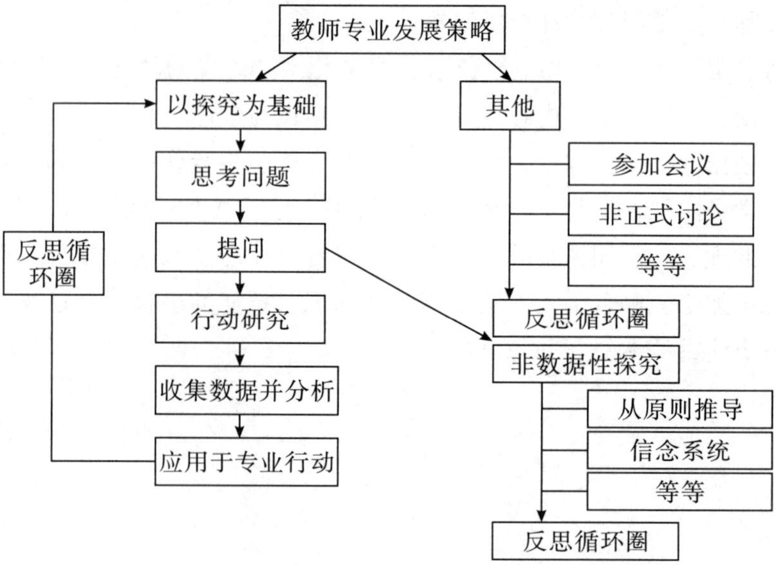

图 10－4　华莱士的教师发展模式

◆第三节◆

小学英语教师专业学习与发展路径

著名语言教育专家理查德和法雷尔（Richards & Farrell）归纳的语言教师专业发展的 11 种途径中，较有代表性的有以下几种：教师工作坊（workshop，指短期的集中研讨式学习活动），自我监督（self-monitoring，对自身行为进行观察、评估和管理），教师支持小组（teacher support groups，指教师组成小组，经常碰头并讨论各自的目标、关注的问题、遇到的困难和成败的经验），教学日志（teaching journal，教师以书面形式记录课堂观察、反思及教学行为），同伴观摩（peer observation，教师相互听课并进行反思），教学档案（teaching portfolios，将教学材料归档，作为评估、反思的依据），关键事件分析（analyzing critical incidents，分析教学过程中发生的意想不到或突如其来的事件），案例研究（case analysis，利用收集到的信息对教学情况进行深入分析），同伴辅导（peer coaching，由一个教师帮助另一个教师或相互帮助），团队教学（team teaching，两个或更多的教师共同承担教学并讨论有关的问题），行动研究（action research）。随着越来越多学者对教师专业学习与发展的关注，关于路径的问题也涌现出更多的研究成果，如教师学习共同体构建、反思性教学、教育叙事等。限于篇幅，本节将选取反思性教学、教学日志、同伴观摩、行动研究、教师专业学习共同体等 5 种较具代表性的小学英语教师学习与发展路径展开论述。

一、反思性教学

（一）反思性教学的内涵

反思性教学既是一种教学理论，也是一种教学方法。较早提出“反思”这一概念的是英国哲学家洛克（J. Locke），他认为反思是对心灵的反观自照。杜威则率先将“反思”一词引入教师教学中，提出了教学要具有反思性，并提出了反思性思维的五个阶段（思维五步法）：创设疑难的情境，确定疑难所在，提出解决疑难的假设，推断哪个假设能够解决这个疑难，验证假设。由此教学过程也分为五个阶段（教学五步法）：情境、问题、假设、推论、验证。随后，美国学者舍恩（D. A. Schon）于 1983 年在其著作《反思实践者：专业人员在行动中如何思考》中提出了“反思性教学”这一术语，指出“反思性教学是教师从自己的教学经验中学习的过程”，并把反思性实践分为“行动中反思（reflective in action）”和“对行动的反思（reflective on action）”，且认为前者更为重要。此后，众多学者开始了对“反思性教学”的研究。美国教育家布鲁巴赫（J. W. Brubacher）提出从时间维度上去定义反思性教学，将其划分为：对实践的反思（reflection on practice），即反思发生在实践之后；在实践中反思（reflection in practice），即反思发生在实践过程中；为实践反思（reflection for practice），意味着反思发生在实践之前，具有超前性，目的是指导未来的行动。美国学者贝利（K. M. Bailey）则认为：“将反思性教学视为一种立场（stance）、一种心态（mind）、一种质疑态度（questioning attitude）是极有价值的，它创造了一个促进专业对话的环境，并有助于阐明我们的思维。”

在国内，熊川武在前人研究成果的基础之上提出反思性教学是教学主体借行动研究，不断探究与解决教师自身和教学目的以及教学工具等方面的问题，将“学会教学”和“学会学习”相结合，努力提升教学实践的合理性，努力使自己成为学者型教师的一个过程。[①] 刘学惠认为，反思性是以问题解决为导向的教师思维方式，就其过程而言，教师的反省思维体现在其对教学问题的觉察与界定、对解决策略的设计和实施、对问题解决结果的自我评价中。[②] 赵昌木认为反思性教学是教师从自己的经历、学生的反馈、同事的评价和理论文献的解读中对自己的信念、知识、教学实践及其背景进行审视。[③] 申继亮在其专著《教学反思行动研究——教师发展之路》中则将教学反思与行动研究关联起来，为教师开展反思性教学提供了理论指导。[④] 钟启泉提出，教师系统反思自身教学实践并从自身经验中学到的知识，就是实践性知识（practical knowledge），与理论性知识（theoretical knowledge）相对。胡萨从现象学的视野出发，提出：“反思是一种意识行为，意味着一种对自身意识的敏感和觉察，它是一种有预期的构成性意识。教师反思作为一种反思意识，总是能够伴随、激发和指引着教师的教育教学实践，正是这种主动的、积极的反思意识使得教师在独特、具体的教育情境中，表现出一种对教育机会的敏感和自觉。”[⑤]

基于以上国内外学者的定义，反思性教学的内涵主要包括以下几点内容：

（1）反思性教学的目的在于改进教学实践。教师需对自己的实践行动进行有意识的思考，并将这种思考回馈于行动。教师通过对实践的反思和在实践中反思不断解决教学实践中产生的问题，并探究自己的实践，从而指导未来行动。

---

① 熊川武．论反思性教学［J］．教育研究，2002，23（7）：12－17，27.

② 刘学惠．建立以反思性教学为核心的英语教师发展机制［J］．课程·教材·教法，2004，24（12）：72－77.

③ 赵昌本．教师在批判教学反思中成长［J］．教育理论与实践，2004，24（5）：42－45.

④ 申继亮．教学反思与行动研究：教师发展之路［M］．北京：北京师范大学出版社，2006.

⑤ 胡萨．反思：作为一种意识——关于教师反思的现象学理解［J］．教育研究，2010（1）：95－99.

（2）反思性教学确立了教师、研究者的双重身份。教师在认真从事教学活动的同时，还应该把自己看成是一名研究者，对自己的教学行为做出分析和评价，并对问题给予注意，对经验加以总结，使之形成理性的认识。自觉进行教学研究是教师自我成长的一条必经之路。

（3）反思性教学不仅是教师的个体行为，更是一种群体性的研究活动。正如熊川武指出的，“尽管从一节课来看，反思性教学是由某个教师单独执教完成的，但是，从课前准备到课后分析这个完整的过程来看，它是行动研究小组借助群体反思开展的研究性活动，而经验性教学中的反思通常是教师个体的行为。”

（4）反思性教学是一个螺旋式上升的过程。首先，教师在教学过程中会碰到许许多多的问题和困难；其次，根据出现的问题和困难，教师要拟定反思计划，为进一步进行反思做好准备，并开展行动；最后，教师需要对行动进行分析和评价。在这样一个螺旋式上升的过程中，教师通过动态反思与行动对教学实践进行灵活的调整，从而不断提高教学实践水平。

（二）反思性教学实践

从教师个人层面而言，实施反思性教学要注意两点：

（1）要自觉培养教学反思的品质。彭志洪等学者指出：“教师在教学实践中要树立正确的教学反思价值取向，培养开放的教学反思心态，养成教学反思的合作精神。首先，教师要充分认识到教学不是简单的传授知识的过程，而是一项具有挑战和创意的工程。其次，教师要培养问题意识和开放的心态。”“教学过程中难免会遇到让自己困惑不解的问题，因此，把这些问题写出来也会加深自己对自身教学能力的认识，正确认识自己在某些问题上的缺陷，了解自己在哪些知识的理解上还存在不足，促使自己不断地学习和提高。”①

（2）采用多种反思方式相结合。反思性教学是一个复杂的过程，采用固化的反思方式将导致反思的单一化。正如我国学者林培锦所指出的：教师自身的反思体现的是与自我的对话；教师与他人交流的反思，体现的是教师与他人的对话；阅读文献的自我反思，体现的是教师与经典理论的对话。②

从学校管理层面而言，需综合考量三个方面：

（1）营造良好的学校文化环境，建构反思空间。正如刘学惠所指出的：“支持环境”是反思性教学三个基本要素之一，“反思性教学需要良好的环境，即教师所

---

① 彭志洪，林跃武．教学反思：教师专业发展的必由之路［J］．教育学术月刊，2011（6）：67－68．

② 林培锦．反思性教学实施的问题与思考［J］．教育理念与实践，2007（18）：58－61．

在学校或专业组织的支持，如领导方式、组织风尚、资源条件”。①

（2）树立榜样，激发动机。帮助教师建立外部动机，如为教师树立反思性教学模式取得优秀效果的榜样，通过树典型带动教师做出相应的行动；调动教师自身的内在动机，如组织教师参与教师培训、校本研修，鼓励教师进行理论知识学习等。

（3）建立一套反思性教学评价标准，引导教师开展反思性教学。反思性教学评价标准的制定需要遵循以下四个原则：发展性原则，即评价的目的在于促进师生共同发展；双向性原则，即标准须考虑教师和学生两个方面，尤其要克服教学评价中只注重教师而忽视学生的现象；合理性原则，即要全面考虑反思性教学中教学主体合理性、教学目的合理性和教学工具合理性，标准既能量化也能质化，标准评价内容既包括教学绩效，也包括教学伦理道德等；开放性原则，评价标准具有一定弹性，允许评价者和被评价者的主观因素融入其中。

二、教学日志

（一）教学日志的内涵

“日志（journal）”一词来源于法国，指一个人一天中可能完成的行程，是对经验和观察的记录，后被用于教育领域，意为学习者或教育者记录一天学习、生活（或一周、一个月）及专业发展。教学日志是教师对教学情境过程的记录与描述，这种描述与记录不仅包含个人对事件的情感、思考，也包含个人对实践意义的分析等，是一种连续、真实地记录教育经验的方法，是教师反思教学、提高技能、促进专业发展的手段，也可作为教育研究数据的一种来源。教师可以每天书写，也可以隔天、每周、完成一个教学目标后书写。

（二）教学日志的特征

（1）语言风格上，一是使用生活化的语言，可采用“意识流”的书写方法，格式不受限，也不需要华丽的辞藻与修饰；二是一般采用第一人称叙述，有利于教师与本人对话，记录教师本人的想法、经历、困惑、感思等。

（2）主体性上，教学日志具有主动性、持续性的特点。主动性在于教学日志有别于教学报告、上课小结等，是教师在内在需求驱动下，以提高教学反思和分析能力为目的，带着目的撰写的；持续性在于教学日志有时效性，如果时间跨度太大就失去了当下的一些顿悟，达不到教学日志的效果。一旦教师决定使用教学日志这种

① 刘学惠. 建立以反思性教学为核心的英语教师发展机制［J］. 课程·教材·教法，2004，24（12）：72－77.

手段促进个人专业学习与发展，就要持续做下去，只有积累到一定的书写量，才能达到反思与发展的效果。

（3）内容上，教学日志具有选择性、批判性与隐私性的特点。选择性是因为教学日志并不是流水账，也不要求做到面面俱到，而是教师结合实际，选择教学过程中有反思和分析价值的内容进行记录；批判性在于内省性，教师需要带着自我批判的思维和洞察力，“否定之否定”地通过分析所经历的教学事件，找到事件价值，提出假设，改进教育事件；隐私性在于教师可以自己选择日志的公开程度，也因有这权利所在，教师可以真实地在日志中反映自己的真实想法，不管是积极还是负面。如果选择公开日志，教师也可根据需要对日志进行删减。

（4）功能上，就教师个体而言，教学日志主要有 4 个功能：帮助教师表达困扰，寻找解决方案；有利于教师发泄情绪，表达情感；帮助教师阐明事件原因，发现教学模式；帮助教师反思课堂，提升专业性。就教师群体发展和管理层面而言，教学日志能促进教师经验在共同体及组织中传播、分享与交流，提升教师整体素质；为教师反思回顾和教育研究提供素材；可把教师的隐性知识变成显性知识，帮助管理者和研究者及时发现问题。

（三）教学日志的实施过程

贝利等学者总结了日志研究的具体步骤：

第一步，了解教师的学习或教学背景，更好地了解教师成长的历程和教学日志的内容。

第二步，教学日志的记录。教师系统地记录语言学习和教学过程中的事件、细节、感想及反思。

第三步，教学日志的修改与整理。为了让教师安全地展示自己的情绪和评价，同时也方便研究者对有效信息进行针对性分析，最初的教学日志还需要进行修改，删减不必要的内容和个人隐私事件。

第四步，研究者或教师本人对日志进行梳理、归类、分析，注意将教师的发展趋势和问题进行归类。

第五步，对所发现的教师的发展趋势和问题进行解释、分析和讨论，可以挑选教学模式和重要事件进行分析。这一步不能操之过急，应当在大量数据的基础上进行分析，才能更为真实地反映教师个人的发展趋势与问题。

三、同伴观摩

（一）同伴观摩的内涵

同伴观摩是一种起源于观察学习理论的训练技术，通常涉及特定领域中的新手从业者。20 世纪 70 年代以来，同伴观摩逐渐成为被研究者认可的教师专业发展的方法之一。对于同伴观摩的定义，比较有代表性的观点是 1995 年美国圣托马斯大学布鲁克菲尔德（S. Brookfield）教授提出的，“教师观摩同事的工作（课堂教学、大纲设计、作业布置等）并提供反馈，观摩教师和被观摩教师双方在其中通过批判性反思获得专业发展的互惠过程”；贝尔（M. Bell）在 2001 年提出，“同伴观摩是一种合作的发展活动，专业人员在相关观察的同时提供支持，彼此教授、解释和讨论所观摩到的内容，理解和反思活动的程序、行动和反馈，并在课堂中尝试教学方面的新想法”。同伴观摩一般有 4 个特征：平等性、互惠性、协作性和反思性。平等性在于参与观摩的各方在观摩过程中是平等和互惠互利的，这样才能保证大家拥有一致的开放、信任、合作的倾向；互惠性是同伴观摩成功的关键，每位参与的教师都能从中获得一定的技能、知识、态度和价值观的提升；协作性强调观摩学习的非竞争性，是一种协作学习，参与方专注于问题的解决；反思性在于教师在开展同伴观摩时需要综合运用知识对教学实践进行批判性反思，而不是简单评价教学本身。

（二）同伴观摩的实施

1. 实施原则

（1）明确性原则。参与教师要对同伴观摩的概念、目的、流程等有清晰、正确、整体性的认识，从而制定明确的计划并实施。

（2）自主性原则。教师在同伴观摩中拥有一定的自主权，包括自主参与同伴观摩、结成同伴关系、制定观摩计划等。

（3）支持性原则。教师观摩活动需要得到各方支持，包括同伴彼此的配合、行政力量的支持、学生和家长的理解等。

2. 实施过程

步骤一：达成同伴关系。开展同伴观摩活动要确保教师之间结成平等、合作的同伴关系。关于同伴的选择方式，教师按照自己的意愿自主选择比行政指定更合适。同伴观摩不限定人数，但为了保障效率与效果，以 2 ～ 3 位教师结成同伴关系进行观摩为佳。

步骤二：举行观摩前的交流讨论。讨论主要围绕具体观摩和学习的目标、教学内容、观摩方式、观摩和反馈的时间以及地点、潜在困难和重点关注领域等展开。尽可能提前一周召开观摩前的讨论，明确同伴观摩各方的角色和细节。

步骤三：开展课堂观摩。观摩教师应尽量减少对课堂教学的影响与干扰。观摩教师可以采用多方手段开展观摩，主要有：

——定时采样，记录在课程中以指定时间间隔显示的特定行为；

——编码形式，使用课堂行为编码类别，每当课堂中出现一种行为时，观摩者就标记相应类别；

——描述性叙述（广义），总结课程中发生的主要事件的书面叙述；

——描述性叙述（狭义），专注于课堂特定方面的书面叙述。

两种描述性叙述要注意区分“观察所得（observation）”“推断（inferences）”“观点（opinions）”三个概念。比如课堂中观摩者观察到有一个学生在课堂中频繁举手，那“观察所得”就是该学生举手的次数；“推断”可以为“该学生对话题熟悉、感兴趣、有想法”，也可以为“该学生感到疑惑”；“观点”则包含了主观评价。不同主体会有不同结论。比如面对该事例，有研究者的观点为“上课教师观察不够细心，对学生频繁举手视而不见，课堂观察能力有待提升”，也有其他研究者的观点为“上课教师将发言机会分配得更加平均，照顾课堂公平”。

步骤四：召开观摩后的反馈会议。建议会议设置在观摩活动结束后当天或第二天，这样一方面间隔时间不至于太短，给上课教师留一定的反思时间，提出困惑；另一方面也不至于太长，避免信息的遗忘。

四、行动研究

（一）行动研究的内涵与特点

行动研究是一种主要由实践者从事的研究，其目的在于解决实践中遇到的问题，从而理解和改进行动或实践。这种方法最早可以追溯到 20 世纪 20 年代杜威的著作，并在 40 年代随着著名心理学家库尔特·勒温（K. Lewin）的研究得以发展，1949 年，时任哥伦比亚大学师范学院院长柯利（S. Coley）及其同事将行动研究引入教育领域。在 20 世纪 60 年代的英国，行动研究成为课程开发的一种重要形式；70 年代，英国课程理论家斯滕豪斯（L. Stenhouse）和埃利奥特（J. Elliott）进一步发展了这种研究方法，扩大了行动研究的概念，提出“教师作为研究者”的理念。澳大利亚学者凯米斯（S. Kemmis）也进一步发展了行动研究，将其与特定情境中的教育发展所面对的文化的、社会政治的以及经济的条件连接起来。著名语言教育学家纽南（D. Nunan）将行动研究定义为“一个由实践者承担的系统性的反思性探究，目的在于解决问题、改进实践或提升理解”。

行动研究作为教育的改进方法，一般有以下五个特点：一是将教育实践者放置于研究的重心；二是其目的在于理解和改进；三是行动研究通常被视为“课堂研究”；四是行动研究是一种反思性实践；五是行动研究是一种系统性探究，会采用诸如研究日志、课堂观察、访谈、录音、录像等手段。

行动研究作为一种研究范式，一般有以下四个基本特征：参与和合作、持续的螺旋式自我循环、知识生产、实践转变。参与和合作是行动研究的一个重要特征，教育行动研究虽然主要由教师承担，但绝不意味着仅由一位教师或其他人员承担，它涉及教师与其他同事、学生以及专家学者的合作。持续的螺旋式自我循环是指行动研究是一个探究和改进的过程，一般包含反思、计划、行动和观察四个阶段，是行动与反思之间的持续上升的循环，有助于教师在课堂中更加自主地行动和持续改善教学实践。知识生产是指行动研究过程是一个生产知识和转变实践的过程，但是行动研究所构建的知识是情境性知识（local knowledge），而非放之四海皆准的通用性知识（global knowledge）。实践转变说明行动研究的根本目的是改进实践，是源于行动、为了行动的研究。

近年来，行动研究成为促进教师学习与发展的重要路径，主要表现在：首先，它能有效提升教与学的质量；其次，它能促进教师成为反思性实践者；再次，它给教师学习发展提供一个伦理性的、有效的、可靠的非线性探究性框架；最后，它对职前教师发展也很有帮助，可帮助未来教师尽早了解教与学过程的复杂性，促进他们对课堂内部实践的深度理解，并形成自我监控的习惯。

（二）行动研究的实施

1. 行动研究的模式

行动研究存在多种模型，能够被应用到不同的情境中，但不管是何种模型，研究者们均认同一个观点，即行动研究过程是一个螺旋式上升的非线性过程。其中，大部分学者都认同，行动研究包括计划、行动、观察和反思四个主要阶段（见图10－5），以美国蒙特瑞国际研究学院范利尔（L. Van Lier）教授的模式为代表。

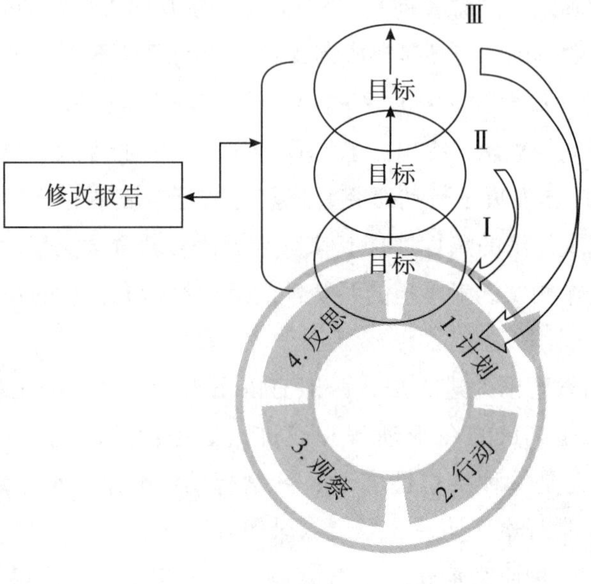

图10－5　行动研究的过程模型

从上图可以看出，行动研究一般包括三个循环，每一循环包含四个阶段：

阶段一：计划阶段。主要包括如下三个步骤：（1）问题/困惑的提出。实践者通过观察或调查等方法发现自身实践中的某个问题或困惑。（2）初步调查。实践者通过问卷、访谈、测试等方法获得基础数据，作为开启研究的基础，并进一步分析问题产生的原因。（3）形成干预策略。根据第二步所收集的基础数据及原因分析，吸取有价值的理论基础，并在与同事或有关专家充分研讨的基础上形成初步干预策略。此步骤是计划阶段的关键一步。

阶段二：行动阶段。主要是初步策略的实施，每一轮的行动时间根据研究问题或需要确定。

阶段三：观察阶段。主要是利用课堂观察量表记录学生的学习结果，行动阶段与观察阶段是融为一体的。

阶段四：反思阶段。主要是对观察阶段所获取的数据进行反思，想方设法弄清楚其原因，并在反思的基础上开启对下一循环的计划。

行动研究的另一种模式是以埃利奥特为主要代表的“缺陷模式”。这一模式认为，行动研究的主要目的就在于解决问题，开始于问题的发现，结束于问题的解决。这一模式将行动研究过程视为教师不断改善自身教育实践能力，从而促进自身专业发展的过程。第一步为问题发现或阐述，实践者可以通过阐述一个已存在的问题或为改善一个情境而开启研究，此处强调教师所选择的问题需具有可行性；第二步进入调研阶段，主要包含资料收集和分析，并在此基础上形成情境化的假设；第三步是行动，包含构建行动计划（该计划应该是详细、灵活的，要考虑研究所涉及的伦理问题、干预策略、支持干预策略所需资源、预期与非预期效果等），采取行动；最后，实施下一个行动，重新开始新一轮循环。

还有一种较有代表性的行动研究模式是以美国学者霍普金斯（D. Hopkins）为代表的“发展模式”。该模式认为，行动研究不应仅被视为对问题的回应，而应为一种持续的主动而非被动的发展。教育领域的行动研究，应置于学校及其教育目标的更广泛的场景中，教师的发展也应放置在整个学校及环境中，而不仅仅在课堂之内。霍普金斯认为，大多数的行动研究模式都太过于规范化，规范性的框架有可能令教师陷入困境，让教师过分依赖框架结构，最终阻碍独立行动。他提出行动研究的过程开始于“形成一个焦点”，教师由此决定下一步的研究内容，这个焦点未必是一个问题，它可能来自于教师的兴趣或某种新观点，也有可能来自教师对实践的反思。

2. 行动研究的困难与对策

开展行动研究，需对不同阶段有可能出现的挑战做好思考和应对。有可能出现的困难有：（1）行动研究的理想性。与传统的研究比较而言，行动研究具有更多的理想性，这可能是说起来容易做起来难。正如加拿大教育学家迈克尔·富兰所说：

“真正的改变——意味着在一种未知的，有时是不可能知道的情境中，个体的或群体的行动导致一种可持续的目标——难以启动。”霍普金斯指出，变革是一个过程，个体需要改变他们的思维和行动方式。研究者在评测自身的实践时，必须逐渐看到某些利益攸关的事情，他们必须愿意冒某种风险，敢于向同事或他人展现自己，他们甚至必须愿意承担发生改变的风险，并采取新的行动。（2）教师的研究能力不被认可或缺乏研究时间。富兰意识到教师和学生有时没有机会成为改革的主体，在一些学校，教师和学生是缺乏权力的。更进一步说，即使教师有选择权，他们可能没有能力、信心、专业或时间去实施行动研究来改进自身的实践。（3）可持续性可能是行动研究所面对的重大挑战之一。因为缺乏动机与资源等原因，行动研究的过程很容易被终止或做出重大让步。实际上，在学校情境中行动研究面临诸多降低可持续性的因素，如机会成本、重复性实践等。（4）方法所存在的争议。有关行动研究作为一种探究方法的合法性的争论阻止了一些人参与行动研究，一直有人在怀疑教师是否有能力成为研究者。

在存在上述困难的情况下，如何能让行动研究得以成功呢？有研究者提出了一些对策：（1）具有强烈的革新和改进的意愿是行动研究的一个必要的先决条件。美国学者诺夫可（S. Noffke）提出了可提升教师参与行动研究动机的三个方面。首先，在个体的层面，教师参与行动研究的动机是为了更好地理解他们的教学实践和可能获得如何改善实践的知识与技能。其次，在专业水平上，教师参与行动研究的动机基于如下事实，即他们研究的结果是可以与同事通过研讨、会议、座谈以及发表等方式分享的知识。最后，在社会层面，教师参与行动研究的动机来自有助于促进社会良善、平等以及公正。同时，研究发现，外在动机也是教师开展行动研究的重要条件，外在动机的来源可能包括获得基金资助、课程评估需要等。（2）在起始阶段，确保选择适当的研究话题和问题是行动研究成功的根本。一个合适的课堂研究问题应该是：从小问题开始的；有意义的、有挑战性的、能够促进个人和专业发展的；信息丰富的、深刻的而且对学生有益的；有助于行动的；真实的而且是为特定情境独创的；具体的、有弹性的，同时允许探究、产生各种可能的开放性问题。（3）合作环境的创设是行动研究成功的一个重要保障。行动研究需要的基本条件包括：信任、建立能够相互评判的关系、能够维持这种关系、维持这一进程所需要的适应力和毅力。这些条件创设了一种环境，支持变革、共享学习和支持冒险。促进行动研究的一个核心条件就是创设一种环境，教师可以获取多种机会来参与多个层次的技能发展，而且鼓励教师的专业发展。（4）行动需要与反思相结合。行动研究作为一种方法，提供给教师机会去构建和养成一种善于反思和合作的习性。行动研究能够让教师的技能和习性同时成长。在行动研究中，反思性思维是非常重要的。行动研究的实践者需要形成系统的反思能力，并且养成习惯。

五、教师专业学习共同体

（一）教师专业学习共同体的内涵

“共同体（community）”最初是社会学的概念，德国社会学家滕尼斯（F. Tonnies）于1887年在其著作《共同体与社会》中系统阐述了共同体理论，为之后的学者研究共同体做了铺垫。他认为共同体的基本形式包括血缘共同体（亲属）、地缘共同体（邻里）和精神共同体（友谊）。德国哲学家哈马贝斯（J. Habermas）在整合理论中提出共同体的三个层面：生活世界中的交往共同体、公共领域中的语言共同体、现代国家中的法律共同体。尽管不同学者赋予共同体概念不同内涵，但共同体基本包括三个要素：共同目标、身份认同、归属感。

“学习共同体（learning community）”一词的应用起源于经济学领域。20世纪40年代，英国管理学思想家雷格·瑞文斯（R. Revans）在其发明的“行动学习法”中引入了“学习者团体”等新名词。1995年，美国教育学家博耶尔（E. Boyer）在其报告《基础学校：学习的共同体》中首次提出并具体阐释了“学习共同体”这一概念，他认为学习共同体是一个由学习者共同构建的组织团体，在该组织内的学习者相互交流、沟通、分享学习资源，共同完成学习任务，解决学习问题，并且在互动过程中形成相互影响、相互促进的人际关系，最终促进个体成长。他强调学校有共同的愿景、人人平等且能彼此交流、关心照顾学生，同时有规则纪律约束，才能建立真正意义上的学习共同体。法国哲学家让－吕克·南希（J. Nancy）认为，学习共同体代表的是对未来学校的一种美好向往与理想状态。国内的一些学者指出，学习共同体是为了完成真实任务或问题，学习者与他人相互依赖、探究、交流和协作的一种学习方式，同时也让学习者进行社会活动并形成共同知识、确立身份感的社会性安排。

“教师专业学习共同体（professional learning community，PLC）”指的是以教师自愿为前提，以分享资源、技术、经验、价值观等作为核心精神，以共同愿景为纽带把教师联结在一起，教师间相互交流和共同学习的学习型组织。将“专业学习共同体”的概念引入教师专业发展，主要是因为教师专业发展范式出现了“个人化发展”转向“交往性发展”的趋势，这种教师专业发展范式秉持的基本观点是：教师学习教学的过程以及教师专业知识的建构，是一种社会性的交往和对话活动，他们的知识、信念、态度和技巧是在一定社会文化情境中形成的。因此，教师只有走出自我，参与共同体的对话，接受“重要他人”的影响，才能通过“视界融合”扩充自身专业知识。

教师专业学习共同体与一般的教师团体/团队/教研组有显著的区别，主要有三点：（1）教师专业学习共同体很重视学生和教师的产出，这可为教学文化和实践带来有益的改变。（2）教师专业学习共同体更强调成员围绕既定目标，持续不断地努力合作。（3）教师专业学习共同体强调的协作是集体学习与分享个人实践相结合，集体学习要求教师提高专业水平，积极为教学中产生的问题提供最佳解决方案；要求教师参与同伴辅导、课堂观察、研究讨论等活动，成员在实践领域相互磋商和分享经验，在协作环境中发展自己的专长。

教师专业学习共同体的价值与功能主要体现在以下三个方面：（1）创建协作学习氛围，实现教师专业成长。教师的专业发展本质是同事之间不断经过意见交换、感受分享、观念刺激、沟通讨论来完成的。不同于传统的教师专业发展模式，教师专业学习共同体提倡合作大于竞争，教师在共同体中实现教学工作学习化和学习工作化的统一。此外，教师通过专门对话和合作实践，整合个体资源，促进群体资源的共享与创生，比如教师通过合作开发课程、互相观摩课堂等系列活动提升教学能力与实践性智慧。这些均有利于构建开放、信赖、支援性的人际关系，提升教师的探索和创新激情，增强教师专业效能感和认同感。（2）完善教育教学技能，促进学生真正发展。共同体中，教师之间交流互动频繁，互相学习，有利于教师打破思维定式，保持一种持续准备、即兴推行的灵活性，并不断更新教学观念、完善教学资源，帮助教师改善教学实践，从而帮助学生发展。（3）营造学习型学校文化，提升学校管理效能。在专业学习共同体中，教师和管理者信息畅通，交流互动直接，管理者在决策过程中与教师分享权利，实现权利由集中逐渐转为分散，有利于增强教师赋能，改善学校管理效能，保障学校发展的生机与活力。

（二）构建教师专业学习共同体

1. 教师专业学习共同体的创建与发展

关于教师专业学习共同体创建与发展的过程，代表性的观点来自加拿大学者富兰（M. Fullan）、美国学者胡弗曼和海普（J. B. Huffman & K. K. Hipp）等。

富兰认为，教师专业学习共同体是由学校、教师和学生三者构成的相互关联的系统模型，其发展过程经历了起步期、磨合期、成熟期这三个阶段，并提出了影响各个阶段的因素（见表 10－2）。

表 10－2　富兰的教师专业学习共同体发展阶段及其影响因素

发展阶段	影响因素
起步期	大量文件需求；清晰的模型；强有力的鼓动；有效的发起
磨合期	协调；共同控制；压力和支持；技术帮助；奖励
成熟期	融入；指导；广泛使用；挑战竞争的优先顺序；持续帮助

胡弗曼和海普则将教师专业学习共同体的发展分为发起、执行、制度化三个阶段，每一阶段都可从5个维度去考量，且会在不同阶段表现出不同的内容。发起阶段强调教师自主权的赋予，有利于发挥教师的潜在领导力，此阶段是共同价值观和愿景的萌芽阶段，成员间开始形成平等的人际关系，但该阶段具体流程并不清晰；执行阶段扩大学校权利的分享，增强教师的主人翁意识和责任感，同时共同体价值观和愿景达成初步共识，教师重心转移到学生的成长方面，但由于资源和技术条件的缺乏，在此阶段教师的执行易受到限制，引发其挫折感，阻碍共同体的运行；制度化阶段学校领导权得以共享，支持性领导机制得以建立，因此基于承诺和责任，教师参与各种学校事务，并将获得的知识和共享成果转换为个人实践性知识，运用于教学实践中，在该阶段价值已不存于个人主义界限内，而是形成了群体价值，但两者易产生价值冲突。总体而言，专业学习共同体是处于动态持续的发展历程中，并不断走向更高层次的共同体形态。

2. 教师专业学习共同体的构成要素

关于教师专业学习共同体的构成要素，不同学者从不同角度解构有不同的观点。美国学者莫勒（L. Moller）按照交互活动在学习中所发挥的不同支持作用，将教师专业学习共同体划分为3个构成部分：学术性支持（academic support）、认知性支持（intellectual support）、人际性支持（interpersonal support）。麻省理工大学彼得·圣吉（P. Senge）教授则认为学习共同体包含5大元素：自我超越（personal mastery）、系统思考（system thinking）、心智模式（metal model）、共同愿景（buliding-shared vision）、团体学习（team learning）。

美国学者艾伦·布兰克斯坦（Alan M. Blankstien）提出教师专业学习共同体具有6项基本原则：具有共同愿景和价值观，确保所有学生取得成就，实行以教学和学习为重点的写作团队，使用数据指导决策和持续改进，让家庭和社区积极参与，建立可持续的领导能力。其中，共同愿景和价值观是首要原则和关键要素，共同愿景包括了教师个体愿景和团体共同愿景，教师个体愿景是寻求自身的发展，团体共同愿景是实现共同体的可持续发展。在拥有共同愿景的情况下，成员需构建心智模式，这是一种根深蒂固于个体心中的思维方式，是个体看待周围事物的思维模式。好的个体心智模式具有开放性，能接受改变，能接受他人建议，能积极表达观点；好的学习型组织的心智模式应该是成员间有共享的知识机构与信念结构。当然，在强调共同愿景的情况下，有效的专业学习共同体是能让成员拥有自主权、注重学生的产出和实践中常见的问题、鼓励多样性和协作、注重成员的专业成长和非评价性的同伴观察。

3. 教师专业学习共同体的基本模式

教师专业学习共同体的基本模式主要有：共同研课模式（教研员与中小学教师

之间的协作）、课题教研模式（大学与中小学教师之间的协作）、校本教研模式（校内教师之间的协作）、集体备课模式（校内教师之间的协作）。以下分别论述：

（1）共同研课模式。此模式中，教研员是学科教学中的骨干分子，也是将课程目标落实到课堂教学中的关键人物，他们为中小学提供服务、教学管理、监督、指导等。该模式把教研员的工作与中小学教师的学习联系在一起，把教学与科研联系在一起，共同关注学校的具体实践、教师实践，具有灵活、直接、广泛等特点，有利于根据教师个人特点、教育形势政策指导教师学习，但教研员自身的研究水平和研究态度会在具体工作中影响中小学教师的协作与互动。

（2）课题教研模式。该模式是大学学者与中小学教师之间的交流与合作，有助于解决理论与实践存在的矛盾。大学学者能获得更多的教育实践问题案例，作为理论研究的出发点；中小学教师能提升教学实践能力，寻找理论的支撑点，培养专业的思维视角。但是，该模式在实践中会出现一些操作性的冲突，如大学研究者与中小学教师在时间安排上难以一致、场地限制不能实时研讨、相互积极性不对等。

（3）校本教研模式。该模式是立足于教师所在学校、教师之间教研协作的形式，它以教师为教研主体，以课程实施中的具体问题为研究对象，目的是促进教师、学生、学校共同发展，其具体形式包括个人与集体反思、共同备课和评课等，以此促使教师反观自己的行为，但易形成小团体文化，使教师产生优越感，阻碍学校的整体教育改革。

（4）集体备课模式。该模式是教师根据自身的兴趣和课程改革需要而聚集在一起，集体解决同学科或同年级的教学实践问题所采取的形式，有助于教师共享信息，生成新的思想和观点，形成和谐、民主的氛围。但由于教师通常在一个相对狭小的空间中进行工作，较少获取外界信息，也可能会存在因职业倦怠或路径依赖而难以有效发展的问题。

4. 构建教师专业学习共同体的困难与对策

实践中教师专业学习共同体所面临的一些障碍主要有：

（1）发展目标不清晰，评价标准缺失。目标不清晰主要体现在两种情况：一是缺乏具体清晰的目标；二是虽有目标但设定失当，如教师只关注自己是否成功，自己利益是否得以实现等，而未能关注学生的学习与成长。

（2）缺乏支持性条件与制度保障，僵化现象严重。所谓支持性条件，包括物理条件和文化条件两方面。物理条件是处境性变量，如成员见面和交谈的时间、相互依存的教学角色、沟通结构、学校自主权和教师赋权等；文化条件指的是教师之间互相尊重和信任，拥有适当的认知技能基础等。但在实践中，给予教师参与共同体的时间缺乏，教师除了常规工作以外，还需要参加家长会议、学科组会议以及兼顾行政工作，这种情况下，专业学习共同体的构建只会流于形式，难有实际效果，此外，资金有限也是主要的阻碍因素之一。

（3）共享性与多样性之间关系失衡，文化环境孤立。一方面，共享性缺失，有些共同体中，成员崇尚孤立的合作文化，如教师缺乏分享的能力和意愿，处于孤立的教学现状。另一方面，多样性缺失，不能接纳成员之间的异质性经验，不能实现成员之间的情感共鸣和思想交融，这对于共同体的健康发展也是不利的。

（4）教师参与意识薄弱，缺乏专家引领的学习机制。实践中，不少教师内在发展动机不足，自我发展意识薄弱，满足于现状，出现职业倦怠，不愿意参与共同体学习，仍然采取原有的教学方法和手段；共同体缺乏专家引领学习机制的情况多有存在，大多数学校采用校内教师之间教研的模式，而忽视与其他学校课程教学专家、教授等进行探讨和研究，不利于教师在理论与实践方面的深度发展。

针对上述问题，有研究者从教师个人、学校和专业学习共同体层面提出了对策建议：

（1）教师个人层面。①树立合作意识，进行反思性专业探究。广大教师需摒弃狭隘的个人专业发展观，改变孤立和封闭的状态，如独立进行课堂教学、排斥其他教师听课等，同时教师应转变沟通方式，由传统的单向式、自上而下式的传递转变为双向式的互动，以此产生意义协商，最大限度地发挥自身优势。在专业学习共同体中，教师开展合作有三种形式：常规制度型合作、项目问题型合作、结构松散型合作。常规制度型合作需要将共同愿景具体化为共同目标，以配套的评价促进教学实践的推进，并提供专门的分享平台实现成员之间的反思性探究；项目问题型合作，即依据项目问题在认同基础上强化差异，改进教学实践；结构松散型合作主要指基于凝聚力建设，促使成员主动分享收获，并将反思对话作为固定模式。②培养共同学习理念，重视个人潜力的开发。当今社会英语学习的氛围日渐浓厚，资源丰富，英语教师须摆脱故步自封、因循守旧的状态，摒弃教师为教学者而非学习者的观点，加强自我学习，优化知识结构，树立终身学习的理念，改进教学方法，更新教学手段，培养终身学习的习惯。在教师专业学习共同体中，“学习”指的是共同学习，即终身学习、全过程学习、全员学习、团队学习等，其中团队学习要求成员尊重个体之间的差异，包容他人的想法，以此开发个人潜力和群体潜力。③培养独立精神，激发参与意识。在传统的管理模式下，学习共同体的领导者位于权力结构的最高层，教师是决策的执行者而非参与者，无法对学校各类事务进行决策。在共同体中，教师也应享有平等参与共同体决策的权利，享有平等的身份和地位。为此，教师需培养独立精神，敢于质疑权威，促使领导者做出正确的决策，使得专业学习共同体良性发展。

（2）专业学习共同体层面。①制定评价标准，构建有效的运行机制。所谓评价标准，是评价活动中应用于对象的价值尺度和界限，其中客观性因素是评价具有科学性的重要依据。实践中共同体的评价标准涉及较多因素，标准设计较为复杂。学者托马斯·古斯基（Thomas R. Guskey）提出了教师专业发展活动效果评价的五层评估标准：学生的学业成就、教师对新知识和技能的使用、组织支持与改革、教师的学习、教师的反应等。每一层级的具体内容各不相同，并依据情境变化而变化。总体而言，评价标准的制定应该是秉承发展性评价理念，定位到个体能力，关注个体需要。除了评价标准的制定，学校还需有与之相配的一套涵盖管理机制、流动转换机制、激励机制、评价机制等的有效运行机制，以确保共同体良性发展。②营造和谐的人际关系氛围。学习共同体理应是成员互相研究和讨论的组织，而不是各成员简单的叠加，这就要求全体成员共同决策，正确处理好组员之间、组员与领导之间和专家之间的共生关系。在民主平等、相互信任和协作的人际关系氛围中，每位教师以自己对集体贡献的力量为骄傲，齐心协力为共同目标而努力。

（3）学校层面。①创设合作友好型文化。学校应帮助共同体中的成员感受到对工作的激情，具体包括以下几个方面：一是要阐明清晰、具体的共同愿景；二是要匹配任务和角色；三是建立科学合理的奖励机制；四是要开展多样化的合作。此外，为实现有意义的协作，学校需向教师提供合理化的标准，确保预期课程与实际教授内容相符合，同时学校也可以通过集体备课和团队评课的形式来发挥集体的智慧和力量，完善和优化课堂教学过程。②给予丰富的资源支持。学校需给予专业学习共同体丰富的资源支持，如时间、场地设施资源、课程资源等，以此调动教师的学习积极性。其中时间是宝贵的资源，学校需提供给教师足够的时间共同设计教案，互相观摩课堂，分享反馈，并为学生的进步采取有效的行动；此外，学校要重视资源分配的均衡性，防止各专业学习共同体之间出现不良竞争，阻碍其共同进步和发展，同时也要注意资源的统筹、整合和共享。③创新与重构学校制度，积极转变领导角色。共同体中的制度设计理念需要从“要求教师如何做”到“发现教师做了什么”，对教师的工作从“被动验收”转变为“主动鉴定”。管理者也要从“决策者”转变为“促进者”，从“指挥者”转变为“合作者”，从“领导者”转变为“服务者”。

章后小结

教师学习是教师职业化发展对教师提出的必然要求，从“教师培训”到“教师教育”，再到“教师学习”，反映的是对教师专业、知识等概念深层次的理解和转变。本章主要以小学英语教师“学习与发展什么”“什么影响学习与发展”“怎样学习与发展”这三个问题为论述逻辑，分别阐释了小学英语教师专业学习与发展的结构框架、影响因素与方法路径。

在论述“小学英语教师学习与发展什么”这个问题时，本章在介绍目前主流的三种结构框架后，采用了三位一体的教师学习与发展框架，并分别对小学英语教师的知识、能力以及价值理念的内涵与特点展开了论述。小学英语教师要想在专业上取得长足发展，需从知识、能力以及价值理念三个维度上不断学习。

在论述“什么影响小学英语教师的专业学习与发展”问题时，本章从内因、外因、实践、效果等方面提出了影响因素，并介绍了较有代表性的学者所提出的研究模型。

在论述“小学英语教师怎样学习与发展”问题时，本章重点阐述了小学英语教师学习与发展的几种方法——反思性教学、教学日志、同伴观摩、行动研究、教师专业学习共同体，并对每一种方法路径进行了较为详细的理论与实践方面的论述分析，对其内涵、特点、实践、问题与对策均有所论述，以期对小学英语教师的专业学习与发展有所帮助。

案例分析

张磊是一名新入职的小学英语教师，她对未来的工作充满了期待，但是她很快就遇到了自己的职业发展瓶颈。第一，小学生的课堂纪律难以管控，孩子们在课堂上不认真听讲、交头接耳的情况时有发生。课堂上尽管她努力讲解，但总有学生走神、不感兴趣、听不懂。第二，“双减”后没有课后作业，没有考试测评，对孩子们的学习效果评估无从下手。第三，孩子们的水平参差不齐，有些学生在幼儿阶段接受了较好的英语启蒙，已经可以自主阅读英文绘本并进行英语对话；但有些学生还没有掌握26个字母。第四，有些家庭对英语学习很重视，积极配合学校组织的英语学习活动，如“英语戏剧表演”“英文歌曲表演”等；但有些家庭不认同所布置的英语实践活动，认为其不务正业，加重负担。第五，教研组的老师交流不多，有时遇到问题不知道该请教谁，集体备课、磨课、赛课较少，学校对语文、数学等学科更为重视。为了解决在教学实践中所遇到的这些问题，张磊开始不断地查阅书本，请教学校里教学经验丰富的老师，参加校外培训，但收获却不太尽如人意，由此对自身的小学英语教师身份认同产生了危机。

[问题讨论]

你认为张磊该如何做？你能提出什么建议？

[参考点评]

首先，张磊应该认识到，教师的专业发展不是一蹴而就的，每个教师的专业成长都是有阶段性的，是一个螺旋式上升的过程，需要有量变积累才有质变跨越，但重要的是自己要一直保持学习势头，持有开放、反思、警醒的状态，明白自己为何要学习——是为了自身专业发展，还是为了外界评判？在自身专业学习与发展的过程中，是以他人的眼光为评判标准，还是以学生学习与发展为评判标准？

其次，张磊要认识到，影响自身专业学习与发展的因素有很多，除了有内因以外，还有环境、社会、文化、政策等诸多外因，无需对自己过于苛责，影响自我认知和教师身份的构建。

最后，张磊可以采用多种手段实现自身专业发展。例如，定期撰写教学日志，记录自己所做所思所想；多向有经验的教师请教，每周去教研组的教师的课堂听课观摩；针对个别学生开展案例研究，并针对性地翻阅文献书籍；积极与行政管理人员交流，了解学校的各项规章制度，并积极与教研组组长、本年级级长等交流，积极融入团队教研，并积极主动与新来教师组成新进教师团队，共同交流教学困惑与得失；积极争取机会参与教学比赛，在比赛中锻炼自己，融入教研，反复磨课；积极申报校、区、市等各层面的研究课题，针对教学实践中出现的问题开展行动研究。

思考与练习

1. 教师培训、教师教育、教师学习有什么异同？你认为教师专业学习与发展有什么价值？

2. 小学英语教师的专业学习与发展框架是什么？你认为小学英语教师应具备怎样的知识、能力与价值理念？

3. 影响小学英语教师专业学习与发展的因素有什么？你认为他们在发展中可能遇到什么困难与问题？学校应如何帮助和促进小学英语教师的专业发展？

4. 你认为小学英语教师有哪些好的专业发展的方法与路径？你在实践中用过哪种方法与路径？

5. 你认为小学英语教师采用反思性教学、教学日志、同伴观摩、行动研究、教师专业学习共同体等这些方法促进自身发展时，会遇到什么困难？你有什么解决对策？

主要参考文献

[1] 朱晓燕. 中国年轻中学英语教师学科教学知识的发展［M］. 南京：南京师范大学出版社，2004.

[2] 朱旭东. 教师专业发展理论研究［M］. 北京：北京师范大学出版社，2011.

[3] 张敏. 教师学习的理论与实证研究［M］. 杭州：浙江大学出版社，2008.

[4] 张光陆. 小学英语教师专业发展研究［M］. 上海：华东师范大学出版社，2021.

[5] 古斯基. 教师专业发展评价［M］. 方乐，张英，等译. 北京：中国轻工业出版社，2005.

[6] 胡费曼，海普. 学习型学校的文化重构［M］. 贺凤美，万翔，王大凯，等译. 北京：中国轻工业出版社，2006.

[7] TSUI A B M. Understanding expertise in teaching: case studies of second language teachers [M]. Cambridge: Cambridge University Press, 2003.

[8] GLATTHORNZ A. Teacher development [M] // ANDERSN L. International encyclopedia of teaching and teacher education. London: Pergmon Press, 1995.

[9] WALLACE M J. Action research for language teacher [M]. Cambridge: Cambridge University Press, 1998.

[10] RICHARDS J, FARRELL T. Professional development for language teachers: strategies for teacher learning [M]. Cambrige: Cambridge University Press, 2005.

[11] WALLACE M J. Training foreign language teachers: a reflective approach [M]. Cambridge: Cambridge University Press, 1991.

[12] BAILEY K M, CURTIS A, NUNAN D. Pursuing professional development: the self as source [M]. Boston: Heinle & Heinle, 2001.

[13] BROOKFIELD S. Becoming a critically reflective teacher [M]. San Francisco: Jossey Bass, 2017.

[14] NUNAN D. Research methods in language learning [M]. Cambridge: Cambridge University Press, 1992.

[15] FULLAN M. The new meaning of educational change [M]. 3rd ed. New York: Teacher College Press, 2001.

[16] 申继亮，王凯荣. 论教师的教学能力 [J]. 北京师范大学学报（人文社会科学版），2000（1）.

[17] 卢正芝，洪松舟. 我国教师能力研究三十年历程之述评 [J]. 教育发展研究，2007（2）.

[18] 李翠英，孙倚娜. 国外英语教师能力标准对我国英语教师发展的启示 [J]. 外语界，2014（1）.

[19] VAN LIER L. Action research [J]. Sintagma, 1994 (6).

[20] 熊川武. 论反思性教学 [J]. 教育研究，2002，23（7）.

[21] 彭志洪，林跃武. 教学反思：教师专业发展的必由之路 [J]. 教育学术月刊，2011（6）.

[22] 林棓锦. 反思性教学实施的问题与思考 [J]. 教育理论与实践，2007（18）.

[23] 刘学惠. 建立以反思性教学为核心的英语教师发展机制 [J]. 课程·教材·教法，2004，24（12）.

[24] SHULMAN L S. Knowledge and teaching: foundations of new reform [J]. Harvard educational review, 1987 (1).

[25] FREEMAN D. Hidden side of the work: teacher knowledge and learning to teach [J]. Language teaching, 2002 (1).

[26] CLARKE D, HOLLINGSWORTH H. Elaborating a model of teacher professional growth [J]. Teaching and teacher education, 2002 (8).